Fondateur
André ROBINET

Directeur
Gilbert HOTTOIS

Entre modernité et postmodernité, cette collection d'essais a pour vocation première d'encourager des réflexions originales sur l'avenir d'une civilisation caractérisée par les interactions entre traditions et technosciences.

LA PHILOSOPHIE AU RISQUE DE L'INTELLIGENCE EXTRATERRESTRE

DANS LA MÊME COLLECTION

Activité physique et exercices spirituels. Essais sur la philosophie du sport, D. MOREAU et P. TARANTO (éd.), 2010.

COURTINE-DENAMY S., *Le souci du monde. Dialogue entre Hannah Arendt et quelques-uns de ses contemporains*, 1999.

DALED P. F., *Le matérialisme occulté et la genèse du sensualisme : Écrire l'histoire de la philosophie en France*, 2005.

FISETTE D. et POIRIER P., *Philosophie de l'esprit. État des lieux*, 2002.

GATEAU V., *Pour une philosophie du don d'organes*, 2009.

GOFFETTE J., *Naissance de l'anthropotechnie : De la médecine au modelage de l'humain*, 2006.

GOFFI J.-Y., *Regards sur les technosciences*, 2007.

HOTTOIS G., *Essais de philosophie bioéthique et biopolitique*, 1999.

– *Pour une métaphilosophie du langage*, 1981.

– *La science entre valeurs modernes et postmodernité*. Conférence au Collège de France, 2005.

– *Species technica*. Suivi d'un *Dialogue philosophique autour de* Species technica *vingt ans plus tard*, 2002.

– *Dignité et diversité des hommes*, 2009.

KAPP E., *Principes d'une philosophie de la technique*, traduit de l'allemand et présenté par G.CHAMAYOU, 2007.

Les philosophes et la technique, P. CHABOT et G. HOTTOIS (dir.), 2003.

Narration et identité. De la philosophie à la bioéthique, M.-P. PINSART (éd.), 2008.

MORIZOT B., *Pour une théorie de la rencontre. Hasard et individuation chez G. Simondon*, 2016.

PERBAL L., *Gènes et comportements à l'ère post-génomique*, 2011.

PINSART M.-G., *Hans Jonas et la liberté : Dimensions théologiques, ontologiques, éthiques et politiques*, 2002.

QUELQUEJEU B., *Sur les chemins de la non-violence. Études de philosophie morale et politique*, 2010.

Regards critiques sur le principe de précaution. Le cas des OGM, A. MARCIANO et B. TOURRES (éd.), 2011.

ROBINET A., *La justice et la terreur : Leibniz et le principe de raison*, 2001.

– *Le sera : Existiturientia* (G.W. Leibniz), 2004.

– *Les signes et l'insignifiant*, 2005.

– *L'il a été : Destin et liberté*, 2006.

Socrate pour tous : Enseigner la philosophie aux non-philosophes, J. FERRARI, P. KEMP, D. EVANS (dir.), 2003.

Techniques et philosophies des risques, C. KERMISCH, G. HOTTOIS (éd), 2007.

VAN-SEVENANT A., *Philosophie de la sollicitude*, 2001.

Pour Demain

Thibaut GRESS
Paul MIRAULT

LA PHILOSOPHIE AU RISQUE DE L'INTELLIGENCE EXTRATERRESTRE

PARIS
LIBRAIRIE PHILOSOPHIQUE J. VRIN
6, Place de la Sorbonne Vᵉ
2016

Imprimé en France

ISSN 0180-4847

ISBN 978-2-7116-2711-0

www.vrin.fr

INTRODUCTION

UNE LACUNE ÉDITORIALE FRANÇAISE

Le présent ouvrage est né d'une sorte de séminaire organisé sur deux journées au lycée Charles Péguy (Paris) où nous avions souhaité présenter aux élèves les enjeux philosophiques, éthiques, physiques et théologiques que soulevait l'hypothèse de l'existence d'intelligences extraterrestres. À cette occasion, et alors que nous ne pensions pouvoir nous appuyer philosophiquement que sur quatre ou cinq textes de Kant, Lucrèce, Épicure, Thomas d'Aquin et Descartes, nous avons constaté que pratiquement tous les philosophes, depuis Anaxagore jusqu'à Husserl, avaient traité du sujet et apporté un certain nombre de solutions extrêmement différenciées, mais en parfaite cohérence avec leur métaphysique et leur cosmologie.

Il nous est ainsi apparu qu'il était *possible* de considérer comme *hautement philosophique* la question des intelligences extraterrestres et que, par conséquent, un traitement sérieux et rigoureux de celle-ci devenait impérieux et nécessaire. La faible bibliographie en la matière nous a décidé à publier cet ouvrage qui ambitionne à la fois de présenter la manière dont l'histoire de la philosophie s'est emparée du sujet, et en même temps d'argumenter non pas en faveur de l'existence de telles intelligences, mais bien plutôt en faveur de la *légitimité philosophique* d'une telle question.

Il nous faut en effet remarquer que la question des intelligences extraterrestres connaît depuis des décennies un traitement étonnant fait de déni et de ricanement que rien, dans l'histoire de la philosophie, ne vient justifier. Il n'est qu'à relever en français la quasi-absence de livres consacrés à ce sujet, à la notable exception de celui de Steven J. Dick, *La pluralité des mondes*, traduit chez Actes Sud[1] et du plus récent *Kant chez les extraterrestres* de Peter Szendy paru chez Minuit[2]. Il faut ajouter à ce maigre constat – quantitativement parlant – les travaux de Michael Crowe exposés dans *The Extraterrestrial Life Debate*[3], ainsi que la présentation générale, *The Extraterrestrial Life. Debate, Antiquity to 1915*[4] qui, quoiqu'excellents, ne sont hélas pas traduits en français. La chose est d'autant plus étonnante que notre époque, qui prétend penser l'altérité et la différence à nouveaux frais, aurait pu trouver avec l'hypothèse extraterrestre de quoi nourrir sa légitime ambition : pourquoi après tout ne pas ouvrir la réflexion à une altérité qui fût *radicale*, c'est-à-dire qui ne fût pas seulement culturelle, sexuelle ou ethnique, mais qui fût précisément *planétaire ou stellaire* ? D'une certaine manière, les philosophes du passé ont eu plus d'audace dans leur manière de questionner l'altérité que n'en ont eu nos contemporains, car ils y ont intégré, pour une grande partie d'entre eux, la description d'êtres extérieurs à notre Planète dont il fallait penser la condition théologique et même sociale.

Il faut en outre constater, non sans dépit, que la France adopte une position quelque peu schizophrène à l'égard de la question de l'existence d'intelligences extraterrestres ; si beaucoup sont prêts à admettre la probabilité de leur existence compte-tenu de l'immensité de l'Univers, pour ne rien dire de l'hypothèse des plurivers, les mêmes semblent pourtant réticents à produire un *discours* à leur sujet, comme s'il était ridicule de conceptualiser une hypothèse pourtant plausible cosmologiquement et biologiquement. Si l'on tolère donc que soit pensée la probabilité qu'existent de tels êtres, on refuse néanmoins qu'un discours les prenant pour objet soit tenu ; on peut évoquer une vague hypothèse mais on ne peut *sérieusement* développer le contenu et les implications de cette dernière. Pis encore, selon un sophisme bien connu, *parler de* est souvent confondu avec *adhérer à*, comme si l'objet d'un discours était synonyme de son affirmation : on ne peut parler de l'*hypothèse* extraterrestre sans aussitôt être perçu comme un défenseur de la *thèse* extraterrestre. Ainsi avons-nous

1. *Cf.* S J. Dick, *La pluralité des mondes* [1982], trad. fr. Marc Rolland, Paris, Actes-Sud, 1989.

2. *Cf.* P. Szendy, *Kant chez les extraterrestres. Philosofictions cosmopolitiques*, Paris, Minuit, 2011.

3 . M. Crowe, *The Extraterrestrial Life Debate*, 1750-1900, New York, Dover Publications, 2011.

4. M. Crowe, *The Extraterrestrial Life Debate, Antiquity to 1915 : A Source Book*, Notre Dame, University of Notre Dame Press, 2008.

conscience qu'en *problématisant* la question des intelligences extraterrestres, nous prenons le risque de passer – à tort – pour des défenseurs-de-l'existence-des-petits-hommes-verts, et de récolter certains ricanements.

Symptomatique de ce refus catégorique de *prendre au sérieux* la question des intelligences extraterrestres nous semble être la présentation par Vincent Guillier de l'*Histoire authentique de mon voyage au Paradis* du Pseudo-Kant, récemment traduite en français. Le traducteur du texte, justifiant l'édition de celui-ci, explique dès la première page d'introduction que « pour défendre la figure si malmenée du sage de Königsberg, ballotté entre les *ornithorynques* et les *extraterrestres*, il nous a semblé parfaitement approprié de sortir de l'ombre un ouvrage écrit par l'un des philosophes et philologues les plus sérieux et plus austères de l'université allemande de la fin du XIXe siècle : Gustav Teichmüller (1832-1888). »[1]. Toutes les préventions à l'encontre de la légitimité d'une conceptualisation de la question extraterrestre – et de l'approche concrète d'U. Eco de la pensée kantienne – sont ici réunies sans qu'aucune justification ne vienne les étayer. Évoquer le sujet, c'est déjà « malmener » Kant, et l'antidote le plus rassurant serait de convoquer les interprètes les plus austères, dont l'austérité serait d'ailleurs gage de sérieux et de véracité. Pourtant, et n'en déplaise à Vincent Guillier, le « sage de Königsberg » a abondamment évoqué la possibilité – voire fait part de sa certitude – qu'existent des intelligences extraterrestres, des « habitants raisonnables » peuplant d'autres planètes et d'autres étoiles, si bien que l'historien honnête et véritablement sérieux nous semble être non pas celui qui évacue d'un ricanement de telles mentions mais bien plutôt celui qui les affronte pour en comprendre le sens et la fonction.

C'est là que se dresse face à notre entreprise le spectre le plus inquiétant fondant la dérision et les ricanements quand sont abordés de tels sujets ; ce spectre est celui de l'ignorance, ignorance qui était du reste la nôtre avant que nous ne prissions la mesure de l'enjeu et du volume des textes. En effet, à peu près *tous les philosophes depuis les présocratiques jusqu'à Husserl ont abordé la question*, que ce soit Xénophane, Anaxagore, Démocrite, Épicure, Lucrèce, Plutarque, Thomas d'Aquin, Guillaume d'Ockham, Nicolas de Cues, mais aussi Giordano Bruno, Campanella, Kepler, Descartes, Leibniz, Fontenelle, Kant, ou encore Hegel, Feuerbach, Nietzsche, Bergson ou Claude Tresmontant. Pourtant, pour peu que l'on demande à bien des professeurs de philosophie ce qu'il en est du traitement

1. Pseudo-Kant, *Histoire de mon voyage au Paradis*, trad. fr. Vincent Guillier, Paris, l'Éclat, 2012, p. 7-8.

historique de cette question, et l'on s'entendra répondre ce que Michel Onfray déclarait symptomatiquement au *Point* en 2013 : « Je crois que les considérations philosophiques sur le sujet de la vie extraterrestre sont rarissimes. Les philosophes sont trop préoccupés par l'homme pour se demander ce qu'il en serait d'un vivant extraterrestre… »[1].

Tout le présent ouvrage cherchera à montrer, au contraire de la déclaration de Michel Onfray, que les considérations philosophiques sur le sujet de la vie extraterrestre, loin d'être « rarissimes », apparaissent tout au long de l'histoire de la philosophie et, sans être le sujet central de cette dernière, n'en demeurent pas moins un thème qu'aura affronté pratiquement tout philosophe d'importance ou presque dans ses écrits.

Nous invitons donc le lecteur à une sorte d'introduction à l'histoire de la philosophie à travers ce thème peu courant de l'intelligence extraterrestre, considérant que ce biais peut permettre de comprendre des éléments essentiels de la pensée métaphysique et cosmologique des philosophes abordés. Nous espérons qu'en refermant ce livre chacun se dira que, pour n'être pas *quantitativement* majeur dans les écrits philosophiques, le thème de l'intelligence extraterrestre n'en a pas moins sa place *légitime* dans la réflexion rationnelle, et constitue peut-être une des problématiques les plus impérieuses de notre avenir proche.

Signalons enfin un point important : les pages ici consacrées à Kant sont quantitativement beaucoup plus importantes que pour n'importe quel autre philosophe abordé dans cet ouvrage ; cela tient d'abord au fait que l'auteur de la *Critique de la raison pure* est celui qui évoque le plus abondamment le sujet, et qui mentionne le plus souvent l'existence d'êtres intelligents extraterrestres. Mais, au-delà de cette raison textuelle, il nous a semblé que la logique même de la moralité kantienne valable pour « tout être raisonnable » engageait l'interprétation générale de sa pensée, et heurtait considérablement la lecture répandue voulant que Kant, pour d'étranges raisons, fût décrit comme un penseur *humaniste* : nous contestons une telle approche, et essayons de montrer, en nous fondant sur la question extraterrestre telle que Kant la traite, que l'humanité est parmi les innombrables êtres raisonnables auxquels s'adresse la loi morale ce qu'il y a de plus pesant et de moins abouti, de sorte que la moralité ne soit pas une exaltation de l'humanité en nous mais tout au contraire un appel à transcender cette dernière qui, comme telle, n'est jamais que le synonyme d'une insupportable finitude et d'une terrifiante pesanteur matérielle dont l'expérience du sublime nous permet d'éprouver de manière tragique la

1. M. Onfray, Entretien paru dans le *Point* du 11 décembre 2013.

limitation. Kant occupe donc une place centrale dans ce livre qui propose, en plus de l'étude diachronique de l'hypothèse extraterrestre, une interprétation générale de la moralité kantienne, et ce bien que cet ouvrage ne soit pas – il s'en faut de beaucoup – un livre *sur* Kant.

ABRÉVIATIONS

Les œuvres de Nicolas de Cues sont citées dans l'édition allemande *Philosophisch-theologische Werke*, Hamburg, Felix Meiner Verlag, 4 volumes, 2002, et sont notées *PTW* suivi du numéro de volume et de page.

Les œuvres de Marsile Ficin sont citées dans l'édition de Michael J. B. Allen et de James Hankins, *Platonic Theology*, The I Tatti Renaissance Library, Cambridge-London, Harvard University Press, 6 volumes, 2001-2006, et sont notées *TP* suivi du numéro de volume et de page.

Les œuvres de Descartes sont citées d'abord dans l'édition d'Adam et Tannery, rééditée chez Vrin en 1996, notée AT, suivi du numéro de volume et de page, ensuite dans l'édition de Ferdinand Alquié, *Œuvres philosophiques*, Garnier, 3 volumes, 1973, notée FA suivi du numéro de volume et de page.

Les œuvres de Kant sont citées dans l'édition de l'Académie, Berlin, 20 volumes, 1902, notée AK suivi du numéro de volume et de page. La traduction française utilisée est, sauf mention contraire, celle des *Œuvres philosophiques*, « Bibliothèque de la Pléiade », Paris, Gallimard, 3 volumes, 1980-1986, noté *OP* suivi du numéro de volume et de page.

CHAPITRE PREMIER

LA PLURALITÉ DES MONDES ET SA CONTESTATION DANS LA SPHÈRE ANTIQUE

Le monde antique est le théâtre d'un formidable affrontement autour de la notion même de *monde* : ce dernier, qui peut être défini comme un *environnement habitable* ou, tout simplement comme un *ensemble habité*, est interrogé selon sa quantité. Est-il unique, auquel cas nous serions sans doute les seuls habitants de l'Univers, ou est-il pluriel, auquel cas d'autres habitants seraient immédiatement impliqués par cette ouverture à la multiplicité, voilà la question que posent les philosophes de toutes les écoles antiques, et auxquels des réponses nettement différenciées vont être apportées. En outre, la première chose qui frappe est la focalisation de l'interrogation sur la Lune : dès la pensée présocratique va apparaître une nébuleuse au sein de laquelle l'existence d'habitants lunaires sera considérée comme une quasi-évidence, ce que ne manqueront pas de reprendre plus de deux millénaires après des penseurs aussi variés que Kepler, Fontenelle ou Kant.

LES PRÉSOCRATIQUES ET LA LUNE HABITÉE : NAISSANCE D'UN *TOPOS* PHILOSOPHIQUE

La philosophie présocratique ne nous est hélas parvenue que sous la forme de témoignages ou de fragments, et non sous celle de textes entiers permettant de savoir réellement ce qui avait été écrit. Nous allons donc ici interroger essentiellement la *tradition interprétative* et donc la *réception* de la pensée présocratique à travers les siècles. Bien des ouvrages se sont appuyés sur l'autorité d'Héraclite, de Parménide, de Pythagore, pour justifier longtemps après l'existence d'intelligences extraterrestres à l'aide d'arguments d'autorité brandis à peu de frais. Songeons par exemple à ce traité de Pierre Borel (1620-1671), médecin érudit qui publia en 1657 le *Discours nouveau prouvant la pluralité des mondes* au sous-titre explicitement intitulé: *que les astres sont des terres habitées et la terre une étoile*. Le chapitre XXIX dresse un bref résumé de ce que, aux yeux de l'auteur, pensèrent à ce sujet les philosophes de l'Antiquité grecque, et ce en vue de fortifier la spéculation du XVIIe siècle sur la pluralité des mondes et leur peuplement:

> Pythagore qui est le premier qui a nommé le contenu de l'Univers mondes est aussi un des principaux qui en a cru la pluralité, il a eu beaucoup de sectateurs qui ont continué à établir cette croyance, car Socrate a tenu publiquement que les mondes étaient infinis comme fit Archelaus son disciple, qui le persuada à Xenophenea Colophonien, lequel aussi assura qu'il y aurait dans le monde plusieurs Lunes et plusieurs Soleils. La même chose a été crue par Mélisse Samien, disciple de Parménide, Zénon d'Elée son compagnon et son disciple Leucippe Eléate, Démocrite de Millet. [...]. Orphée, Origène, et le philosophe Baruc, Anaxagore et plusieurs stoïciens avouent la même chose [1].

La rigueur du propos n'est évidemment pas probante et l'enrôlement quelque peu artificiel de philosophes extrêmement différenciés peine à convaincre; il ne s'agit donc pas ici d'admettre en bloc les propos de Borel dont l'objectif, loin d'être seulement et purement scientifique, vise à « combattre la croyance en la Providence divine: elle est à vocation (si l'on peut dire!) *anti-finaliste* comme en témoignent les atomistes anciens Leucippe, Démocrite, Epicure et Lucrèce. Du reste, c'est à ce titre que le Pape Léon XIII fait figurer en 1900, sur la liste des livres prohibés les *Entretiens sur la pluralité des Mondes* de Fontenelle. » [2]. Il s'agit plutôt d'*évaluer* la légitimité – pour autant que cela puisse se faire – d'attribuer à un certain nombre de philosophes antiques de telles positions, et d'examiner ce qui fut réellement écrit à l'aide des témoignages les moins douteux dont nous disposons aujourd'hui.

1. P. Borel, *Discours nouveau prouvant la pluralité des mondes: que les astres sont des terres habitées et la terre une estoile, qu'elle est hors du centre du monde dans le troisiesme ciel et se tourne devant le soleil qui est fixe, et autres choses très curieuses*, Genève, 1657, p. 39-40. Edition en ligne: http://gallica.bnf.fr/ark:/12148/bpt6k762999.image.r=pierre+borel.f3.langFR.

2. J. Seidengart, « Les théories cosmologiques de Chritiaan Huygens », in *Huygens et la France*, Paris, Vrin, 1982, p. 215.

Au plus loin que nous puissions remonter, nous tomberons sur Xénophane – que cite d'ailleurs Pierre Borel –, philosophe né dans l'actuelle Turquie et qui eut à cœur de défendre l'unicité divine. Cosmologiste réputé, il percevait la Terre comme infinie, et refusait que celle-ci flottât sur de l'eau comme le pensait Thalès ou dans le vide comme l'affirmait Anaximandre. Refusant le pythagorisme et la mathématisation du monde, il faisait appel au « bon sens », au bon jugement immédiat et déduisait du fait que l'on pouvait observer la fin de la terre à l'horizon que celle-ci était finie en surface. Mais, puisque la terre semblait stable et immobile, il en déduisait le caractère infini dans sa partie inférieure, ce que rapporte Aristote : « Certains, en effet, [...], prétendent que la Terre est infinie vers le bas, disant qu'elle « s'enracine dans l'infini », comme le prétend Xénophane de Colophon, pour ne pas s'embarrasser d'en rechercher la cause. »[1].

Cette thèse étonnante faisant de la terre une sorte de trapèze fini en surface et infini dans sa partie inférieure repose davantage sur les enseignements des sens que sur une analyse rationnelle pleinement achevée. « La Terre est limitée à sa surface supérieure par l'air, commente André Pichot, et elle s'étend sans limites en bas. Bien que ce ne soit pas dit, on pourrait penser que l'air est limité à sa surface inférieure par la Terre, et qu'il s'étend à l'infini en haut. C'est là un appel aux conceptions les plus immédiates du « bon sens » le plus grossier. »[2]. N'étant pas infinie en surface, la Terre peut donc cohabiter avec d'autres planètes et d'autres étoiles dans un espace dont on peut supposer qu'il est, lui aussi, infini pour pouvoir accueillir la partie inférieure de notre planète ; en outre, si la partie inférieure de la terre est susceptible d'être illuminée, c'est donc que les soleils existent en nombre infini afin de lui transmettre une lumière universelle.

Toutefois, ce n'est pas tant sur la Terre que sur la Lune que ce dernier, à en croire Cicéron, développa ses réflexions les plus étonnantes. Affirmant, bien des millénaires avant Galilée, que la Lune était similaire à la Terre, Xénophane n'hésita pas à placer à sa surface des habitants eux-mêmes similaires aux Terriens, capables de construire des villes et d'organiser avec raison une vie commune. À n'en pas douter, les êtres qui peuplent la

1. Aristote, *Traité du Ciel*, II, 13, 294a22-24, trad. fr. Catherine Dalimier et Pierre Pellegrin, Paris, GF, 2004, p. 271.

2. A. Pichot, *La naissance de la Science*, t. II, *La Grèce présocratique*, « Folio-essais », Paris, Gallimard, 1991, p. 249. Merci à Anissa Castel-Bouchouchi de nous avoir indiqué cette référence.

Lune selon Xénophane ne sont pas de simples organismes vivants mais bel et bien des êtres *intelligents*, littéralement *extraterrestres*, adoptant un mode de vie témoignant lui-même de leur intelligence. Écoutons à cet effet la déclaration sceptique de Cicéron :

> Xénophane dit que la Lune est habitée [*Habitari ait Xenophanes in Luna*] et que c'est une autre Terre couverte de villes et de montagnes. Cela semble une nouveauté bien étrange[1].

La « nouveauté bien étrange » montre à quel point cette pensée supposée de Xénophane n'emporte pas l'adhésion de celui – Cicéron – qui la rapporte. Pourtant, ce dernier ne semble pas douter le moins du monde que Xénophane ait pu tenir pareil discours, discours dont la plausibilité est d'ailleurs renforcée quant à sa profération par les thèses que défendit Anaxagore peu de temps après.

Ce dernier proposa en effet, dans un fort énigmatique fragment, de refuser que les hommes fussent les seuls êtres intelligents du *Cosmos* partageant cette caractéristique avec bien d'autres entités, sans doute similaires à eux, et que l'illustre présocratique décrit en ces termes :

> Des hommes se sont formés, ainsi que tous les autres êtres vivants qui ont une âme; ces hommes ont des villes qu'ils habitent et des champs qu'ils cultivent comme nous [Καὶ τοῖς γε ἀνθρώποισιν εἶναι καὶ πόλεις συνῳκημένας καὶ ἔργα κατεσκευασμένα]; ils ont le soleil, la lune et le reste comme nous; la terre leur produit en abondance toutes sortes de plantes; ils récoltent les plus utiles et s'en servent pour leurs besoins.J'ai dit cela sur la séparation, parce que ce n'est pas seulement pour nous qu'elle a dû se faire [*οὐκ ἂν παρ´ ἡμῖν μόνον ἀποκριθείη*], mais elle a dû avoir lieu ailleurs[2].

D'un abord difficile, ce fragment doit faire l'objet d'une interprétation délicate. Le point évident est que les hommes ne sont pas les seuls êtres intelligents du *cosmos*, et que d'autres êtres vivants dotés d'une âme peuplent ce dernier. Toutefois, par une sorte de principe de similitude, ces autres êtres semblent très proches des hommes, et adoptent le même comportement, tant du point de vue des cités que de celui de leur insertion physique dans le *cosmos*. La question qui se pose est alors la suivante : Anaxagore est-il un partisan de la pluralité des mondes ?

1. Cicéron, *Académiques*, Livre II, XXIX, *in* Cicéron, *Œuvres complètes*, t. III, M. Nisard (dir.), Paris, Dubochet, 1840, p. 474.

2. Anaxagore, *Fragments*, 4 (Diels), *in* P. Tannery, *Pour l'histoire de la science hellène. De Thalès à Empédocle*, Paris, Gauthier-Villard, 1930 ; édition électronique : http ://remacle.org/bloodwolf/philosophes/anaxagore/fragments.htm#FRA.

La question est redoutable car le fragment 8 dans l'édition de Diels ne souffre aucune ambiguïté : il y parle d'un « monde unique » [ἑνὶ κόσμωι] qui semble incompatible avec ce que les atomistes défendront comme étant la pluralité des mondes. C'est d'ailleurs ce que rappelle Charles Mugler dans un célèbre article[1], dont nous reprenons ici partiellement les conclusions visant à montrer qu'Anaxagore reste cohérent avec l'exigence qu'il s'est toujours fixée de respecter le principe d'économie, en ne multipliant pas de différentes propriétés pour les différents mondes. Toutefois, il n'en demeure pas moins que les hommes dont parle Anaxagore et qui semblent résider ailleurs que sur Terre ont été rapidement identifiés par la tradition comme résidant sur la Lune, ce qui signifie, du reste, qu'il y aurait une Lune pour la Lune, ce sans quoi l'interprétation n'aurait aucun sens. Une telle lecture fut celle, entre autres, de Simplicius qui, dans sa *Physique*, lança l'idée que les humains en question étaient des habitants de la Lune[2].

On peut dès lors se poser une question basique : pour quelle raison Simplicius, près d'un millénaire après Anaxagore, interpréta-t-il le texte de ce dernier comme une description des habitants de la Lune ? Qu'est-ce qui, dans l'atmosphère de l'époque, pouvait inciter les lecteurs à associer les hommes non terrestres à des êtres d'abord – et peut-être même exclusivement – lunaires ? Il va de soi que le seul texte de Xénophane ne saurait constituer à lui seul une explication de ce phénomène.

L'hypothèse que nous défendons est celle voulant qu'il faut faire appel à la médiation de Plutarque (46-125) et de ses commentateurs – Aétius et Diogène Laërce –, historien et penseur décisif de l'Empire romain qui, dans un ouvrage rédigé sous forme de dialogues, *De la face qui paraît sur la Lune*[3], défendit l'idée d'une Lune habitée par des âmes. Observant les irrégularités de la Lune, il en déduisit la terranéité de cette dernière, tout en s'appuyant sur Laprias et Leukios pour détruire l'autorité aristotélicienne et exposa ses thèses dans un livre que Kepler traduisit en 1634. Sylla, un pythagoricien, rapporte en effet les propos d'un étranger ayant habité Carthage lié au service de Cronos. L'étranger propose dans l'ouvrage une sorte de voyage de l'âme relativement complexe supposant deux morts

1. Pour plus de précision, *cf.* C. Mugler, « Le problème d'Anaxagore », *Revue des études grecques*, 69, 1956, p. 349.

2. *Cf.* Simplicius, *Commentaire sur la Physique d'Aristote* (*péri physeos*), 35, trad. fr. A. Stevens, *Postérité de l'être. Simplicius interprète de Parménide*, Bruxelles, Ousia, 1990.

3. L'ouvrage est désormais traduit en français. *Cf.* Plutarque, *Le visage qui apparaît dans le disque de la Lune, De facie quae in orbe Lunae apparet*, Lille, Presses Universitaires du Septentrion, 2013.

différenciées : la première est purement physique, et détache l'âme du corps, tandis que la seconde s'opère dans la Lune, et détache l'âme de l'intelligence[1]. Les retrouvailles de l'âme avec sa patrie originaire s'apparentent donc à un retour à la Lune, retour auquel seules parviennent quelques âmes ; issues de la Lune, celles-ci cherchent à y retourner, et seules certaines d'entre elles y parviennent, assurant ainsi leur salut. La Lune est le nom du lieu sotériologique de l'homme, le nom du retour à l'origine et de la fin de l'exil tandis que les âmes punies n'auront qu'à errer éternellement entre la Terre et la Lune. Les âmes sauvées recevront sur cette dernière une couronne dont le sens paraît obscur compte-tenu que toute corporéité semble avoir disparu.

Les évidentes « réminiscences platoniciennes »[2] apparentent le texte à une réflexion davantage métaphysique que cosmologique ; pourtant, ce texte n'en constitue pas moins une médiation décisive synthétisant un série de croyances concernant le problème de l'habitation de la Lune, que cela soit par des âmes couronnées ou par des intelligences encore corporelles. Au-delà du récit rapporté de l'étranger, le texte fait office de doxographie allusive car il mentionne en effet un dialogue où Théon demande que l'on parle « de ceux dont on dit qu'ils habitent sur la Lune »[3], cela étant présenté comme une opinion habituelle et courante, dont se trouve examinée la plausibilité. En présentant les choses ainsi, Plutarque remet au centre de la discussion non pas le *fait* mais à tout le moins la *possibilité* que la Lune soit habitée et rappelle par la même occasion que bien des philosophes adhèrent depuis des siècles à de telles idées, Aétius attribuant cette opinion aux Pythagoriciens et Diogène Laërce à Anaxagore[4].

Ce qui frappe n'est donc pas tant la précision des références que la conviction partout répandue que l'idée d'habitants sur la Lune, quels qu'ils fussent, remonte à la plus haute Antiquité, à ceux que nous appelons aujourd'hui les présocratiques. Or, compte tenu du fait qu'existe à l'époque une équation voulant que l'autorité soit liée à l'antiquité – au sens premier du terme –, il faut alors comprendre que le rappel permanent de ce que furent censés croire Pythagore ou Anaxagore joue d'abord, pour ceux qui le mentionnent, un rôle de légitimation des idées évoquées : loin d'être

1. Outre la lecture du texte même de Plutarque, nous recommandons l'article de G. Soury, « Mort et initiation. Sur quelques sources de Plutarque, *De Facie*, 943c-d », *Revue des Études grecques*, 53, 1940, p. 51-58.

2. G. Soury, *ibid.*, p. 56.

3. Plutarque, *De Facie*, 937d, *op. cit.*, p. 65.

4. Cf. *ibid.*, n. 286, p. 65.

farfelues, elles sont présentées comme ayant été celles des penseurs les plus respectés de sorte que la raison se doive de les examiner avec déférence. En évoquant donc l'opinion de ceux qui placent des habitants sur la Lune, Plutarque joue son rôle de doxographe, et contribue à renforcer le *topos* d'une Lune habitée.

Ainsi Simplicius n'aura-t-il pas derrière lui un désert mais au contraire un boulevard jalonné de rappels réguliers – Aétius près de lui, la doxographie de Diogène Laërce trois siècles avant, Plutarque plus de quatre siècles plus tôt – établissant une croyance qui n'aura plus qu'à être reprise et réinvestie pour interpréter les écrits d'Anaxagore.

La poussée atomiste en faveur de la pluralité des mondes

Logique atomiste de la pluralité de mondes : présence implicite d'une vie intelligente extraterrestre

Les atomistes, au moins depuis Démocrite, ont défendu comme allant de soi l'existence de multiples mondes dans un univers infini. « Il serait, disait Épicure, aussi ridicule de croire qu'il n'y a qu'un monde dans l'infini, que de se figurer qu'il n'y a qu'un seul épi de blé dans une vaste terre qui paraît en être couverte. »[1]. Épicure et ses disciples, dont bien évidemment Lucrèce, défendirent ce même principe, arguant « que la nature n'avait rien produit qui fût unique dans son espèce. »[2]. Cette existence de mondes multiples contient *implicitement* la possibilité qu'existe une infinité de vies intelligentes extraterrestres peuplant ceux-ci, dans la mesure où la notion de monde n'a de sens qu'à la condition de constituer un environnement pour des habitants ; partant, évoquer les mondes multiples dans un univers infini, c'est immédiatement rendre possible l'existence d'une vie extraterrestre dont les atomistes parlent toutefois assez peu de manière directe.

Il nous faut donc comprendre comment Épicure a pu défendre la thèse de la pluralité des mondes tout en partant de l'idée selon laquelle la sensation est « la garantie unique et principielle de la réalité des étants »[3].

1. M. J.-B. de Boyer Marquis d'Argens, *Histoire de l'esprit humain ou mémoires secrets et universels de la République des Lettres*, t. III, Berlin, Haude et Spener, 1765, p. 93-94.

2. *Ibid.*

3. J. Salem, *Les Atomistes de l'Antiquité, Démocrite, Épicure, Lucrèce*, Paris, Champs Flammarion, 2013, p. 104.

En effet, Épicure ne pouvait pas affirmer l'existence d'une pluralité des mondes à partir de la seule perception. Mais, il est vrai que si nous ne devions retenir que ce critère sans tenir compte de tous les aspects logiquement organisés de sa *Canonique*, c'est-à-dire de sa *logique matérielle*, nous ne pourrions pas davantage admettre sa physique générale qui repose sur un jeu de construction de particules éternelles puisque « l'atome demeure toujours en dessous du seuil du visible »[1].

En réalité, Épicure élabore une méthode expérimentale qui admet que l'on puisse passer de la « sensation immédiate » [αίσθησεις] aux « représentations intuitives de la pensée » [Φανταστικαί έπιβολαί τῆς διανοίας], en passant par les « prénotions » [προλήψεις]. Ces trois critères fondent la doctrine épicurienne de la connaissance, qui s'applique nécessairement et logiquement à l'affirmation de la pluralité des mondes. Les « prénotions » correspondent aux généralités que nous obtenons par des « *composite photographs* »[2], ce qui est une manière empiriste et nominaliste de rendre compte du langage et des concepts qui nous permettent de classer les différents éléments de notre expérience. Ces prénotions ou anticipations « ne sont autre chose que des idées sensibles rappelées en l'absence de leur objet, ce sont des souvenirs relatifs à quelque chose de matériel »[3].

Quant aux « représentations intuitives de la pensée », elles sont l'un des aspects les plus obscurs de la pensée d'Épicure. Toutefois, dans la *Maxime fondamentale* XXIV, ou encore dans sa *Lettre à Hérodote*[4], le philosophe semble nous indiquer qu'il s'agit d'une conjecture raisonnable qui vient étendre légitimement le jugement : « On ne doit considérer comme vrai que ce qu'on peut réellement voir, ou ce qui est saisi par une appréhension immédiate de la pensée. » La sensation seule n'enseigne pas tout directement et il convient, qu'à partir d'elle et des prénotions, nous élaborions des explications qui devront ensuite être confirmées ou infirmées, voire maintenues comme hypothèses parmi d'autres hypothèses. Il semblerait donc que ces représentations soient une extrapolation logiquement conduite qui ne rencontre pas d'infirmation de l'expérience immédiate. Ainsi que le rappelle Jean Salem : « On sait (ou plutôt : on ne sait pas assez) que, pour expliquer les phénomènes naturels, les épicuriens affectionnent

1. E. Buissière, *Cours sur le corps*, Philosophie, 2005 (http ://www.ac-grenoble.fr/PhiloSophie/file/cours_corps_ebuissiere.pdf), p. 19.

2. C. Bailey, *The Greek Atomists and Epicurus, A study*, New York, Russell & Russell, 1964, p. 245.

3. H. Lengrand, *Épicure et l'épicurisme*, Paris, Bloud & Cie, 1910 p. 54.

4. Épicure, *Lettre à Hérodote*, Textes choisis par Jean Brun, Paris, P.U.F., 1961, § 62.

particulièrement le raisonnement expérimental en forme de *modus tollens* »[1].

Ce raisonnement, ajoute Jean Salem[2], peut être traduit dans le langage de la logique symbolique comme suit :

« si *p*, alors *q*
or non-*q*
donc non-*p* »

où *p* et *q* peuvent bien entendu représenter n'importe quel élément ou proposition.

C'est sur ce schéma syllogistique que Démocrite et à sa suite Épicure et Lucrèce[3] élaborent leur preuve de l'existence du vide par le mouvement. *p* étant la proposition *tout est plein* et *q* la proposition *le mouvement est impossible*. Le raisonnement revient donc à affirmer l'existence du vide par l'impossibilité de penser le contraire à partir du mouvement des corps qui est directement observable. Nous n'avons donc aucune expérience immédiate du vide, mais nous nous trouvons contraints d'en poser l'existence sous peine de nous trouver, comme Parménide, dans l'obligation de nier l'existence du mouvement des corps.

C'est avec cette même *Canonique* que la pluralité des mondes va être inférée de la Physique de l'école atomiste, ainsi que nous allons l'expliquer. Nous partirons des principes de la physique atomiste pour montrer comment ils permettent cette induction et quel degré de vérité ces matérialistes lui accordent. Nous nous appuierons principalement sur la *Lettre à Hérodote*, dans laquelle Épicure a résumé ses thèses cosmologiques fondamentales, et sur le *De la nature* de Lucrèce, le fidèle disciple latin du Jardin.

Hérodote faisait partie des premiers disciples d'Épicure lorsque celui-ci enseignait à Lampsaque, dans nos actuelles Dardanelles au bord de la mer de Marmara, vers 310 avant Jésus-Christ. Épicure qui revint à Athènes vers 306 av. J.C. continua de correspondre avec lui. L'une de ses lettres nous est parvenue grâce à Diogène Laërce qui la recopia dans le dixième livre de ses *Vies, doctrines et sentences des philosophes illustres*. Les manuscrits retrouvés dans les cendres d'Herculanum qui sont en passe d'être déchiffrés grâce au rayonnement synchrotron[4] viendront

1. J. Salem, *Les Atomistes de l'Antiquité*, *op. cit.*, p. 107.

2. J. Salem, *Commentaire de la lettre d'Épicure à Hérodote*, Bruxelles, Cahiers de philosophie ancienne n° 9, Ousia, 1993, p. 9.

3. Lucrèce, *De la nature*, I, 335-345.

4. Voir le site en ligne : http://www.itele.fr/monde/video/des-papyrus-vieux-de-2000-ans-en-passe-detre-dechiffres-aux-rayons-x-108727.

certainement apporter à notre compréhension de la doctrine d'Épicure, notamment sur cette question cosmologique.

Jean Salem nous donne un éclairage précieux sur la physique d'Épicure qui restait sur plus d'un point prudente, en montrant[1] que les explications fournies ne s'imposaient pas toutes comme certaines, mais étaient formulées comme hypothèses parmi d'autres hypothèses. Par exemple, le phénomène de la foudre se voit proposer deux explications plausibles par le philosophe grec[2]. Celles-ci n'excluent d'ailleurs pas que ce phénomène puisse être dû à tout autre chose. Il reste que toutes ces conjectures font appel aux seules réalités physiques et rejettent toute intervention divine ou occulte. Il ne faut pas oublier que, pour les atomistes, la physique a pour principale finalité de nous délivrer des arrières-mondes et des superstitions qu'ils engendrent : « Qu'on tienne seulement le mythe à l'écart » écrit-il aussi bien à Pythoclès qu'à Hérodote[3]. Il ne s'agit que d'éviter de succomber aux explications absurdes proposées par les mythes de la religion.

Pour autant, n'allons pas en conclure que les fondements de la physique atomiste ne relèvent pareillement que d'une simple conjecture pour Épicure ; ils sont, quant à eux, d'une certitude inébranlable[4]. Ces fondements tiennent en l'affirmation de l'existence des atomes éternels et du vide dans lequel ils se rencontrent et se séparent.

Notre monde n'est qu'un accident d'une réalité immuable qu'il faut bien poser derrière la génération et la corruption des réalités composées (§ 38-39). Parménide avait raison d'enseigner que rien ne naît de rien et que le néant, comme le montrera plus tard Bergson, n'est qu'une idée sans réalité. Derrière les apparences fluctuantes, il faut bien que quelque chose soit immuable. Pour Épicure, cette chose, c'est l'univers atomique éternel (§ 39-41). Non pas les réalités composées de cet univers, mais les atomes et le vide qui ne sont pas directement perceptibles par l'homme (§ 39-40). Cet univers d'atomes et de vide est infini (§ 41). Les atomes, en nombre infini, ne sont pas tous identiques, mais sont répartis en types indéfinis : « concevoir un nombre infini de formes atomiques aboutirait nécessairement [...] à concevoir des atomes dépassant le seuil de discrimination sensible, voire aussi gros qu'un monde et, pourquoi pas, infinis... »[5].

1. *Cf.* J. Salem, *Les Atomistes de l'Antiquité, op. cit.*, p. 109 *sq.*

2. Épicure, *Lettre à Pythoclès*, § 103-104.

3. Épicure, *Lettre à Pythoclès*, § 104. Également *Lettre à Hérodote*, § 76-77.

4. Cyril Bailey, *The Greek Atomists, op. cit.*, p. 264-265. Cité par J. Salem, *Les Atomistes de l'Antiquité, op. cit.*, p. 112.

5. J. Salem, *Les Atomistes de l'Antiquité, op. cit.*, p. 32-33.

Les atomes sont en mouvement permanent, soit dans le vide infini tant qu'ils ne sont pas associés en quelque corps composé, soit en vibration dans ces compositions (§43-44). Un monde naît donc d'un tourbillon par la simple réunion fortuite d'atomes.

En affirmant l'infinité de l'espace et donc de ce que nous appelons l'univers, Démocrite et Épicure prennent le contrepied des philosophies dominantes de leur époque : celles de Parménide, d'Empédocle mais également et surtout celle de Platon. Cette infinité, qui revient à affirmer le caractère non téléologique de l'univers, représente un scandale intellectuel pour les Grecs Platon et Aristote qui tiennent à l'idée de cosmos, d'harmonie. Comment un monde infini, aveugle et fait de la rencontre fortuite de particules matérielles élémentaires pourrait-il être seulement pensable ?

C'est ce mouvement éternel des atomes en nombre infini dans un vide sans limite qui amène Épicure à poser l'existence d'une pluralité de tourbillons « coalescents »[1], une pluralité de mondes. Certes, de ces mondes nous n'avons aucune expérience sensible directe, mais, selon la logique épicurienne, nous pouvons logiquement en inférer l'existence par une légitime extrapolation à partir de ce que nous voyons.

Lisons ce qu'écrit le philosophe au paragraphe 45 de sa *Lettre à Hérodote* :

> Mais, en outre, les mondes sont illimités en nombre, les uns semblables au nôtre, les autres dissemblables. Les atomes, en effet, étant illimités en nombre, comme cela vient d'être démontré, ils sont transportés même jusqu'aux lieux les plus éloignés. Car de tels atomes, à partir desquels peut naître un monde ou sous l'effet desquels un monde peut être produit, n'ont été épuisés ni par un seul monde, ni par un nombre limité de mondes, ni par ceux qui sont semblables au nôtre, ni non plus par ceux qui diffèrent de ces derniers. Par conséquent, il n'y a rien qui fasse obstacle à l'infinité des mondes[2].

Pourquoi donc les mondes sont-ils en nombre infini ? Parce que l'univers atomique est éternel et infini ; infini en nombre, infini dans l'espace[3]. Cette triple infinité (temps, matière, espace) amène donc Épicure à postuler une infinité d'agglomérations semblables et

1. Épicure, *Lettre à Hérodote*, § 73-74, *cf.* Steven J. Dick, *La pluralité des mondes*, *op. cit.*, p. 21.

2. Épicure, *Lettre à Hérodote*, [45], trad. fr. Pierre-Marie Morel, *in* Épicure, *Lettres maximes et autres textes*, Paris, GF, 2011, p. 63

3. *Ibid.*, § 42.

dissemblables à celles qui constituent notre monde. De fait, comme il n'y a aucune finalité à ces tourbillons constitutifs, il peut exister autant de configurations que le permet le déterminisme propre des atomes[1] : pesanteur, grandeur, forme[2]. Seules leurs configurations typologiques posent une limite aux possibilités d'associations. Ainsi Démocrite déjà supposait-il l'existence de mondes dans lesquels il n'y aurait ni Soleil, ni Lune, ou au contraire de plus grands que dans notre système[3]. Selon cette même logique, ces mondes se forment, se maintiennent en un état stable pour un temps, puis se décomposent pour rendre à la nature les myriades d'atomes qu'ils lui ont empruntées[4]. Enfin, ces mondes n'abritent pas tous la vie, mais leur nombre étant infini pour les raisons que nous venons d'indiquer, alors, il faut poser comme conséquence logique que certains le font[5]. Cette déduction est certes, comme nous l'avons déjà dit, une extrapolation, mais qui n'est démentie par aucun phénomène, ce qui en fait une hypothèse très solide, une représentation intuitive de la pensée qui, à défaut de preuve contraire, s'impose à la raison avec force. Car si notre monde n'a été formé que par le hasard de la rencontre et de l'association des atomes, alors, l'universalité des lois qui en régissent le comportement ne peut qu'amener à conclure en ce sens. Il ne faut pas oublier que chaque type d'atomes, qu'Épicure ne prétend absolument pas classifier, comprend une infinité d'atomes. L'arrangement de ces atomes obéit donc à une nécessité qui est attachée à leur typologie et à leur adaptation mutuelle. Il serait donc étonnant que les mêmes causes ne puissent pas produire les mêmes effets partout où ces atomes sont présents. Or, ils sont présents, encore une fois, partout et ce « partout » ne connaît aucune limite.

Quand nous disons les mêmes effets, nous voulons dire des organisations stables, lesquelles produisent des formes inédites dont certaines ressemblent à celles que nous connaissons et d'autres dont nous n'avons aucune idée, puisque nous n'en avons aucune expérience directe. N'oublions pas que ces organisations stables n'ont d'autre vérité que leur stabilité ! Ce qui est stable est viable, et ce qui est instable ne tient pas et ne saurait faire un monde. Dès lors, les représentations que nous avons, à partir de notre expérience, ne doivent pas nous conduire à en conclure

1. Épicure, *Lettre à Hérodote*, *op. cit.*, § 73 et *Lettre à Pythoclès*, § 88.

2. Épicure, *Lettre à Hérodote*, § 54.

3. Hippolyte, *Philosophoumena, ou Réfutation de toutes les hérésies*. Cité par G.S. Kirk et J. E. Raven, *The Presocratic Philosophers*, Cambridge, Cambridge University Press, 1957, p. 411.

4. *Ibid.*

5. Épicure, *Lettre à Hérodote*, § 74.

naïvement que tout ce qui existe est à notre image et à notre ressemblance. Le monde n'est voulu par personne et tous les agrégats possibles, du fait de l'infinité de l'univers, existent quelque part.

Logique atomiste de la pluralité des mondes : affirmation explicite d'une vie intelligente extraterrestre

Le lointain disciple d'Épicure, Lucrèce, dans son poème *De natura rerum*, expose la même physique et la même philosophie. Les atomes « après avoir subi mille changements de mille sortes à travers le tout immense, heurtés, déplacés de toute éternité par des chocs sans fin, [...] ils en arrivent, enfin à des arrangements tels que ceux qui ont créé et constituent notre monde. »[1]. Notre monde n'est donc que le résultat d'un agrégat possible manifestant une certaine permanence du fait de l'équilibre des forces réunies. C'est le *clinamen* qui est la cause efficiente de ces accords que sont les agrégats, tourbillons qui forment les mondes[2]. « Quelque chose émerge à partir d'une petite déviation ou inclinaison sur un flux unidirectionnel, infini et monotone. »[3]. Cette déclinaison des atomes, dont Épicure se passait dans sa physique, vient rompre l'inertie de déplacement des particules dans le vide infini. Ce monde est aveugle et sans intention :

> Quand bien même en effet j'ignorerais l'essence
> Des éléments premiers, germes de la substance,
> Les imperfections des choses et des cieux,
> Tout m'instruirait qu'un monde à ce point vicieux
> Ne peut être le fruit d'une raison divine[4].

Cette vision pessimiste du destin des hommes dans un monde aveugle à ses malheurs et sourd à ses plaintes trouvera sa pleine affirmation à la fin du poème, lorsque les ravages de la peste y seront décrits. Ces derniers vers semblent nous demander de ne pas trop prendre au sérieux l'invocation à Vénus par laquelle il ouvre son poème.

Tout naturellement, Lucrèce y défend également l'hypothèse d'une pluralité des mondes. Il interroge notre bon sens : si le mouvement éternel des atomes a pu produire notre monde, alors comment pourrait-on

1. Lucrèce, *De la nature*, I, 1021-1028, trad. citée p. 206.
2. Lucrèce, *De la nature*, II, 241-243.
3. A. Crahay, *Michel Serres : la mutation du cogito : genèse du transcendantal objectif*, Bruxelles, De Boeck, 1988, p. 28.
4. *Ibid.*, p. 185-189, trad. fr. d'André Lefèvre, Paris, Société d'édition littéraire, 1899.

imaginer qu'il n'en soit pas de même en de multiples autres lieux de l'espace infini ? Comme chez Épicure, Lucrèce convoque la logique probabiliste, que l'on retrouvera dans l'histoire de la pensée jusqu'au réalisme modal défendu par David Lewis[1]. Pour supposer que notre monde soit le seul à être peuplé d'êtres vivants intelligents, il faudrait admettre l'intervention d'une cause contrariante ! Il faudrait qu'une intelligence supérieure s'y oppose, car la nature, dès lors qu'on la pense dans le triple infini épicurien, ne peut qu'obéir aveuglement aux lois qui la déterminent et au hasard qui en combine toutes les possibilités. De telle sorte qu'il faut conclure que ce qui s'est produit une fois devra se reproduire de multiples fois, puisque l'infini non seulement l'autorise mais bien plus l'impose.

Mais à la différence de ses prédécesseurs, Lucrèce se révèle bien plus explicite dans l'affirmation même de l'existence d'intelligences extraterrestres. De la réflexion cosmologique sur l'ouverture de l'espace à l'infini et des mondes à la pluralité découle l'assertion selon laquelle d'autres assemblages de matière semblables aux nôtres – donc contenant la vie intelligente – sont possibles et même nécessaires au regard des probabilités – ce n'est pas le lexique atomiste – qui la caractérisent.

Après avoir rappelé l'infinité du monde, Lucrèce ajoute :

> Dès lors, on ne saurait tenir pour nullement vraisemblable, quand de toutes parts s'ouvre l'espace libre et sans limites [*spatium vacet infinitum*], quand des semences innombrables en nombre [*innumero numero*], infinies au total, voltigent de mille manières, animées d'un mouvement éternel, que seule notre terre et notre ciel aient été créés, et qu'au-delà restent inactifs tous ces innombrables corps premiers. […]. Aussi, je le répète encore, il te faut avouer qu'il existe ailleurs d'autres groupements de matière analogues à ce qu'est notre monde…[2].

Et comme pour éviter que ne subsiste la moindre ambiguïté, Lucrèce ajoute ces quelques vers, posant la nécessaire existence de plusieurs humanités peuplant les mondes pluriels :

> Du reste, quand la matière est prête en abondance, quand le lieu est à portée, que nulle chose, nulle raison ne s'y oppose, il est évident que les choses doivent prendre forme et arriver à leur terme. Et si maintenant […] si la même force, la même nature subsistent pour pouvoir rassembler en tous lieux ces éléments dans le même ordre qu'ils ont été rassemblés sur notre monde, il te faut avouer qu'il y a dans d'autres régions de l'espace d'autres

1. D. Lewis, *On the plurality of worlds*, Basil Blackwell publishing, Oxford, 1986.

2. Lucrèce, *De la Nature*, livre II, vers 1048-1066, trad. fr. Alfred Ernout, Paris, Les Belles Lettres, 2009, p. 162-165.

> terres que la nôtre [*necesse est confiteare esse alios aliis terrarum in partibus orbis*], et des races d'hommes différentes [*et varias hominum gentis*], et d'autres espèces sauvages[1].

On voit donc que la pluralité des mondes est affirmée par les matérialistes atomistes pour des raisons que nous qualifierions de probabilistes dans notre vocabulaire actuel qui les rendent très proches des méthodes adoptées par les scientifiques modernes et contemporains. Notre monde n'existe que par la nécessité des lois physiques et le hasard des formes qu'elles produisent. Il n'y a pas d'intention dans le monde et ce qui s'est produit une fois ici ne peut que s'être produit ailleurs d'une manière ou d'une autre, la triple infinité de l'univers rendant l'hypothèse contraire peu probable. À cet égard, l'existence d'autres intelligences que les nôtres, peuplant les mondes multiples, devient tellement probable qu'elle constitue, à n'en pas douter, une indubitable certitude logique pour les auteurs que nous venons d'aborder.

Déduire la cosmologie de la psychologie : le peuplement cosmique des astres par les âmes humaines

Si Platon n'a pas thématisé comme telle la pluralité des mondes, ni consacré de longues pages à la possibilité qu'existent d'autres intelligences que la nôtre dans le *cosmos*, il n'en demeure pas moins qu'il a proposé, en particulier dans le *Timée*, un mythe dont le sens est celui d'un peuplement massif des autres planètes et des autres étoiles que la seule planète Terre, et ce par des êtres intelligents et dotés d'une âme ou, pour être précis, par nos propres âmes ayant résisté aux désordres du corps. C'est à l'étude du mythe du *Timée* que nous allons donc nous consacrer dans cette troisième sous-partie.

Le *Timée* contient plusieurs mythes pour rendre compte aussi bien de l'engendrement du monde que de son peuplement car une chose est que le monde soit, une autre est que des intelligences le peuplent et le contemplent. Ce besoin de peupler le *cosmos* est décrit d'une manière extrêmement nette en 39e[2].

Platon y décrit l'activité du Démiurge qui, en tant que *noûs*, en tant qu'Intellect, doit engendrer une copie à partir d'un modèle que sa nature propre lui permet de connaître. Parmi les Formes qu'il a pu connaître, il est celle du Vivant – Brisson met opportunément une majuscule au Vivant

1. Lucrèce, *De la Nature*, livre II, p. 164-165.
2. *Cf.* Platon, *Timée*, 39e-40a, trad. fr. Luc Brisson, Paris, GF, 2001, p. 131.

pour signaler qu'il s'agit ici de la forme même – qui se distribue selon les quatre éléments : celle du Feu, les dieux, celle de l'air, sans doute les oiseaux, celle de l'eau, les poissons, et celle de la Terre, les animaux terrestres. Puis, après avoir établi la généalogie des dieux, dont font partie Terre et Ciel, le Démiurge demande à ces derniers de générer par eux-mêmes les oiseaux, les animaux terrestres et les poissons, afin qu'ils soient mortels puisque non directement engendrés par le démiurge lui-même, ce qui permet de prévenir le risque d'une filiation directe avec celui-ci. Le Démiurge fabrique ensuite dans un cratère un mélange permettant de préparer l'âme du monde tandis qu'avec le reste des ingrédients qui n'ont donc pas servi à préparer l'âme du monde, il prépare des mélanges de deuxième et troisième ordre.

Cette genèse des âmes relevant de l'étude psychologique de Platon – nous entendons par psychologie l'étude des âmes et de leur origine – destinées à habiter les différents corps n'est pas sans intérêt et se révèlera décisive le moment venu. Complémentaire à cette genèse des âmes nous semble être la restitution, sous forme de récit, de la venue de celles-ci dans les corps, soit la question de la première naissance :

> Et, ayant fait monter les âmes comme sur un char, il leur révéla la nature de l'univers, et leur exposa les lois de la destinée : la première naissance serait établie identique pour toutes, afin qu'aucun ne fût moins bien traitée par lui ; il fallait que, disséminée dans les instruments du temps, chacune dans celui qui lui convenait, l'âme devînt la créature qui, parmi les vivants, vénérât le plus les dieux ; et, puisque la nature humaine est double, voilà quelle serait l'espèce la meilleure, celle qui par la suite allait être appelée « mâle »[1].

Nous retrouvons ici bien des éléments présents dans le *Phèdre* où Platon demandait que, pour rendre adéquatement sa force motrice, l'âme fût représentée « comme une puissance composée par nature d'un attelage ailé et d'un cocher. Cela étant, chez les dieux, les chevaux et les cochers sont tous bons et de bonne race, alors que, pour le reste des vivants, il y a mélange. »[2]. L'image du char dans le *Timée* n'est pas sans liens avec cet attelage du *Phèdre* où l'âme ne cesse de parcourir le ciel, quand elle est à son meilleur, et la pesanteur matérielle à laquelle elle s'attache quand elle est plus composite. Comprenons en outre que la fabrication des âmes ne semble sensée qu'à la condition de les relier à des corps célestes eux-mêmes mus par une âme, l'âme humaine étant de ce fait apparentée à l'âme

1. Platon, *Timée*, 39e-40a, p. 135.
2. Platon, *Phèdre*, 246a-b, trad. fr. Luc Brisson, Paris, GF, 2000, p. 117.

du corps céleste dont elle procède : ainsi le démiurge fabrique-t-il par exemple « autant d'âmes qu'il y a d'astres » et affecte-t-il « chaque âme à un astre »[1]. La question de la première naissance de l'âme est donc intrinsèquement liée au corps auquel elle est jointe, au corps dans lequel elle se trouve, bien que certaines âmes verront les réalités fondamentales alors que d'autres seront immédiatement liées aux corps, ce qui semble être le cas de celles des animaux ; par ailleurs, loin d'être liée à un principe électif, chaque âme connaît un sort égal et juste dans sa répartition : elle est dans l'instrument du temps qui lui *convient*, ce qui ne signifie pourtant pas que chaque être composé agira conformément aux principes de l'âme qui l'anime.

Qu'en est-il, dans ces conditions, de l'âme des *hommes* ? Platon explique fort bien que l'âme incarnée dans le corps génère une sensation universelle chez tout être humain, ainsi que des affects comme la colère, la crainte, et toutes les affections contraires, comme le plaisir ou la joie : « dominer ces éléments serait vivre dans la justice, et être dominé par eux, vivre dans l'injustice. »[2]. Remarquons d'abord que l'humanité est double, constituée à la fois d'une part divine et immortelle, et en même temps d'une série de désordres éphémères et fluctuants, la série des affects où le plaisir éloigne de l'âme, la douleur du bien, tandis que la crainte rapproche de la folie. Cette ambivalence en nous de la divinité immortelle mêlée à des fluctuations corporelles rend incertaine l'issue de l'incarnation de l'âme : allons-nous succomber aux vertiges du corps, ou au contraire nous rappeler la nature même de celle-ci ? Platon ajoute également que, dans la première naissance, nous avons affaire à une humanité encore non sexuée, encore non scindée par la différence sexuelle ; lorsque surviendra cette dernière dans une seconde naissance, ce genre originaire de l'homme deviendra le « mâle ». Tout homme est donc originairement mâle, mais puisque ce terme ne prend réellement son sens que dans la dualité avec le genre « femelle », il est insensé de l'utiliser originairement ; il n'est utilisable que pour caractériser, par contraste, la seconde naissance, celle où apparaissent les femmes dont Platon restitue ainsi la raison d'être :

> Parmi ceux qui sont nés mâles, tous ceux qui ont été lâches et qui ont mené une vie injuste, ont, suivant l'explication vraisemblable que nous proposons, été transformés en femmes à la seconde naissance. Et c'est à cette

1. Platon, *Timée*, 41d, *op. cit.*, p. 135.
2. *Ibid.*, 42b, p. 135.

> époque que les dieux ont, pour cette raison, constitué le désir de la copulation[1].

Nous ne pouvons évidemment juger « vraisemblables » les arguments de Platon ici développés au sein de cette analyse assumée de la métempsychose, mais nous pouvons néanmoins en comprendre le sens à partir de l'ambivalence même de notre nature décrite précédemment. Remarquons d'abord qu'à l'instar de la *Genèse*, la copulation en tant que fondée sur le désir sexuel concupiscent est consécutive à une sorte de faiblesse de l'âme et n'est pas originaire; il n'est pas douteux que nous sommes ici en face d'un analogon des textes vétérotestamentaires où, après le péché, l'homme se rend compte qu'il est nu et a honte d'un tel état. Plus décisif pour notre propos, Platon rend compte d'une *exigence* liée à notre constitution : l'âme a le choix de se retourner vers sa provenance en domptant les désordres du corps, la multiplicité des sensations et des affects, ou au contraire d'y succomber et de ne pas parvenir à restituer l'ordre même au sein du chaos que constituent ses affects. La domination de ces derniers comme des sensations constitue pour l'âme une visée qui, si elle est accomplie, semble accompagnée d'une récompense; en revanche, céder aux caprices et au désordre des affects corporels s'apparente à l'oubli la nature primordiale de l'âme, et celui qui échoue est «changé en femme à la seconde naissance»[2], c'est-à-dire à la seconde incarnation.

Quel est le rapport de tout cela avec le propos général du présent ouvrage? Nous nous sommes jusqu'à présent focalisés sur le devenir de l'âme ayant échoué à se rappeler sa provenance par suite d'une faiblesse l'ayant amenée à succomber aux désordres du corps. Mais qu'en est-il de l'âme mâle qui est parvenue à dompter les affects et les sensations et qui, loin de se laisser conduire par ces derniers, a su les maîtriser? Platon envisage pour celle-ci une étrange récompense :

> Et celui qui aurait vécu, comme il faut, le temps prévu, celui-là retournerait, dans l'astre qui lui a été affecté, pour y habiter, pour y vivre une vie bienheureuse et conforme à sa condition[3].

Ce passage énigmatique au premier regard ne peut être compris qu'à la condition d'être restitué dans son contexte; il faut rappeler que le Démiurge ne crée pas directement les hommes, mais en laisse le soin aux Astres et aux Planètes; par conséquent, l'âme qui est en nous n'est pas

1. Platon, *Timée*, 90e-91a, p. 217.
2. *Ibid.*, 42b, p. 135.
3. *Ibid.*

directement apparentée au Démiurge, mais elle l'est aux Astres qui nous ont engendrés. Loin d'être original, Platon semble reprendre « toute la tradition orphico-pythagoricienne [qui] affirmait la parenté de l'âme et des astres... »[1]. Cela signifie, pour que le texte ait un sens, qu'il y a un grand nombre d'astres et de planètes dans le *cosmos* platonicien puisqu'il faut que corresponde à tout être humain possible un astre dont l'âme est apparentée à la sienne. Tirons donc les conséquences explicites de ce passage : il semble clair que le *cosmos* platonicien, constitué d'un très grand nombre d'étoiles et de corps célestes tous dotés d'une âme, abrite sur beaucoup d'entre eux des âmes mâles, qui ont su dompter, alors qu'elles étaient incarnées, les tourments et les désordres du corps; le *cosmos* platonicien n'est donc pas inhabité, il est au contraire universellement peuplé mais par des âmes dont on peut dire qu'elles ne sont pas présentes sous une forme incarnée.

Nous mesurons ici la *singularité platonicienne*[2] : son objet n'est pas du tout celui des matérialistes. Il ne réfléchit pas à la pluralité des mondes, et ne se demande pas directement si d'autres lieux sont habités. C'est à partir d'une réflexion bien plutôt *psychologique*, c'est-à-dire consacrée à la question de la répartition des âmes et de leur origine, que se pose le problème du peuplement du *cosmos*. La nature même de l'âme humaine, qui est d'être apparentée aux astres qui l'ont engendrée, *présente des effets explicitement cosmologiques* : le *cosmos* est habité du fait même que les âmes humaines cherchent à rejoindre celle-là même qui les a engendrées, c'est-à-dire l'âme de chaque corps céleste à laquelle elles sont apparentées. Toutefois, si nous entreprenions un voyage interstellaire comme l'imaginera Nietzsche[3], nous ne pourrions les croiser sous une forme incarnée, car tout dans le *Timée* semble indiquer que la forme incarnée de l'âme est réservée à la Terre. Mais ces âmes n'en sont pas moins des intelligences, engendrées à l'image de l'Intellect qu'est le Démiurge, de sorte que nous ayons bel et bien affaire à l'objet même de notre enquête, soit celui d'êtres intelligents peuplant le *cosmos* qui ne soient néanmoins pas les anges de la tradition chrétienne mais qui se révèlent être nos propres âmes, affranchies d'un corps qu'elles auraient réussi à dominer et dompter.

1. J.-L. Vieillard-Baron, *Platon et l'idéalisme allemand* (1770-1830), Paris, Beauchesne, 1979, p. 161.

2. Nous renvoyons, pour plus de détails, à l'important article de P. J. Armleder, « Some observations on Plato's *Timaeus* », *Classical Bulletin*, 39, 1962, p. 9-10.

3. Cf. *Infra*.

Par ailleurs, *Platon n'a pas besoin de la pluralité des mondes ni de l'ouverture de l'Univers à l'infini* pour peupler le *cosmos* d'extraterrestres. Ni matérialiste, ni préfigurateur du nouvel Univers renaissant, il conserve un *cosmos* fini quoique densément rempli, et adopte une position décidément singulière où la non-visibilité des extraterrestres ne se justifie pas par leur éloignement dans le vaste Univers ni par la multiplication des mondes, mais bien plutôt par la nature même de ces êtres qui sont des âmes non incarnées ayant rejoint leur astre géniteur.

Le *cosmos* platonicien est ainsi densément peuplé, mais il est peuplé d'humains, ce qui signifie *in fine* que *la terre ne constitue pas le lieu naturel des hommes* : ceux-ci n'en possèdent d'ailleurs pas collectivement, chaque *psychè* individuelle étant au contraire référée à l'étoile céleste à laquelle elle est apparentée. On comprend dans ces conditions que toute la tradition néoplatonicienne ait pu trouver chez Platon l'idée d'une étrangeté de l'homme vis-à-vis de la Terre puisque même du point de vue physique et cosmologique, celui-ci ne présente aucune raison motivée de s'apparenter à cette Planète où il se sent irrémédiablement étranger. La Terre se révèle donc comme une patrie d'adoption pour l'homme qui ne doit aspirer qu'à retrouver son astre originaire au sein d'un *cosmos* paradoxalement peuplé d'humains éphémèrement et non essentiellement terriens.

ARGUMENTS ARISTOTÉLICIENS CONTRE LA PLURALITÉ DES MONDES

Si certains Présocratiques avaient imaginé un peuplement lunaire, si les matérialistes avaient déduit de leur cosmologie la nécessité de la pluralité des mondes et, partant, la nécessité d'un peuplement infini de l'univers, et si Platon avait déduit de sa psychologie une cosmologie où chaque astre accueille l'âme qui lui est apparentée lorsque celle-ci est parvenue à résister aux désordres du corps, Aristote fait au contraire figure d'exception puisqu'il répond dans son *Traité Du Ciel*[1] par une fin de non recevoir à la question de la pluralité des mondes et rompt avec la psychologie platonicienne, notamment avec la métempsychose[2], interdisant de ce fait la possibilité même d'accueillir dans sa pensée l'existence d'intelligences extraterrestres. C'est donc en tant que contrepoint que sera ici abordé le Stagirite, afin de sonder des arguments qui contestent la pluralité

1. Ce sont les chapitres VIII et IX du livre I du Traité qui abordent plus précisément cette question.

2. *Cf.* Aristote, *De l'âme*, I, 3, 407b12-27.

des mondes et, partant, la diversité des intelligences. Si les atomistes invoquaient l'universalité des lois atomiques et le jeu du hasard, dans un univers éternel et sans limite pour conclure qu'une infinité d'autres mondes existait, Aristote, quant à lui, est contraint par sa philosophie générale, et plus particulièrement par sa physique, de penser un univers qui pour être infini dans le temps, n'en est pas moins clos en des dimensions commensurables à notre représentation et en dehors duquel il n'y a rien, et *surtout en dehors duquel il ne peut rien y avoir*. Ce n'est donc pas à une infinité de mondes habités que sa philosophie semble le conduire à postuler, mais la nécessaire unicité du nôtre. C'est à cette nécessité que sera consacrée la présente sous-partie.

Toutefois, cette réponse telle que nous la verrons exposée et argumentée dans le *Traité du Ciel* suffit-elle pour comprendre Aristote ? Il y a dans les textes cosmologiques du philosophe des passages difficiles pour nous qui vivons dans un univers démesuré et totalement hors de proportion avec notre humanité. Ils sont difficiles non seulement parce qu'ils évoquent une représentation du monde qui ne nous est pas familière et qui demande de la part du lecteur un effort certain, mais également par leur caractère parfois elliptique.

Il faut à ce sujet rappeler que les textes aristotéliciens qui nous sont parvenus sont des documents ésotériques, c'est-à-dire qui n'avaient pas vocation à être publiés, mais qui pour la plupart d'entre eux étaient des notes, des travaux de cours préparés pour les séances du Lycée, cette université pluridisciplinaire qu'il avait créée. De plus, et pour cette raison, ce sont des documents qui ne doivent pas être compris comme étant une pensée arrêtée, figée, mais bien plutôt comme un long processus de maturation qui témoigne de l'évolution des recherches et méditations du Macédonien. Il commença par être fidèle à la pensée platonicienne de l'Académie pour s'en détacher de plus en plus sur plusieurs points, dont celui crucial de la psychologie. Pour mieux comprendre cette évolution et les débats qu'elle a suscités chez les historiens, le lecteur consultera leurs travaux[1]. Mais sur la question de notre cosmos, de ses dimensions et sur la question de la pluralité des mondes, Aristote est de toute évidence resté

1. Lire de J. Werner, *Aristote, Fondements pour une histoire de son évolution*, Paris, L'éclat, 1997 ; Paul Moraux, *L'évolution d'Aristote*, Louvain, Publications Universitaires de Louvain, 1957 ; P. R. Grenet, *Histoire de la philosophie ancienne*, Paris, Beauchesne, 1960 ou encore Pierre Aubenque, *Le Problème de l'être chez Aristote*, « Avant-Propos », Paris, P.U.F., 1962. Dans cet ouvrage, P. Aubenque fait le point sur cette question de l'évolution d'Aristote et discute les critères donnés par les uns ou les autres pour en établir la chronologie.

fidèle à son ami et maître, puisqu'il semble n'avoir jamais changé fondamentalement de point de vue sur cette question. Nous nous appuierons ici principalement sur le *Traité du Ciel* qui accorde à cette question une place très importante.

Le De Caelo

Dans les quatre livres qui composent ce traité est exposée la conception aristotélicienne de l'univers. Ce texte date de la jeunesse d'Aristote qui était alors encore proche de l'Académie. C'est durant cette même période que le jeune philosophe avait fini cependant par mettre en évidence les difficultés de la métaphysique platonicienne. Les historiens pensent qu'avant même d'avoir quitté l'Académie, il commença à élaborer son propre système en suivant un parcours extrêmement rigoureux et organisé qui, s'appuyant sur l'élaboration d'une logique formelle proposa son application au domaine de la nature avec la *Physique* et le *Traité du Ciel*, qui va ici retenir plus particulièrement notre attention[1]. La nature, faisant partie du monde sensible, avait été négligée par le platonisme au profit des Essences éternelles. Il faut comprendre que ce qui caractérise la pensée du jeune Aristote, à ce moment de sa réflexion, est justement l'abandon des Idées séparées de Platon. C'est bien cet abandon qui l'amène à rejeter l'idée d'une âme du monde qui en serait séparée[2] pour lui substituer celle d'un premier moteur, certes immatériel[3], mais immanent au monde. Ce dernier est situé par Aristote dans la partie supra-lunaire de l'Univers et plus précisément en ses limites extrêmes. C'est lui qui imprime, immobile, le mouvement au Ciel. Il est composé d'une matière inaltérable qui le distingue de notre monde sublunaire contingent. Un monde soumis au temps, à la génération et à la corruption.

Prenant ses distances avec le *Timée* de Platon que nous avons étudié dans la sous-partie précédente, ce traité veut appliquer une méthode expérimentale à la connaissance du monde. Pour Aristote le cosmos est topologiquement orienté, il y a un haut, un bas, un centre qui permettent de définir l'orientation des mouvements qui sont soit circulaires, soit rectilignes, soit encore un mélange des deux : « Le transport en cercle est celui qui a lieu autour du centre, le transport rectiligne celui qui a lieu vers le haut ou vers le bas. J'appelle vers le haut le transport qui part du centre, et vers le bas

1. *Cf.* P. R. Grenet, *Histoire de la philosophie ancienne*, Paris, Beauchesne, 1960, p. 143-183.

2. *Cf.* D. Ross, *Aristote*, 1923, trad. fr. Paris, Payot, 1930, p. 94-95.

3. Aristote, *Métaphysique*, XII, 10, 1075, b25.

celui qui va vers le centre. »[1]. Les corps simples sont ceux qui sont mus simplement; les mouvements mixtes caractérisent les corps composés et tendent vers le mouvement de l'élément simple dominant dans la substance mue[2]. Cette conception des lieux, étonnamment anthropomorphique, tient une grande place dans la représentation aristotélicienne du cosmos, comme nous allons le voir, et de ce fait conditionne la réponse qu'Aristote pense devoir apporter à l'hypothèse d'une pluralité des mondes habités.

Ce dernier commence donc par nous proposer un enseignement sur le monde supra-lunaire qu'il pense comme l'emboîtement de sphères entourant la Lune et la Terre : la sphère des étoiles fixes au-delà de laquelle il n'y a rien[3] (sinon, selon l'interprétation du pseudo Plutarque, le dieu suprême qui se tient appuyé sur la sphéricité de l'univers pour lui imprimer, par son attraction, son mouvement)[4]. Cette sphère ultime est faite d'une substance incorruptible, l'éther[5] ; puis s'étagent progressivement les différentes sphères des planètes. Notre monde sublunaire est abordé dans un second temps, avec la Lune en premier puis logiquement la Terre qui est au centre de tout le système.

Ainsi que nous le disions ci-dessus, ce qui caractérise le monde supralunaire, c'est le mouvement circulaire, mouvement parfait propre à l'éther qui est chez Aristote une matière subtile simple, non soumise à la corruption. Ces caractéristiques font d'elle une substance éternelle, voire quasi divine[6]. Déjà Platon, dans le *Phédon* évoquait une région située entre l'air et le ciel des fixes qu'il nommait « éther ». Lui aussi enseignait que cet éther est en mouvement permanent; il le présentait comme un air plus subtil que celui que nous respirons[7].

L'éther devient un cinquième élément avec Aristote, et plus précisément dans l'*Épinomis* et le *De la philosophie* qui datent de la jeunesse du philosophe, alors qu'il était encore très platonisant[8]. Ce corps simple, qui vient s'ajouter aux quatre autres éléments classiques que sont le feu, l'air, l'eau et la terre, nous apparaît aujourd'hui bien étrange et on peine à bien en

1. Aristote, *Traité du Ciel*, I, 2, 20-24, trad. fr. Pierre Pellegrin, Paris, GF, 2004, p. 75.

2. *Ibid.*, I, 2.

3. *Ibid*, I, 9.

4. Pseudo-Plutarque, *Placita philosophorum*, I,6, 881.

5. *Ibid.* I, 3.

6. On retrouve cette tradition de la divinité des astres et de l'éther chez Homère (*Iliade*, XVII, 645; XIX, 350), l'orphisme (Damascius, *De Principiis*, 124) et Hésiode (*Theogonia*, 124).

7. A.-J. Festugière, *Études de philosophie grecque*, Paris, Vrin, 1971, p. 389-400.

8. Aristote, *Épinomis*, 981 c6.

saisir la signification. La perfection du Cosmos tient en outre à sa finitude[1] – qui l'oppose à l'étendue amorphe infinie des atomistes – et donc à ce mouvement circulaire qui est le mouvement sempiternel par excellence qui est lié à cette cinquième essence qui est sans masse, non engendrée et incorruptible[2].

Il faut bien comprendre que pour un Grec l'infinitude ne pouvait en aucun cas être le signe d'une perfection puisqu'elle suggérait l'inorganisation. Pour les matérialistes comme Démocrite et Épicure, cette inorganisation était logiquement articulée à leur ontologie, mais cela ne pouvait être le cas pour Aristote qui, héritier sur ce point de Platon, admettait la primauté de la forme sur la matière : « D'autres font du mouvement spontané la cause aussi bien de cet univers que de tous les univers, car ils soutiennent que le tourbillon et le mouvement qui sépara et qui disposa le tout dans l'ordre actuel se produisirent par le mouvement spontané.»[3], écrit-il dans le livre II de la *Physique* en pensant aux atomistes. On voit bien que c'est cette idée de hasard et donc le caractère non hiérarchisé de l'univers qui s'en suit qu'Aristote ne peut admettre : pis encore, il la trouve même absurde[4]. Sur ce point, il est très proche du *Timée* de Platon qui ne pouvait concevoir un monde inorganisé, malgré les désordres des affects que l'âme devait précisément surmonter pour retrouver son appariement originaire. Pour Aristote, le Tout est un univers par son unité[5], il n'est pas la simple juxtaposition d'éléments.

Si le mouvement circulaire parfait caractérise le monde supra-lunaire fait d'éther, par contre, dans le monde sub-lunaire les substances sont attirées par ce qu'Aristote pense être leurs lieux naturels. Les mouvements ne sont de ce fait plus circulaires, mais rectilignes et donc finis. Nous retrouvons dans sa conception des mouvements naturels du monde sublunaire, les quatre éléments principaux : le feu, l'air, l'eau et la terre. Chacun de ces éléments tend vers son lieu naturel où il trouvera le repos[6]. Or, pour Aristote, qui au fond se base sur l'expérience, le centre du cosmos est le lieu naturel de l'élément « terre ». Le centre de notre planète est donc le centre du cosmos où l'élément terre vient trouver le repos. Il ne peut donc pas y avoir la présence de cet élément ailleurs que dans le monde

1. Aristote, *Physique*, V.
2. Aristote, *Traité Du Ciel*, I,1 paragraphe 3.
3. Aristote, *Physique*, II, 4, 196a, 25-30. trad. L. Couloubaritsis, Paris, Vrin, 1991, p. 57.
4. *Ibid.*, II, 4, 196a, 5, p. 56.
5. *Ibid.*, IV, 5, 212,b, 13 *sq*.
6. Aristote, *Traité du Ciel*, III, 2.

sublunaire, c'est-à-dire au centre du monde. Le feu, par contre, ainsi que nous pouvons empiriquement le constater, tend vers le haut, vers la circonférence extérieure. Quant aux deux autres éléments, l'eau et l'air, ils occupent des lieux intermédiaires entre la circonférence et le centre[1].

Mais si tel est le cas, *alors, il ne peut y avoir plusieurs mondes et, partant, il ne peut y avoir qu'une seule vie intelligente, celle des hommes.* Dans le cas contraire, il faudrait en effet admettre l'existence de plusieurs centres pour que d'autres planètes comparables à la nôtre puissent exister. Cependant, cela n'est pas possible pour plusieurs raisons. Nous les trouvons exposées dans les chapitres VIII et IX de la première partie du *Traité du ciel.*

Première raison par le mouvement

La première raison de l'impossibilité exposée ci-dessus, est présentée dans le chapitre VIII[2]; elle propose l'idée selon laquelle si l'élément terre tend vers le centre du monde, alors il faudrait supposer que d'autres centres et donc d'autres mondes existent. Seulement, vers quel centre l'élément terre devrait-il alors tendre ? Il n'y aurait donc plus de mouvement naturel, mais des mouvements violents que semble contredire notre expérience immédiate. Lorsque nous jetons en l'air une pierre, par exemple, dans laquelle prédomine l'élément terre, elle s'élève vers le haut, mue par la violence du geste qui la propulse, mais pour retourner vers son lieu naturel dès que l'énergie du mouvement n'est plus suffisante. La physique du philosophe ne peut admettre cette éventualité. Certes, cette argumentation peut nous sembler bien légère et par trop naïve au point de ne pas parvenir à nous faire comprendre exactement sa logique, mais c'est bien l'argument dont use Aristote.

Il reste que dans le chapitre VIII, nous pouvons lire qu'« il est nécessaire que tous les mondes soient composées des mêmes corps, en admettant qu'ils ont une nature semblable »[3], ce qui nous demande d'admettre un postulat qui n'est pas si contraignant que semblent le supposer ce raisonnement par l'absurde. Pourquoi donc les autres mondes devraient-ils être nécessairement composés des mêmes corps ? Nous sortons ici de notre débat sur la pluralité des mondes habités dans notre univers, pour évoquer une autre possibilité, qui est celle à laquelle pense Aristote, qui serait

1. *Ibid.*
2. *Ibid.*, I, 8, § 2 et 3.
3. *Ibid.*, 276a31-32, p. 129.

l'existence d'autres univers. En effet, il est possible que, pour Aristote pensant notre univers limité aux frontières de notre système solaire, l'idée d'autres mondes signifie pour lui ce que nous entendons aujourd'hui dans le concept de *multivers*.

En outre, on sent l'hésitation d'Aristote lorsqu'il poursuit en écrivant : « Car si les choses de là-bas et celles qui sont près de nous étaient dites les mêmes de manière homonyme et non selon la même forme spécifique, alors le Tout lui aussi qui est composé des choses de là-bas serait dit "monde" par homonymie. »[1]. Pourquoi y voyons-nous une hésitation ? Tout simplement par le fait qu'Aristote formule assez justement à demi-mot l'objection que l'on pourrait lui faire... les lois de notre monde n'obligent en rien celles d'autres mondes possibles.

Il reste que même dans cette hypothèse d'un « multivers », Aristote persiste à croire qu'il faudrait y retrouver sa loi des mouvements naturels et contraints : « Il est donc clair que l'un de ces corps est naturellement transporté loin du centre, alors qu'un autre s'y porte, s'il est vrai que le feu [de là-bas] est tout entier homogène avec le feu [d'ici], et qu'il en est de même pour chacun des autres de ces corps, comme le sont les parties du feu dans ce monde-ci. »[2] D'où il tire la conclusion, au paragraphe suivant, que « s'il est vrai que les mouvements sont les mêmes, il est nécessaire que les éléments soient aussi les mêmes partout. »[3] Bref, la nature des éléments qui entrent en composition dans les corps existants sont déterminés par les mouvements et non le contraire. C'est un raisonnement étrange que nous propose ici Aristote et qui ressemble à une pétition de principe.

On pourrait encore une fois lui objecter que, même en admettant cette identité de nature des éléments fondamentaux, il serait encore une fois envisageable d'admettre qu'existent à travers le cosmos, alors élargi au-delà des dimensions de notre système solaire, d'autres lieux naturels qui polarisent ces mouvements. Mais Aristote écarte cette possibilité de l'éloignement, de la séparation des mondes, non par une preuve – comment le pourrait-il ? – mais par un postulat, une nouvelle pétition de principe, qui s'exprime de la sorte :

> soit il ne faut pas poser qu'il y a une nature identique des corps simples dans plusieurs cieux, soit, si nous l'affirmons, il est nécessaire de considérer

1. Aristote, *Traité du Ciel*, 276b2-4, p. 129.
2. *Ibid.*, 276b, 4-7, p. 129.
3. *Ibid.*, 276b, 10-11, p. 129.

> qu'il n'y a qu'un seul centre et qu'une seule extrémité ; et s'il en est ainsi il est impossible qu'il y ait plusieurs mondes[1].

Si nous comprenons bien cet étrange argument, il ne peut y avoir qu'un seul monde, car s'il y en avait plusieurs, alors les éléments ne seraient pas de même nature ; mais comme ils sont de même nature alors il n'y a qu'un seul monde. Ce raisonnement est étrange. Que veut-il dire ? C'est le paragraphe 7 du même chapitre qui nous apporte la solution, en défendant l'idée d'un lieu naturel absolu. Si les éléments de notre monde pouvaient être dans un autre monde, ils seraient alors mus par le même mouvement. C'est entendu, si on suit son raisonnement, puisque nous nous souvenons que c'est le mouvement qui définit la nature des éléments bien plus que le contraire. Mais alors, « il est nécessaire que le mouvement des corps particuliers de même espèce que chacun d'eux aient la propriété de se diriger vers un lieu numériquement un, par exemple vers tel centre ou vers telle extrémité. »[2] En d'autres termes, les mêmes éléments ne peuvent que tendre vers le même lieu naturel, car sinon il faudrait admettre la pluralité des lieux naturels, ce qu'Aristote ne semble pas pouvoir admettre pour des raisons qui appartiennent à sa logique. Pour le dire autrement, s'il y avait plusieurs centres dans l'univers, alors l'élément « terre » tendrait à rejoindre non seulement le centre de notre système solaire, le cœur de la planète Terre, mais tous les autres centres existants. Mais alors, si tel était le cas, il n'y aurait plus de mouvements naturels ! et s'il n'y avait plus de mouvement naturel vers le centre, alors il n'y aurait plus d'élément « terre ».

Nous touchons ici au fondement même de la physique d'Aristote qui repose sur la théorie des mouvements et des lieux. Si Aristote avait pu s'émanciper de cette topologie conçue comme fondamentale, alors certainement son raisonnement eût-il été tout autre. Le Stagirite attribue à l'espace des qualités essentielles qui précèdent ce qui s'y passe ou plutôt le conditionnent : ce ne sont pas les corps qui déterminent l'espace, mais l'espace qui détermine le comportement et même la nature des corps simples. Tout ce qui existe étant une composition de ces éléments par les différentes formes, alors, tout obéit aux mêmes lois d'airain. L'espace, les éléments constitutifs et leurs mouvements sont donc indissociables. Tout commence par l'observation attentive d'un type limité de mouvements naturels, qui sont ceux qui donnent à l'espace sa nature ; mais sans l'espace

1. *Ibid.*, 276b, 18-21, p. 131.
2. *Ibid.*, 276b30-31, p. 131.

il n'y aurait pas ces mouvements; donc l'univers est cet espace. Or l'expérience nous montre que les mouvements, contrairement aux mouvements des atomes épicuriens, sont orientés, finalisés. Donc, il y a homogénéité parfaite de l'espace, des mouvements et donc des corps simples. Voilà pourquoi, pour Aristote, l'idée d'une pluralité des mondes est une contradiction non pas premièrement logique, mais ontologique. Car s'il y avait d'autres mondes, il faudrait alors admettre l'existence d'autres espaces qui ne pourraient exister que pour les mêmes fins. Or comment envisager un espace à côté d'un autre espace sans qu'ils fassent un ? Pour Aristote, c'est là une chose totalement illogique. Et s'il n'y a qu'un seul espace, alors comment pourrions-nous admettre qu'il ne soit pas homogène ?

Encore une fois, il nous faut faire un effort particulier pour comprendre le philosophe grec car notre représentation du cosmos est si éloignée de la sienne que sa logique peut nous échapper. Mais il nous semble que la clef se trouve en effet dans cette conception de l'espace qui joue chez lui le rôle que nous accordons, nous modernes, aux lois fondamentales de la matière.

Aristote nous donne d'ailleurs raison lorsqu'il écrit au paragraphe 10 :

> il est nécessaire soit de changer nos propositions de base, soit de dire qu'il existe un seul centre et une seule extrémité. Et si c'est le cas, il est nécessaire aussi qu'il n'y ait qu'un seul ciel et non plusieurs, en vertu de ces mêmes preuves et de ces mêmes raisonnements contraignants [1].

Soit nous admettons la conception aristotélicienne de l'espace, qui fonde sa physique, et nous sommes obligés de conclure avec lui à l'impossibilité que des parties du monde puissent échapper à cette loi. Soit nous rejetons sa physique et alors nous pouvons imaginer d'autres hypothèses, dont celles des atomistes par exemple. Il est évident que sur ce point l'histoire a répondu à Aristote.

Deuxième raison : par le nombre

Cependant, on pourrait faire valoir à Aristote que sa théorie de la substance comme matière informée semble pouvoir nous permettre de conclure en faveur de la pluralité des mondes. Rappelons rapidement, pour ceux de nos lecteurs qui ne connaîtraient pas bien la philosophie d'Aristote, qu'une substance au premier sens du terme, est une réalité existante donnée dans l'expérience. Comment pouvons-nous comprendre cette substance ?

1. Aristote, *Traité du Ciel*, 277a9-12, p. 133.

Par les éléments matériels qu'elle intègre ? Non, car la matière n'est rien sans la forme qui l'organise, c'est-à-dire qui la fait être ceci ou cela, « chien » ou « homme » par exemple[1]. La matière qui est organisée intimement par la forme canine aurait tout aussi bien pu l'être par la forme humaine. Ainsi donc, l'universel n'existe pas, seules des substances concrètes particulières existent. Les essences sont *individuées* par la matière. Ce n'est pas l'Homme qui existe, mais Socrate, Platon et Alcibiade.

Par conséquent, le cosmos que nous voyons, qui est donné dans l'expérience, qui est un cosmos matériel, ne réalise pas l'universalité de l'essence « cosmos ». Nous voulons dire que notre cosmos, notre univers, est la réalisation particulière d'un universel dont nous n'avons aucune expérience. Cet univers ne pourrait-il donc pas n'être qu'une individuation de l'essence « Univers », comme Socrate n'est que l'individuation particulière de l'essence « Humaine » ? Pour le dire autrement, notre univers ne pourrait-il pas n'être qu'une réalisation particulière limitée par sa matérialité de l'essence « Univers » à côté d'autres univers particuliers ? Cette objection, Aristote la formule au deuxième paragraphe du chapitre IX du livre I du *Traité du Ciel* :

> dans tout ce qui est constitué ou a été produit, que ce soit par la nature ou par l'art, ce sont deux choses différentes que la forme en soi et celle qui est mélangée à la matière ; par exemple dans le cas de la sphère, ce sont deux choses différentes que la forme de la sphère et la sphère d'or ou la sphère d'airain [...] En effet, quand nous parlons de l'être essentiel de la sphère ou du cercle, dans la définition nous ne mentionnerons pas l'or ou l'airain, pour la raison qu'ils ne sont pas partie de l'essence, mais dans le cas de la sphère d'airain ou d'or, nous les mentionnerons[2].

Donc non seulement notre univers pourrait n'être qu'un univers particulier, mais il serait de plus limité du fait de son individuation par des caractéristiques accidentelles. Il importe peu que Socrate soit brun, il n'en est pas moins un homme, mais il n'est pas toute l'humanité. Disons que ce n'est pas par la couleur de ses cheveux que Socrate appartient à l'essence humaine, mais c'est parce qu'il est une réalisation particulière de l'humanité que l'on doit prendre en considération le fait qu'il est brun et non pas blond. De la même manière, notre univers aurait des caractéristiques qui seraient dues non pas à son essence, mais à sa matérialité et donc à son

1. Aristote, *Physique* II, 3, 194b23-25, Paris, Vrin, 1991, p. 50-51.
2. Aristote, *Traité du Ciel*, I, 9, 277b, 31-33 ; 278a5, p. 139.

individuation. Peut-être faudrait-il alors admettre l'hypothèse d'une multitude de mondes ?

Aristote peut-il admettre cette hypothèse que sa propre ontologie semble lui imposer ? Non, « il ne résulte de là aucune nécessité qu'il y ait plusieurs mondes, et il ne peut même pas y en avoir plusieurs... ». Mais pour quelle raison ? Comment Aristote peut-il affirmer une telle chose avec autant d'aplomb ? Parce que « ...ce monde-ci est composé de l'ensemble de la matière »[1], alors il ne peut y avoir d'autre monde matériel. Très bien, le monde est unique, parce que toute la matière existante est réunie dans les compositions de notre monde. Mais quel argument étrange ! Que veut donc dire Aristote ? Comment peut-il être si péremptoire ?

Il faut admettre, comme le résume fort bien Aristote au paragraphe 4, que si une forme quelconque intégrait toute la matière propre à l'être par elle, alors il ne pourrait pas y avoir en acte une autre substance qu'elle. Imaginons que si un homme venait à se former, composé de toute la chair et de tous les os qui ne pourraient plus désormais se dissoudre, il serait dès lors impossible qu'il y eût un autre homme que celui-là. Cela, nous pouvons certes l'entendre, au moins à titre d'hypothèse. En effet, la pluralité des individus, dans ce cas de figure, existerait en droit mais n'existerait pas en fait. Il faut pour que les choses matérielles existent en fait qu'une matière propre à les réaliser existe. Et tel serait pour Aristote le cas de l'univers. *Plusieurs univers pourraient exister en droit, c'est-à-dire dans notre esprit à titre d'hypothèse, mais non en fait par absence de matière propre à les réaliser*. Soit, nous comprenons bien le raisonnement, mais nous ne voyons là qu'une éventualité et non un fait qui s'impose à nous ! Comme le reconnaît Aristote au paragraphe 5, il « reste donc à montrer que le ciel est constitué de l'ensemble du corps naturel et sensible. »[2].

Les paragraphes 6 à 8 tentent de faire cette démonstration. Si nous admettons que le Ciel, c'est-à-dire le cosmos, est la totalité enveloppée par la circonférence dernière alors il faut que nous admettions qu'elle se compose nécessairement de tous les corps naturels et sensibles, parce qu'il n'y a pas et ne peut pas y avoir un seul corps quelconque en dehors du ciel. Mais pour quelle raison cela lui semble-t-il impossible ? Le Stagirite propose un raisonnement par l'absurde. Imaginons donc qu'un corps existe au-delà de la dernière sphère céleste. Ce corps serait soit l'un des cinq éléments simples, soit encore une substance composée de ces éléments. Il faudrait de plus qu'il se trouve en dehors de la dernière sphère soit

1. Aristote, *Traité du Ciel*, I, 9, 278a27-28, p. 141-143.
2. *Ibid.*, 278b, 7-8, p. 143.

naturellement, soit contraint par une force. Or, conclut victorieusement Aristote, il ne peut pas s'y trouver naturellement car ce serait admettre que le lieu extérieur est son lieu naturel, mais ce n'est pas le cas. Par exemple, l'élément terre, et toutes les substances dans lesquelles il prédomine, sont attirés vers le centre de l'univers. Et on pourrait faire le même raisonnement pour tous les éléments et leurs composés qui sont attirés par leurs lieux naturels respectifs. Donc, si notre corps était de fait en dehors de la sphère ultime de notre univers, il faudrait qu'il s'y trouvât par contrainte et non naturellement. Et si tel était le cas, il faudrait alors admettre que ce lieu qui lui est non-naturel est naturel pour d'autres éléments simples. « Mais nous avons vu qu'il n'y a pas d'autres corps que ceux-là. » poursuit Aristote.

> Il est donc manifeste à partir de ce qui a été dit qu'il n'est possible ni qu'une masse corporelle soit à l'extérieur du ciel ni qu'il soit permis à aucune d'y venir à l'être. Le monde tout entier est donc formé de l'ensemble de sa matière propre, car nous avons dit que c'est le corps naturel et sensible qui constitue pour lui la matière. De sorte qu'il n'existe pas effectivement plusieurs cieux, qu'il n'y en a jamais eu plusieurs, et qu'il n'est pas possible que plusieurs mondes viennent à l'être ; ce ciel-ci est un, seul et parfait[1].

Le syllogisme aristotélicien est formellement convaincant, mais ses prémisses ne peuvent évidemment que nous laisser dubitatifs. Il reste qu'il permet à Aristote d'affirmer au paragraphe 9 l'unicité de notre monde. Il n'y a pas d'espace-temps en dehors de notre monde clos par la huitième sphère solide. En dehors de notre monde, il n'y a même pas de vide, car la notion de vide est relative à un corps qui est absent, écrit-il. Aristote prend ici le contre-pied des atomistes qui faisaient du vide un absolu, au même titre que les particules. Quant au temps, il est la mesure du mouvement ; mais, s'il n'y a aucun élément simple à l'extérieur de la huitième sphère, tout simplement parce qu'il n'y a pas d'extériorité du monde, alors le temps ne peut être qu'une dimension de notre monde sublunaire. Le Dieu d'Aristote qui est éternel, est cette totalité parfaite du tout enclos et au-delà duquel rien n'existe[2]. On retrouve une argumentation semblable au quatrième livre de la *Physique* où Aristote affirme que le tout n'est pas quelque part : à côté du tout de l'Univers il n'y a rien, donc il ne peut y avoir d'intelligences extraterrestres.

Mais alors…

1. *Ibid.*, 279a6-11, p. 147.
2. Paragraphe 11.

Que faire des quelques passages dans lesquels Aristote semble pourtant évoquer d'autres mondes ? Il y en a plusieurs. On trouve quelques passages dans la *Physique*, ou encore quelques lignes du livre XII de la *Métaphysique*[1], mais il nous semble qu'ils obéissent tous à la même logique argumentative. Nous ne ferons pas l'analyse de tous ces passages, ce qui serait fastidieux, répétitif et donc peu utile pour notre propos, mais nous prendrons l'un d'eux :

> D'autres font du mouvement spontané la cause aussi bien de cet univers que de tous les univers, car ils soutiennent que le tourbillon et le mouvement qui sépara et qui disposa le tout dans l'ordre actuel se produisirent par le mouvement spontané[2].

Dans tout le quatrième chapitre du livre II de la *Physique*, le philosophe analyse la notion de hasard. Il montre que nous appelons « hasard » ou « mouvement spontané » tout phénomène pour lequel nous n'avons pas connaissance de la cause. C'est alors qu'il mentionne, dans le passage retranscrit ci-dessus, la cosmogonie matérialiste des épicuriens. Il n'est donc pas étonnant qu'il fasse mention ici de la pluralité des mondes, puisqu'il n'y développe pas sa propre conception des choses, mais celle de philosophes qu'il s'empresse de critiquer. L'existence des autres univers n'est pas ici posée comme une évidence qui s'imposerait à Aristote, mais comme une conséquence de la physique matérialiste des atomistes qui attribuaient la formation des mondes à des tourbillons d'atomes. Il y aurait donc contresens à l'interpréter comme une contradiction.

Pour conclure, il nous semble que si Aristote ne pouvait admettre l'existence d'autres mondes semblables au nôtre, ou tout au moins habitables sinon habités, c'est parce qu'il voyait dans l'Univers qu'il réduisait à notre cosmos une réalité divine. Or, les atomistes qui défendaient l'idée d'un monde infini, c'est-à-dire sans aucune limite, et donc sans finalité, admettaient l'existence d'autres mondes au nom même de cette infinitude, au nom d'un déterminisme physique sans finalité. Aristote était resté au fond fidèle à certaines conceptions de son maître et ami Platon et ne pouvait admettre qu'un monde aussi bien organisé, qui donne la vie et l'intelligence, puisse n'être qu'un simple tourbillon d'atomes sans esprit. Tout est donc en Acte, tout est parfait dans ce monde, même si sur notre terre la mort semble parfois l'emporter. Comment donc pouvait-il admettre l'idée

1. Aristote, *Métaphysique*, livre XII, 8, 1074a, 33-40, trad. J. Tricot, Paris, Vrin, 1991, p. 183-184.

2. Aristote, *Physique* II, 4, 196 a, 25-30, *op. cit.*, p. 57.

d'autres mondes cohabitant avec ce cosmos divin ? Sinon en admettant qu'il manquait quelque chose à cet Univers en lequel il voyait un Acte pur, une perfection ? Le paradoxe d'Aristote est donc que sa fidélité à Platon sur l'organisation même du monde l'a amené à défendre une position à la fois anti-matérialiste – ce qui était prévisible – et en même temps une position non-platonicienne, refusant que le *cosmos* soit peuplé d'êtres intelligents ailleurs que sur notre propre Planète, et ce en raison d'une divergence sur la nature même des âmes.

Le rôle majeur que jouera la philosophie d'Aristote dans l'élaboration de la pensée occidentale explique pourquoi cette idée d'une pluralité des mondes dut attendre plusieurs siècles avant de pouvoir réellement réapparaître avec Giordano Bruno qui sera – ce n'est pas un hasard – assimilé aux philosophes atomistes de l'Antiquité.

CHAPITRE II

LES HÉSITATIONS SCOLASTIQUES

Si la question des intelligences extraterrestres est fort disputée dans le monde antique, il nous faut observer sa reprise à nouveaux frais dans le monde médiéval et, plus particulièrement scolastique, où les thèses s'avéreront moins tranchées que ce qu'une approche superficielle pourrait initialement laisser penser. Des ambiguïtés liées au conflit nouveau de la cosmologie et de la théologie, traversent de part et d'autre les écrits des maîtres médiévaux, et rendent délicate la restitution univoque de leur pensée. Nous nous concentrerons ici sur la pensée de Thomas d'Aquin, qui nous semble avoir synthétisé de manière particulièrement remarquable les arguments possibles sur la question qui nous préoccupe, éprouvant toutefois une certaine tension entre la finitude d'un *cosmos* aristotélicien hérité du monde antique, interdisant toute forme de vie intelligente extraterrestre, et une théologie libérant au contraire, au moins en droit, la possibilité de celle-ci.

AMBIVALENCE DE THOMAS D'AQUIN

Autant à partir de la Renaissance il est assez facile de trouver dans les œuvres philosophiques l'affirmation d'une possible existence de formes de vie intelligente extra-terrestre ainsi que nous le montrerons dans le chapitre suivant, autant cette hypothèse est le plus souvent rejetée dans les grandes œuvres philosophiques et théologiques du Moyen Âge très influencées non seulement par les philosophies platonicienne et aristotélicienne mais surtout par le monothéisme hébraïque.

Les connaissances astronomiques empruntées aux savants grecs, comme Aristote ou Ptolémée, et harmonisées avec celles que l'on croyait trouver dans la Bible, semblaient confirmer la place centrale de la Terre, et donc l'idée que l'homme en était la finalité. C'est lui seul que Dieu voulait en créant notre univers à partir de rien, et c'est pour lui seul qu'il se fit homme pour le sauver du péché et l'introduire dans sa divinité en l'arrachant aux puissances angéliques hostiles à cette prédestination. L'humanité fut créée pour être épousée par Dieu, pour le contempler et l'adorer. Car « Toutes choses sont [...] orientées comme vers une fin vers un seul bien, qui est Dieu. »[1]. Elles donnaient de plus l'idée d'un univers suffisamment petit pour qu'il fût immédiatement compatible avec cette fonction. Pourquoi Dieu aurait-il créé un Univers gigantesque à seule fin d'y faire naître l'homme?

Les représentations astronomiques et géographiques du monde empruntées aux savants grecs semblaient pouvoir confirmer symboliquement et physiquement cette primauté. Aristote, dont on sait l'influence qu'il eut sur Thomas, expliquait dans son *Traité du Ciel* (295b *sq.*; 296 a30 *sq.*) que la sphère terrestre était située en repos, en son milieu naturel, au centre de l'univers. Cette position de la Terre ne pouvait que conforter la vision médiévale du monde pour laquelle Dieu a créé l'univers afin d'y mettre l'homme auquel il proposa, le moment venu, le salut par le Christ. Mais de vie intelligente extraterrestre, il n'était nulle part fait mention. Et quand bien même y en eût-il eu, *où* se fût-elle trouvée? Plus tard, Ptolémée dans les *Hypothèses des planètes*, justifiait non seulement les mouvements des planètes par l'existence de sorte de tambourins qui les portaient, mais, comme Aristote, situait la terre en repos au centre de l'univers.

Influence de la physique d'Aristote sur la position de Thomas

Les hommes du Moyen Âge, et plus particulièrement Thomas d'Aquin, ont donc une représentation géocentrée et de ce fait anthropocentrée de notre univers. La Terre trône au milieu du monde, les astres tournant autour d'elle pour l'éclairer et lui servir d'horloge céleste[2]. De plus, cet univers

1. T. d'Aquin, *Somme contre les gentils* [désormais *SCG* suivi du numéro de partie], III, 17, trad. fr. Vincent Aubin, Paris, GF, 1999.

2. T. d'Aquin, *Somme théologique* [désormais *ST* suivi du numéro de partie], Première partie, Q.70 a.2, Réponse. Toutes les citations de la *Somme théologique* sont tirées de l'édition du Cerf (Paris) en quatre volumes, trad. fr. Aimon-Marie Roguet, 1984.

tournant autour de notre planète est d'une dimension compatible avec cette fonction.

L'univers médiéval est de petite taille : quelques milliers de nos kilomètres, semble-t-il. Huit sphères concentriques définissent, autour de la Terre, les orbites des planètes, de la lune et du soleil, la dernière sphère étant celle des étoiles fixes :

> De ce point de vue on admet qu'il existe trois ciels : un premier entièrement lumineux, nommé « empyrée » ; un deuxième entièrement diaphane, nommé « ciel aqueux » ou « cristallin » ; un troisième, partiellement diaphane et partiellement lumineux, nommé « ciel sidéral », lequel est encore divisé en huit sphères, savoir la sphère des étoiles fixes et les sept sphères des planètes, qui peuvent être dites huit ciels[1].

De ce fait, pour Thomas, le soleil est unique et il ne soupçonne pas que les étoiles puissent lui être comparables. On le vérifie à l'argument qu'il oppose à Origène[2] qui affirmait que les créatures spirituelles qui s'étaient détournées de Dieu, « furent attachées à différents corps selon la mesure de leur éloignement ». Il faudrait alors admettre – au cas où plusieurs créatures spirituelles auraient commis le même péché que celle pour le châtiment de laquelle il supposait que le soleil a été créé – l'existence de « cent soleils »[3] dans le monde ; et Thomas de voir dans cette conséquence l'absurdité de la thèse de l'Alexandrin, puisqu'il n'y a pour lui qu'un seul soleil.

Si Thomas avait seulement connu l'immensité de l'univers, il n'aurait jamais utilisé cet argument ! Pour lui, les étoiles ne peuvent en aucun cas être au centre de systèmes planétaires comparables au nôtre, lesquels de ce fait ne peuvent donner vie à d'autres créatures vivantes et intelligentes. Lorsque Thomas parle de la création, il ne pense qu'à celle de notre système solaire. Or quelles sont les créatures spirituelles qui vivent dans ce système ? Les hommes. De même, et s'il en était besoin, toujours dans la première partie de la *Somme théologique*, quand Thomas, commentant le récit biblique des 6 jours de la création, répond à la question de savoir s'il y a des eaux au-dessus du firmament, il envisage l'hypothèse que ces eaux puissent être la vapeur s'élevant de terre. Mais, pour lui, cela ne saurait être retenu, « à cause du caractère solide du ciel » écrit-il entre autres arguments[4]. Pour mieux comprendre ce que veut signifier Thomas, souvenons-nous que dans le récit de la Genèse, au deuxième jour, il est écrit que Dieu

1. *ST* I, Q. 68 a.4, Réponse.
2. *ST* I, Q.47, a.2. Le livre d'Origène est *Sur les principes*, II, IX, 5-8.
3. *Ibid.* Réponse. *SCG*, II, 44, p. 189-194.
4. *ST* I, Q. 68, a. 2 réponse.

« divisa les eaux qui étaient au-dessus du firmament d'avec celles qui étaient sous le firmament. »[1]. Pour les hébreux, nous apprend une note de la Bible de Jérusalem, « la voûte apparente du ciel était [...] une coupole solide, retenant les eaux supérieures »[2].

L'Univers de Thomas est donc bien celui de son temps, héritier tout à la fois des cosmologies aristotéliciennes et bibliques ; c'est un univers petit, clos par sa huitième sphère solide, qui se résume à notre seul monde, c'est-à-dire au système solaire. On comprend alors que l'hypothèse d'un univers plus fructueux n'ait pas effleuré l'esprit de Thomas qui donc la rejette. Mais regardons de plus près : s'il est acquis que la conception qu'a Thomas de l'Univers exclut la possibilité d'une vie intelligente extraterrestre, cela ne veut pas dire que sa philosophie et sa théologie la rejettent pour autant. La question de droit n'est pas tout à fait la question de fait. Et nous, qui savons que l'univers est incommensurable à l'homme et hors d'atteinte de son imagination même, pouvons interroger la théologie et donc la philosophie du Docteur qui ont tant influencé les représentations de l'Occident chrétien. De plus, l'Église bien qu'attentive aux travaux et enseignements de ses prestigieux docteurs, ne s'est jamais soumise à eux et il sera intéressant de voir ce qu'elle a, quant à elle, eu à dire au sujet de cette hypothèse.

La Question 47 de la Prima Pars

La première partie de la *Somme théologique* est consacrée à Dieu ; en lui-même (Q.2 à 43), mais également en tant que créateur (Q.44 à 119). C'est donc à l'intérieur de cette théologie de la création que Thomas aborde la question de la pluralité des mondes (Q.47). Cette question 47 s'intéresse non plus à la création, mais à la distinction des créatures. Autrement dit, Thomas va ici justifier ontologiquement la diversité des créatures en expliquant qu'elles contribuent toutes à manifester la bonté de Dieu (article 1), ce qui justifie l'inégalité des êtres (article 2), dans l'unité dynamique du monde attiré par la perfection et la bonté de son créateur (article 3). C'est cette même diversité hiérarchisée qui témoigne de la présence de l'Intelligence créatrice au principe du monde[3].

1. Genèse 1,7 in *ST* I, Q. 68 a. 2 sens contraire.
2. Bible de Jérusalem illustrée, Paris, Cerf, 1992, n. « f », p. 31.
3. *ST* I, Q. 2, a. 3 réponse.

Dans l'article 1, Thomas montre que la perfection divine suppose la création d'un monde divers. On ne saurait en effet inférer de l'unité de Dieu, comme créateur et comme fin, que sa création est une (Objections). D'ailleurs les Écritures n'enseignent-elles pas expressément l'inverse? (En sens contraire). S'appuyant sur ce qu'en rapporte la *Physique* d'Aristote, Thomas écarte dans sa réponse les hypothèses matérialistes qui voudraient admettre que la matière et le hasard suffisent à rendre compte de l'ordre de l'univers. Qu'est donc la matière, sinon la manifestation d'une forme, ou si l'on préfère d'une organisation ?

Pourquoi Thomas, voulant ici rendre raison du chatoiement de l'univers, évoque-t-il ces questions ? Certainement pour mieux mettre en évidence le fait que la multiplicité n'a d'autre cause que l'intelligence sans laquelle la matière n'existerait pas[1]. En effet, une matière sans forme, n'est plus qu'un principe de raison et non une réalité subsistante; par exemple, dans le *De Principiis naturae*, au paragraphe 9, il montre que la matière ne peut exister que selon une forme et non en elle-même. C'est donc l'Intelligence créatrice qui est cause de cet Univers hiérarchisé en une multiplicité d'êtres qui manifestent, par les dons qu'ils reçoivent, la bonté de Dieu. « Et parce qu'une seule créature ne saurait suffire à la représenter comme il convient, il a produit des créatures multiples et diverses, afin que ce qui manque à l'une pour représenter la bonté divine soit suppléé par une autre. »[2].

Pour Thomas, donc, la richesse du monde manifeste la puissance et la bonté du créateur, comme le fera Descartes quatre siècles plus tard. Dès lors, Thomas ne pourrait-il accueillir l'hypothèse de l'existence de multiples créatures intelligentes dans l'univers à l'image de son illustre successeur ? Oui, assurément, si l'on ne retient comme argument que celui qui vient d'être énoncé, puisque « la bonté qui est en Dieu sous le mode de la simplicité et de l'uniformité est [...] sous le mode de la multiplicité et de la division dans les créatures. »[3]. Dans le vocabulaire scolastique qui est celui de Thomas, la bonté *bonum* est l'être en tant qu'attractif, qui attire vers lui[4]. L'idée de bonté est de plus liée à celle d'une perfection qui se diffuse, car il manquerait quelque chose à la bonté si elle n'était diffusive. Dès lors, « l'attribut "bon" (appartenant) à Dieu par excellence »[5], il ne

1. Thomas d'Aquin, *SCG*, II, 46,5.
2. *ST* I, Q. 47, a. 1 réponse.
3. *Ibid.*
4. *ST* I, Q. 5 a. 1 réponse.
5. *ST* I, Q. 6 a. 1 réponse.

peut que se diffuser infiniment. Dieu étant un agent parfait, explique Thomas, il lui fallait introduire parfaitement sa ressemblance dans ses créatures, mais à la mesure de ce qui convient à une créature. Thomas ajoute donc aussitôt :

> Mais les choses créées ne peuvent recevoir une parfaite ressemblance de Dieu selon une seule espèce de créatures. En effet, comme la cause dépasse l'effet, ce qui est dans la cause de manière simple et une, se trouve dans l'effet de manière composée et multiple, à moins que l'effet n'atteigne à l'espèce de la cause, ce dont il ne peut être question pour notre sujet, puisque la créature ne peut être égale à Dieu. Il a donc fallu qu'il y eût une multiplicité et une variété dans les choses, afin qu'une ressemblance parfaite de Dieu se trouvât en elles selon leur mesure [1].

Thomas ne dit pas que la multiplicité des créatures rend compte de la diffusion du Bon qui est Dieu, mais bien de la multiplicité des espèces de créatures. Il le précise d'ailleurs au point 6 du même article : « La bonté de l'espèce dépasse la bonté de l'individu, comme ce qui est formel dépasse ce qui est matériel. Par conséquent la multitude des espèces ajoute davantage à la bonté de l'univers que la multitude des individus dans une même espèce. » C'est avec cet argument que Thomas justifiera la multiplicité des espèces sur terre car « Il revient donc à la perfection de l'Univers qu'il y ait non seulement plusieurs individus, mais aussi diverses espèces de choses, et donc plusieurs degrés dans les choses » [2], mais c'est également ce qui, ontologiquement, justifie l'existence des anges, créatures non terrestres et non matérielles qui sont chacune une espèce unique [3].

Ne pourrait-on pas alors extrapoler et envisager que le théologien nous donne un argument pour penser une pluralité de mondes et surtout une pluralité d'espèces intelligentes ? En effet, « la disposition divine qui assignait aux choses créées la plus haute perfection possible, selon leur propre mode, entraînait la production de créatures intellectuelles, placées au sommet des choses. » [4]. De plus, la perfection, dont le cercle est l'image, suppose un retour de l'effet à son principe [5], ce qui rendait nécessaire la création de créatures spirituelles qui « reviennent à Dieu non seulement pour leur ressemblance, mais aussi par leur opération. Ce ne pouvait être que par l'acte de l'intellect et de la volonté, car Dieu lui-même ne se

1. Thomas d'Aquin, *SCG*, II, 45, 2, trad. fr. Cyrille Michon, Paris, GF, 1999.
2. *Ibid.*, II, 45, 6.
3. *ST* I, Q. 50, a. 4 réponse.
4. *SCG*, II, 46, 1.
5. *Ibid.*, II, 46, 2.

rapporte pas autrement à son opération. Il a donc fallu, pour la suprême perfection de l'Univers, qu'il y eût des créatures intellectuelles. »[1]. Il ajoute même, au paragraphe suivant, qu'il fallait « pour la plus grande perfection des choses, qu'il y eût des créatures qui agissent à la manière dont Dieu agit. Or nous avons montré plus haut (ajoute Thomas qui fait référence aux chapitres XXIII et XXIV du même volume), que Dieu agit par intellect et volonté. Il a donc fallu qu'il y eût des créatures douées d'intellect et de volonté. »[2]. Souvenons-nous qu'aucune espèce de créatures ne peut à elle seule réaliser la bonté infinie de Dieu… Dès lors, l'univers sera plus parfait s'il existe une pluralité d'espèces intelligentes. On pourrait même admettre qu'une infinité d'espèces intelligentes différentes et hiérarchisées semblent requises pour rendre compte de la bonté diffusive de Dieu.

Certes, on pourra nous objecter que les anges satisfont cette exigence ontologique; anges dont Thomas dit « que la multitude […], même en tant qu'ils sont des substances immatérielles, surpasse de beaucoup toute multitude matérielle. »[3]. Mais justement, est ici très intéressante la raison invoquée pour justifier cette multitude: « Dieu ayant dans la création comme but principal la perfection de l'univers, plus des êtres sont parfaits, plus Dieu les a créés en abondance. »[4]. Il y a donc une abondance d'espèces d'anges, parce que leur nature spirituelle, capable de connaître et d'adorer Dieu, la justifie. Soit, nous recevons cet argument de Thomas, mais nous y voyons une raison de plus pour poser la recevabilité de notre hypothèse! L'homme, en tant qu'espèce, peut-il à lui seul réaliser toutes les potentialités de l'Univers? N'y a-t-il donc aucune place pour d'autres créatures corporelles et intelligentes dans cette harmonie hiérarchisée? Comme l'écrit le Père dominicain Jean-Hervé Nicolas, dans la présentation du traité des anges de la *Somme théologique*, l'homme est non seulement limité par essence, mais de plus « aucun individu humain n'est tout ce que la perfection de l'être-homme comprend de virtualités. »[5]. On pourrait donc encore une fois, nous semble-t-il, trouver dans la pensée de Thomas de quoi justifier notre hypothèse. C'est d'ailleurs cet argument thomiste

1. *Ibid.*, II, 46, 3.
2. *Ibid.*, II, 46, 4.
3. *ST* I, Q. 50, a. 3, réponse.
4. *Ibid.*
5. J.-H. Nicolas, « Introduction aux questions 50 à 64 de la *Somme théologique* », *op. cit.*, p. 508.

des degrés de perfection qui faisait dire au Père Balducci[1] lors d'un débat télévisé[2] que, puisque la nature créée ne faisait pas de sauts ontologiques, il était rationnel de supposer qu'entre le royaume angélique et les trois règnes terrestres (végétal, animal, humain), il pût exister d'autres formes de créatures moins empêtrées dans leur matérialité qui vinssent satisfaire ce principe de continuité cher à Thomas. Des créatures donc qui permettraient de combler le fossé ontologique entre l'homme et l'ange.

Comprenons donc que pour Thomas d'Aquin, il n'y a aucun empêchement théologique à concevoir l'existence de créatures intelligentes non terrestres ; et si l'on ne retient que ces arguments, bien au contraire. Et pourtant, à l'article 3 de la question 47 qui aborde directement la question, Thomas rejette cette éventualité. Regardons de plus près les raisons invoquées par le théologien et tentons de les éclairer. L'ordre cosmique manifeste l'unité de la création par le fait que certains êtres sont ordonnés à d'autres, écrit Thomas qui ajoute :

> Or tous les êtres qui viennent de Dieu sont ordonnés entre eux et à Dieu, ainsi qu'on l'a montré. Il est donc nécessaire que tous les êtres appartiennent à un seul monde. C'est pourquoi ceux-là seuls ont pu admettre une pluralité des mondes, qui n'assignaient pas pour cause à ce monde-ci une sagesse ordonnatrice, mais le hasard. Ainsi, Démocrite disait que la rencontre des atomes a produit non seulement ce monde, mais une infinité d'autres[3].

Cet argument pourrait nous paraître étrange si on oubliait que le monde de Thomas consiste en notre seul système solaire. Souvenons-nous : il n'y a qu'un seul soleil, les étoiles n'étant que des luminaires pour éclairer la terre et guider les hommes dans l'espace et dans le temps. De ce fait, l'unité du monde, son harmonie ne concerne que ce monde solaire (et bien entendu le monde invisible des anges qui agissent dans le monde et au service de la gloire divine) ordonné à la manifestation de la bonté infinie de Dieu. Tous les êtres qui s'y trouvent, dans leurs interactions mutuelles, sont harmonieusement ordonnés à la manifester, chacun selon son degré d'être et tous ensemble pleinement. C'est bien pourquoi, l'hypothèse d'une pluralité des mondes signifierait pour Thomas que le monde serait sans intention et sans

1. Corrado Balducci (Sarsina 11 mai 1923 – Rome 20 septembre 2008) : théologien catholique de la curie romaine, exorciste de l'archidiocèse de Rome et prélat de la congrégation pour l'évangélisation des peuples et de la société pour la propagation de la foi.

2. Intervention de Corrado Balducci à la télévision italienne (probablement de 2006) : https://www.youtube.com/watch?v=SdQn-77QIJA.

3. *ST* I, Q.47, a.3 réponse, p. 492

but, livré au seul hasard. On peut comprendre que, dans un tel raisonnement, dans cette hiérarchie de créatures tenant son unité de ce mouvement vers Dieu, le rôle que joueraient des êtres qui ne s'inscriraient pas dans ce concert serait incompréhensible. S'il y avait d'autres mondes, ils seraient sans lien avec le nôtre, suppose Thomas, et donc il n'y aurait plus ce beau mouvement d'ensemble qui porte les créatures liées les unes aux autres vers leur créateur. Une telle disharmonie serait pour ce théologien une manière de souscrire au hasard des matérialistes, comme Démocrite ou Epicure dont nous avions précédemment restitué la logique cosmologique. Bref, « comme la perfection exige la complétude et l'unité, l'activité créatrice d'un Dieu parfait ne semble compatible qu'avec un seul univers. »[1]. Les deux savants italiens soulignent que cet argument est emprunté non seulement à Aristote[2], mais également à Platon qui écrit dans le *Timée*: « C'est donc bien pour que notre monde ressemblât par son unicité au vivant total, que celui qui a fabriqué le monde n'en a pas fait deux ou une infinité; aussi notre ciel a-t-il été engendré seul de son espèce, et il le restera. »[3]. Cet argument est important, car il nous montre que *postuler l'existence d'autres mondes – entendons donc d'autres mondes habités par des intelligences extraterrestres – c'est défendre une conception probabiliste de la cosmogenèse et donc nier l'unité d'intention qui préside à leur existence*. Le monde des matérialistes n'est pas un univers, mais un arrangement fortuit de particules aveugles. Comme nous l'avons vu dans le chapitre qui leur est consacré, c'est en effet la triple infinité des atomes, de l'espace et du temps qui les amène à cette conclusion. Il n'y a donc aucune unité d'initiative dans ce jeu n'ayant pour règle que le déterminisme des lois régissant le mouvement des atomes et leurs compatibilités et le hasard aveugle, inconscient et sans finalité. Cela, Thomas ne peut évidemment pas l'admettre, car il pense que le hasard est l'autre nom de la stérilité.

Mais cette position de Thomas, trop empressé peut-être de concilier la science aristotélicienne avec la théologie chrétienne, fut-elle acceptée par l'Église? C'est à l'occasion d'un vaste conflit portant sur les rapports entre foi et raison, que la réponse thomiste va être rejetée par l'autorité catholique. Cette condamnation a eu sur la question un impact très important, puisqu'elle invitait les philosophes et théologiens à la réinvestir librement.

1. L. Bianchi et E. Randi, *Vérités dissonantes, Aristote à la fin du Moyen Âge*, Fribourg/Paris, Éditions Universitaires de Fribourg/Cerf, 1990, p. 78.

2. Aristote, *De Caelo* I,4, 271 a32; *Métaphysique* V,5, 1015 a30-b15; XII,7, 1072 b5-15.

3. Platon, *Timée*, 31a-b, *op. cit.*, p. 120.

Clarté dogmatique de l'évêque Tempier. La condamnation de mars 1277

C'est le pape Jean XXI qui, par un courrier daté de janvier 1277, demanda à l'évêque de Paris un rapport sur les différents points de la nouvelle théologie *aristotélisante* qui semblaient peu compatibles avec la doctrine chrétienne orthodoxe. Mgr Etienne Tempier fourbissait ses armes depuis un moment déjà, puisqu'en mars de la même année, il était en mesure de publier un *syllabus* qu'il fit porter à l'autorité romaine. Le pape, après avoir consulté ce document à charge, demanda que fussent condamnées les quelque deux cents dix-neuf erreurs recensées par Paris.

Etienne Tempier faisait précéder ces condamnations d'un préambule dont voici quelques mots qui confirment la force des interdictions qui suivaient dans les quelque deux cents dix-neuf articles suivants :

> afin que cette manière imprudente de parler n'induise pas les gens simples en erreur [...] nous interdisons strictement que de telles et semblables choses ne se produisent et nous les condamnons totalement, excommuniant tous ceux qui auront professé, ou auront osé défendre ou soutenir, de quelque façon que ce soit, les dites erreurs ou l'une d'entre elles, ainsi que leurs auditeurs[1].

La proposition condamnée et qui se trouve être celle de Thomas est énoncée comme suit par Mgr Etienne Tempier : « La première cause ne pourrait pas produire plusieurs mondes. »[2]. Le langage ecclésiastique, lorsqu'il engage son autorité apostolique, et afin de ne pas susciter plus de problèmes qu'il ne prétend en résoudre, est toujours extrêmement concis. Il ne s'agit pas alors d'expliquer, encore moins de justifier rationnellement un point de doctrine, mais de baliser le chemin de l'orthodoxie en indiquant les impasses dans lesquelles il serait vain de s'aventurer. C'est pourquoi, on y retrouve non seulement des « canons » qui redéfinissent les articles de foi, mais également des « anathèmes » qui condamnent les différentes erreurs théologiques ou philosophiques qui peuvent avoir été commises sur ces mêmes points. Il ne faut donc pas s'étonner du caractère expéditif de cette formule, car au moins ne laisse-t-elle planer aucun doute sur son intention.

1. *La Condamnation parisienne*, texte latin, trad., intro. et commentaire par D. Piché, Paris, Vrin, 1999, p.75-77.

2. *Ibid.*, p.91.

La première cause – c'est-à-dire bien entendu celui que nous appelons « Dieu » (qui se trouve non pas au bout de la série des causes que notre raison met à jour dans les sciences naturelles, mais qui est la cause première, entendons la cause de la série causale elle-même et qui de ce fait ne saurait être trouvée en tant que telle dans la nature) – est toute puissante. Le *syllabus* de 1277, affirme qu'il n'appartient pas à un théologien de limiter la puissance de Dieu. On verra d'ailleurs, non sans ironie, que cette affirmation de la toute puissance divine sera défendue par Descartes contre Thomas quelques siècles plus tard.

Que peut donc Dieu, selon la formule de Mgr Tempier ? Il peut créer plusieurs mondes. Encore une fois, la cosmologie de l'époque, ignorante de l'immensité de l'Univers, entend par là l'existence de plusieurs systèmes planétaires pouvant servir d'écrin à la vie et donc bien évidemment à une vie intelligente, ce qui pour eux équivaut à notre hypothèse contemporaine de « multivers ». Remarquons, au passage que cette pluralité de mondes habités, suggérée comme étant parfaitement possible, ne remet par en cause le principe d'unité de Thomas d'Aquin. Qui, de nos jours, remet en cause l'unité de notre univers ? Il est bien plus unifié que celui d'Aristote qui distinguait un monde *sublunaire*, lieu des étants contingents, et le monde *supralunaire* qui est un monde divin échappant au temps ! Notre monde contemporain, bien qu'immense, est plus *un* que celui même de Thomas, trop soumis à la physique du Stagirite. La physique moderne a justement pris congé d'Aristote en homogénéisant le cosmos autour des mêmes lois physiques et des mêmes éléments chimiques de base. La théorie du Big Bang de Mgr Georges Lemaître a mis en lumière cette unité. On pourrait même concevoir que plusieurs « bulles univers » participent à une unité supérieure qui nous échappe. De plus, ces « multivers » seraient unifiés par une intention commune et unique de la même manière. L'absence d'unité rejetée par l'Aquinate est celle du matérialisme qui nie toute intention au principe du monde. Ce n'est pas celle que représenterait un monde pluriel et riche d'une multitude de vies différentes, car en quoi y aurait-il, dès lors, une telle absence d'unité ? Rappelons ce que Thomas répond à ceux qui affirment que « l'unité est naturellement apte à produire l'unité » et que pour cette raison Dieu « ne doit donc produire qu'un seul effet »[1] :

1. *ST* I, Q. 1, a. 1 objections 1, p. 489.

> L'agent naturel agit par la forme par laquelle il est; elle est unique en chacun, et c'est pourquoi il ne peut produire qu'un seul effet. Mais un agent volontaire, tel qu'est Dieu, nous l'avons montré, agit par la forme conçue dans son intelligence. Donc, puisque, nous l'avons montré également, il n'est pas contraire à l'unité et à la simplicité de Dieu que son intelligence conçoive des choses multiples, il s'ensuit que, tout en étant un, il peut produire des choses multiples[1].

La grande erreur de Thomas, encore une fois, est d'abord cosmologique. Certainement est-elle également théologique lorsqu'il prétend assigner des bornes à la puissance créatrice. Car il n'est pas non plus exclu que plusieurs mondes existent ! Comme l'écrit Jean-Michel Maldamé[2], on peut supposer, sans d'ailleurs que nous ne puissions d'aucune manière trancher sur le fait, qu'il existe d'autres univers que le nôtre ; des « univers vraiment autres » qui existent selon d'autres lois, avec d'autres éléments ; [...] constitués d'autres sortes de matière, organisés selon d'autres logiques, d'autres mathématiques ; [...] porteurs d'autres formes de vie. » Et cette hypothèse « est admise en vertu du principe que pour un Dieu tout-puissant tout est possible, même ce qui paraît illogique et absurde à la raison humaine. »[3].

En condamnant les conclusions de l'article 3 de la question 47 de la *Somme théologique*, Mgr Tempier condamne donc la cosmologie d'Aristote et libère le débat scientifique, philosophique et théologique sur cette question. « En somme, après le 7 mars 1277 il devenait opportun sinon obligatoire d'expliquer, même si la science d'Aristote disait le contraire, comment la création de plusieurs mondes a été possible ou aurait put l'être. »[4].

1. *ST* I, solutions 1, p. 490.

2. Le dominicain Jean-Michel Maldamé est membre de l'Académie Pontificale des Sciences au Vatican.

3. J.-M. Maldamé, *op*, article publié sur le site de l'Université Fernando Pessoa (Universidade Fernando Pessoa) : http ://bdigital.ufp.pt/bitstream/10284/776/2/303-319Cons-Ciencias%2002-3.pdf.

4. L. Bianchi et E. Randi, *Vérités dissonantes*, *op. cit.*, p. 78.

CHAPITRE III

L'INFINITISATION DE L'UNIVERS ET LA PROBABILITÉ D'UN PEUPLEMENT MULTIPLE

L'hypothèse que nous allons ici évaluer peut se formuler aisément : la question des intelligences extraterrestres va se poser à l'aube du monde moderne en raison des spéculations sur l'immensité du monde côtoyant désormais l'infinité. Pour le dire autrement, la découverte de la grandeur infinie ou indéfinie du monde va aussitôt impliquer la possibilité que d'autres étoiles soient habitées, et que les êtres habitant ces dernières soient dotés d'un entendement inférieur, égal ou supérieur au nôtre. Selon la présentation célèbre qu'en fit Alexandre Koyré, le monde moderne n'est autre, en effet, que « l'histoire de la destruction du Cosmos et de l'infinitisation de l'Univers »[1], le cosmos devant ici être entendu comme cet ensemble clos et ordonné où chaque élément occupe une place déterminée et éternelle. Mais si l'Univers s'ouvre à l'infini, alors la probabilité que nous ne soyons pas les seules intelligences qui le peuplent devient presque une certitude, ce que ne vont pas manquer d'exprimer tous les philosophes abordant clairement ce problème.

1. A. Koyré, *Du monde clos à l'univers infini*, John Hopkins Press, 1957, trad. fr. Raissa Tar, « Tel », Paris, Gallimard, 1988, p. 12.

NICOLAS DE CUES, LA CONTRACTION DE L'UN INFINI ET « LES HABITANTS D'UN AUTRE GENRE »

Nicolas de Cues est, sans aucun doute, celui qui mit fin le plus définitivement à la cosmologie médiévale héritée d'Aristote ; en termes clairs, il mit un terme à ce monde clos et concentrique et chercha à penser un univers sinon infini à tout le moins dénué de bornes, et exprimant l'image de l'infinité du Principe divin. Pour le dire avec les termes exacts du Cusain, l'Univers comme tout ce qui est, comme tous les étants, est une forme « contractée » de l'Absolu, l'ensemble de la création étant moins défini par le fait qu'il *est*, que par le fait qu'il est une *image* de ce dont il provient. Ainsi, l'Univers comme l'ensemble de la création est une expression de l'Un infini sous une forme finie, c'est-à-dire au sens propre *contractée*, rétrécie, spéculation qui permet à Nicolas de Cues d'établir une continuité entre l'Un infini et l'Univers contracté :

> Tu vois ainsi l'âme dans que ce qui est animé et, pareillement, ce qui est animé dans l'âme. Et que la justice est dans le juste et lui en elle. De même, que la blancheur est dans le blanc et lui en elle. Et, en général, que l'absolu est dans le contracté [*Et generaliter in contracto absolutum*] et le contracté dans l'absolu [*ipsum contractum in absoluto*], l'humanité dans l'homme et celui-ci dans l'humanité[1].

Précisons davantage encore la notion de contraction. « L'opération, note Frédéric Vengeon, par laquelle l'infini s'exprime dans le fini est appelée *contractio*. L'infini ne souffre ni morcellement ni partition mais se manifeste par une sorte de réduction qui n'opère pas sur un seul plan mais sur une multiplicité de niveaux. »[2]. Si l'Infini ne se morcelle ni ne se partitionne, s'il s'explique, c'est-à-dire se développe sous une forme contractée, il faut donc en déduire aussitôt que l'Univers contracté conserve une certaine expression de l'infini et accueille de ce fait une immensité que le cosmos médiéval d'inspiration aristotélicienne ne pouvait soupçonner. Autrement dit, affirmer de l'Univers qu'il est une expression contractée de l'Infini, c'est affirmer que l'Univers ne peut plus être conçu comme un ensemble sphérique fixe, clos et déterminé, mais doit

1. N. de Cues, *Le jeu de la boule*, § 66, trad. fr. Hervé Pasqua, Rennes, ICR, 2009. Pour le texte latin et allemand, *Cf.* Nikolaus von Kues, *Dialogus de Ludo Globi*, § 66, *in* Nikolaus von Kues, *PTW*, vol. 3, p. 74-75.

2. F. Vengeon, « La puissance de l'infini et les paradoxes de la singularité. Infini et contraction chez Nicolas de Cues », *Revue de Métaphysique et de Morale*, avril-juin 2011/2, p. 238.

au contraire faire l'objet d'une conception ouverte, non pas infinie au sens fort mais infinie en un sens dégradé – littéralement contracté –, obligeant donc à renoncer à toutes les anciennes illusions dont celle d'un Centre de l'Univers incarné par la Terre.

Reprenant un célèbre *topos* hermétique, Nicolas peut ainsi attribuer à l'Univers ce qu'Hermès disait de Dieu. Si l'Univers est bel et bien une contraction de l'Infini, tout y devient relatif, rien ne constituant plus un centre en-soi ni un repère en-soi[1]. Affirmant contre la cosmologie scolastique le mouvement de la Terre, le Cusain décrit chacune des conséquences de sa propre cosmologie, et énumère à partir d'un fondement spéculatif les propositions qu'implique ce dernier :

> Pour nous désormais, il est clair que la Terre se meut vraiment, même si cela n'apparaît pas à nos yeux. [...]. Ainsi, il semblera toujours à celui qui serait sur la Terre, dans le Soleil ou dans une autre étoile, qu'il est au centre immobile et que toutes les autres choses sont en mouvement. Certes, il constituera toujours d'autres pôles par rapport à lui, d'autres s'il est dans le Soleil, d'autres s'il est sur Terre, d'autres s'il est dans la Lune, sur Mars, etc. Donc, la machine du monde aura, pour ainsi dire, son centre partout et sa circonférence nulle part [*Unde erit machina mundi quasi habens undique centrum et nullibi circumferentiam*], parce que Dieu est partout et nulle part est sa circonférence et son centre [*quoniam eius circumferentia et centrum est deus, qui est undique et nullibi*][2].

Profondément novateur et audacieux, Nicolas anéantit toute objectivité de la notion de centre, et la réduit à un élément relatif destituée de toute valeur absolue. Il est à cet égard intéressant de noter à quel point Nicolas, quoiqu'antérieur à Copernic, s'avance bien davantage que ce dernier sur la voie d'une infinitisation de l'Univers. Copernic était en effet resté prisonnier des conceptions traditionnelles de pensée, conservant un centre de l'univers et continuant à tout fonder sur des hypothèses. « Par rapport à

1. Le nouveau monde que promeut Nicolas de Cues n'a plus de centre ; même la Terre n'est plus au centre de l'univers, sinon il y aurait un minimum de mouvement ce qui est impossible : mouvement et repos se présentent ensemble. « Il a déhiérarchisé l'univers, note Kurt Flasch. La terre n'est plus pour lui l'échelon le plus bas de la réalité. », K. Flasch, *Initiation à Nicolas de Cues*, trad. fr. Jacob Schmutz et Maude Corrieras, Fribourg/Paris, Cerf, 2008, p. 47.

2. N. de Cues, *La docte ignorance*, II-XII, § 162, trad. fr. Hervé Pasqua, Paris, Payot, 2011, p. 205-206. Textes latin et allemand dans Nikolaus von Kues, *De Docta Ignorantia*, II-XII, § 162, *in* Nikolaus von Kues, *PTW*, vol. 1, p. 92-94.

tout cela, analyse Counet, la position du Cusain, bien que nettement antérieure chronologiquement, est à bien des égards plus novatrice. »[1].

Le chapitre XII du deuxième Livre de la *Docte Ignorance* confirme ce jugement et énonce explicitement les conséquences logiques qu'implique ce nouvel Univers appréhendé comme Infini contracté – comme Infini-fini[2] – et ouvre donc grande la porte à la *possibilité* qu'existent des intelligences extraterrestres, compte-tenu de l'immensité désormais admise de l'Univers au sein duquel nous évoluons. C'est la raison pour laquelle ce même chapitre développe de nombreux passages autour de cette question, tout en restant prudent quant à la perfection de ces intelligences. Ce qui frappe à la lecture des passages de la *Docte Ignorance* consacrés à celles-ci n'est pas tant l'hésitation du Cusain devant la possibilité qu'existent de telles intelligences que son refus d'accorder qu'elles puissent être aussi dignes et aussi nobles que celle de l'homme.

Observons ainsi la progression de sa réflexion à partir du § 169. Ce dernier ambitionne de statuer quant à la dignité de la Terre comparativement aux autres étoiles, notamment par rapport au Soleil : absolument parlant, une telle question est indécidable, affirme Nicolas qui, aussitôt après, introduit sans crier gare l'existence d'une vie extraterrestre :

> Il [l'homme] ne le peut davantage quant au lieu, à savoir que ce lieu du monde est habité par des hommes, des animaux et des végétaux qui seraient, en degré, moins nobles que les habitants de la région du Soleil et des autres étoiles [*quae in gradu sunt ignobiliora in regione solis et aliarum stellarum habitantium*]. En effet [*Nam*], bien que Dieu soit le centre et la circonférence de toutes les régions des étoiles et que de lui procèdent les différentes natures de noblesse qui habitent dans chaque région, afin que des lieux célestes et stellaires ne restent pas vides et empêcher que la Terre soit seule à être habitée d'êtres inférieurs [*minoribus habitantes*], il ne semble pas cependant que l'on puisse trouver de nature plus noble et plus parfaite que la nature intellectuelle, qui habite sur cette Terre comme dans sa région, même s'il y avait dans d'autres étoiles [*in aliis stellis*] des habitants d'un autre genre [*alterius generis inhabitores*]. L'homme, en effet, ne tend pas à une autre nature, mais à être parfait seulement dans la sienne[3].

1. J.-M. Counet, *Mathématiques et dialectique chez Nicolas de Cues*, Paris, Vrin, 2000, p. 256.

2. L'expression est de Jean-Michel Counet.

3. N. de Cues, *Docte Ignorance*, II-XII, § 169, *op. cit.*, p. 210. *PTW*, vol. 1, p. 100 (trad. légèrement modifiée).

Il faut décortiquer ici proposition par proposition la thèse du Cusain. L'homme ne peut pas affirmer que ce qui est sur terre est moins noble que ce qui peuple le reste de l'Univers, idée qui n'a de sens que *la Terre n'est pas la seule à abriter la vie*. La comparaison n'est en effet possible qu'à la condition de présupposer que la vie terrestre ne saurait être exclusive. Par conséquent, dès l'ouverture du § 169, Nicolas pose implicitement l'existence d'une vie extraterrestre sans laquelle la comparaison des noblesses serait dénuée de sens. En outre, l'existence des « habitants de la région du soleil et des autres étoiles » n'est pas une hypothèse, c'est une *affirmation* au regard de laquelle une comparaison avec les habitants de la Terre devient possible.

C'est pourquoi le *nam* qui ouvre la phrase suivante ne peut être, selon nous, traduit par « mais » : il introduit plutôt une explicitation de ce qui précède à l'aide du dessein divin. Il s'agit donc pour le Cusain de justifier une idée, celle voulant que les habitants de la Terre ne soient pas moins nobles que les autres habitants de l'Univers. Pour ce faire, Nicolas va procéder en trois temps : il va d'abord concéder que Dieu établit une hiérarchie parmi les habitants de l'Univers, chaque peuplade ne disposant pas de la même noblesse, afin que les Terriens ne soient pas les seuls à être inférieurs à Dieu. Pour le dire autrement, le Cusain cherche à éviter que les humains constituent le peuple inférieur par excellence, ce qui arriverait nécessairement s'il n'y avait en tout et pour tout que Dieu et les hommes. Par conséquent, et pour éviter pareil outrage, il introduit d'autres habitants, libérant ainsi la condition de possibilité que *l'homme ne soit plus comparé qu'avec Dieu mais puisse être comparé aux autres habitants de l'Univers*. Le deuxième temps du raisonnement peut alors se déployer : l'homme apparaît comme celui qui dispose de la nature la plus noble et la plus parfaite, donc comme celui qui accomplit au mieux sa propre nature, ce qui lui confère la plus haute noblesse. Mais une telle affirmation n'a de sens que si l'homme peut n'être plus mis en relation qu'avec l'Intellect divin et si s'ouvre la possibilité d'une comparaison avec des intelligences extra-terrestres.

Mais il demeure une question : comment sait-on que l'homme est plus noble que les autres habitants de l'Univers ? Est-ce parce qu'une comparaison entre l'intelligence humaine et l'intelligence extraterrestre put être réalisée ? Assurément non. L'argument cusanien propose plutôt de penser le rapport de l'homme à lui-même, c'est-à-dire d'*interroger la capacité de l'homme à accomplir sa propre nature*. En termes clairs, pour dire de l'homme qu'il dispose d'une grande noblesse, encore faut-il savoir s'il accomplit son humanité, s'il est conforme à sa propre nature, s'il réalise ce qu'il doit être. Or, à n'en pas douter pour le Cusain, l'homme accomplit parfaitement par son intellect ce qu'il doit être, si bien que nulle créature ne saurait être plus conforme que lui à sa propre nature. Autrement dit, *ce n'est pas par comparaison avec les intelligences extraterrestres que l'on peut affirmer la suprême noblesse de l'homme, c'est par examen de ce dernier, examen permettant de comprendre que l'homme accomplit parfaitement l'humanité, et qu'il l'accomplit si bien que nulle intelligence extraterrestre ne saurait être plus parfaite*. Toutefois, *il y a besoin de l'intelligence extraterrestre pour penser cette noblesse de l'intelligence humaine car, sans celle-là, celle-ci ne pourrait être référée qu'à l'intelligence divine ce qui la ferait apparaître inférieure et négligeable*. Il faut donc des intelligences non divines pour que la noblesse de l'intelligence humaine prenne tout son sens.

Il faut ici dissiper une équivoque. Ce qui vient d'être expliqué ne signifie aucunement que l'homme est le plus intelligent de tous les habitants de l'Univers ; Nicolas ne dit jamais que l'homme est la plus intelligente des créatures de l'Univers, mais il considère qu'elle en est la plus parfaite. Cela tend donc moins à des qualités objectives qu'à une capacité à accomplir sa propre essence. Il est donc parfaitement possible que d'autres habitants soient *à la fois plus intelligents que les Terriens et moins parfaits que ces derniers* : tel est l'enjeu du § 171 où Nicolas affirme des habitants de la région du soleil qu'ils sont « plus solaires, plus intellectuels, plus clairs et plus lumineux » que les Terriens, tandis que ces derniers sont « plus matériels et plus grossiers. »[1]. La perfection est donc toujours relative à la réalisation d'une nature et non une désignation de la possession de propriétés objectives.

La conséquence de ce paragraphe est donc très claire ; quelle que soit la nature des intelligences extraterrestres dont l'existence est impliquée par l'immensité de l'Univers contracté, aucune ne saura être à l'égal de l'intelligence humaine qui réalise parfaitement la nature humaine, ce que confirme du reste le paragraphe suivant :

> Les habitants des autres étoiles [*aliarum stellarum habitores*], quels qu'ils soient [*qualescumque illi fuerunt*], n'ont donc aucune proportion avec les habitants de ce monde, même si par rapport à la fin de l'univers toute cette région a par rapport à la nôtre quelque proportion cachée, de sorte que les habitants de cette Terre ou de cette région aient par le moyen de la région universelle une certaine relation mutuelle avec les habitants de l'autre

1. N. de Cues, *Docte Ignorance*, II-XII, § 171, p. 211. *PTW*, vol. 1, p. 102 (trad. légèrement modifiée).

> région, comme les articulations particulières des doigts de la main sont, par le moyen de la main, en relation proportionnelle avec le pied et les articulations particulières du pied, par le moyen du pied, en relation proportionnelle avec la main, afin que tous les membres soient proportionnés par rapport à l'animal entier[1].

Remarquons d'abord que l'existence des « habitants des autres étoiles » n'est plus ici hypothétique; elle devient une affirmation qui ne fait plus question. C'est là une affirmation épistémologique sans aucun doute issue de la *mens mesurens*, de cet esprit ou de cette pensée mesurant[2], par lequel les choses sont ramenées à la compréhension de l'intellect par une certaine mesure. Ici, la *mens* peut *mesurer* la probabilité qu'existent de telles intelligences au regard de l'immensité de l'Univers contracté, et comprendre que cette probabilité est pratiquement de l'ordre de la certitude[3], sans que cela n'implique quoi que ce soit du point de vue théologique.

En outre, quels que soient ces extraterrestres, nous savons que leur noblesse ne sera pas supérieure à celle des Terriens, pour les raisons évoquées ci-dessus, précisément parce que *la noblesse des Terriens dépend de la capacité de ces derniers à accomplir leur propre nature.* Mais, quand bien même les humains accomplissent-ils au mieux leur propre nature, créant donc avec les autres habitants de l'Univers une irréductible différence, il n'en demeure pas moins qu'une sorte d'unité secrète gouverne l'ensemble des êtres intelligents, comme si l'Univers tout entier était traversé d'une cohérence cosmique dissimulée rappelant d'ailleurs, toutes proportions gardées, le *cosmos* antique. Cela tient évidemment au fait que, pour le Cusain, l'Univers est l'expression contractée de l'Un, de sorte que l'unité de l'Un se retrouve sous une forme contractée dans l'Univers lui-même.

L'analogie avec le corps humain est à cet égard fort éclairante: l'Univers est comme un corps unifié où chaque élément établit une relation avec tous les autres, sans que l'on ne sache précisément quel type de relation existe entre chacun des éléments. Les habitants des autres régions et les Terriens entretiennent donc peut-être, *selon la logique de ce corps cohérent et unifié qu'est l'Univers*, des relations ignorées de tous, mais que la logique de l'Univers a instaurées pour que celui-ci fonctionne norma-

1. *Ibid.*, II-XII, § 170, p. 210-211. *PTW*, vol. 1, p. 100-102.

2. *Cf.* N. de Cues, *Idiota De Mente*, I, § 57, in *Dialogues de l'idiot. Sur la sagesse et l'esprit*, trad. fr. Hervé Pasqua, Paris, P.U.F., 2011, p. 105-107.

3. Nous remercions Hervé Pasqua d'avoir attiré notre attention sur le rôle de la *mens mesurens* dans ce cadre.

lement ou, plus exactement, harmonieusement. Nicolas de Cues rompt donc avec le cosmos grec tout en conservant une certaine idée d'harmonie : les éléments n'ont certes plus de place fixe, mais ils n'en continuent pas moins d'entretenir des relations de proportionnalité dont on peut considérer qu'elles préservent l'harmonie du *cosmos* antique et médiéval. La Terre n'est plus au centre de l'Univers, ce dernier n'ayant plus de centre tout court, mais il n'en demeure pas moins que ce qui se passe sur Terre ne possède pas de sens en-soi : au regard de l'Univers tout entier conçu comme un tout, les événements terrestres sont harmonieusement reliés aux événements de toutes les autres régions, les intelligences terrestres contractées étant elles-mêmes reliées aux intelligences extraterrestres de toutes les autres régions. Mais cela n'implique nullement que nous connaissions de telles intelligences : elles sont simplement impliquées par l'immensité de ce nouvel Univers dont nous ne connaissons qu'une infime partie :

> Dès lors, note d'ailleurs Nicolas, comme toute cette région nous est inconnue, ces habitants restent totalement inconnus [*remanent inhabitores illi ignoti penitus*][1].

Il nous faut donc conclure sur cette innovation cusanienne et comprendre quels sont les points où il affirme et ceux où il ne fait que supposer. Ce qui semble certain, c'est l'existence d'autres vies intelligentes que celle des Terriens, disséminées à travers un Univers dont il faut rappeler une fois encore qu'il est une contraction de l'Infini. À cet égard, nous ne pouvons que partager l'analyse de Steven J. Dick selon laquelle Nicolas est le premier à étendre, grâce à la *mens mesurens,* « la gamme d'êtres vivants au-delà de la Terre et jusqu'à l'univers tout entier »[2]. Nicolas est en revanche plus prudent sur deux points : le premier porte sur l'extension de la vie extraterrestre au-delà de la Terre. Dire que la Terre n'est pas la seule à abriter la vie intelligente n'est pas dire que toute autre région de l'Univers en contient, de sorte que *si le Cusain affirme qu'il y a des intelligences extraterrestres, il ne peut certifier qu'elles se distribuent universellement*. C'est la raison pour laquelle il ne peut que *supposer* [*suspicantes*][3] qu'il y ait des intelligences dans la région du Soleil ou encore qu'en dehors de la région du soleil, « pour les autres régions

1. N. de Cues, *Idiota De Mente*, II-XII, § 171, p. 211. *PTW*, vol. 3, p. 102.
2. S. J. Dick, *La pluralité des mondes*, *op. cit.*, p. 63.
3. Il est possible que Nicolas joue sur le sens de *suspicio* qui signifie également regarder vers le haut, lever les yeux vers le ciel.

d'étoiles, en supposant [*suspicantes*] qu'aucune n'est privée d'habitants [*nullam inhabitatoribus carere*] »[1], le même raisonnement soit tenable. La *supposition* ne porte pas sur la possibilité générale qu'existent d'autres intelligences extraterrestres mais bien sur l'universalité de celles-ci : nous ne pouvons être certains que *toutes les régions de l'univers soient peuplées d'intelligences*.

La seconde hésitation nous semble porter sur la suprême dignité de l'homme *en tant que celle-ci serait exclusive*. Que l'homme soit la créature la plus digne est une chose, qu'il soit la seule à l'être en est une autre. L'homme est parfait au regard de sa nature propre, il accomplit parfaitement sa propre essence, mais nous ne pouvons que *conjecturer* que les autres intelligences n'y parviennent pas de la même manière; c'est la raison pour laquelle le paragraphe 169 demeure relativement prudent, et introduit la proposition selon laquelle on ne peut trouver de nature plus noble et plus parfaite que celle de l'intellect terrestre par un *non videtur* qu'Hervé Pasqua traduit fort bien par « il ne semble pas », rendant la dimension conjecturale du propos.

Nonobstant ces deux restrictions conjecturales – la distribution universelle d'intelligences extraterrestres et l'exclusive suprême dignité de l'homme –, Nicolas ouvre explicitement la porte à l'existence même d'intelligences extraterrestres qui ne semblent pas, comme telles, soumises au doute ni même à une présentation conjecturale; seules peuvent encore l'être leur extension et leur distribution au sein de l'Univers. Mais il nous faut ajouter un ultime élément : rien n'est plus troublant que l'absence de saisie *théologique* de ce problème, le Cusain ne reliant jamais à notre connaissance l'existence d'intelligences extraterrestres à celle d'un sauveur, c'est-à-dire à celle du Christ. Tout se passe en effet comme si l'affirmation d'intelligences autres que celle des Terriens n'ouvrait pas la question de leur salut, ni même, à supposer que celles-ci ne fussent pas peccamineuses, celle du rapport à Dieu. Beaucoup moins théologien que Nicolas, Descartes se souciera bien davantage de cet aspect des choses dont on ne peut que s'étonner de l'absence chez le Cusain.

1. *Docte Ignorance*, II-XII, § 172, p. 211. *PTW*, vol. 1, p. 102.

RADICALISATION DE LA PENSÉE DU CUSAIN ET REPRISE DE L'ATOMISME ANTIQUE : LES « SEMBLABLES ET MEILLEURS HABITANTS » DE GIORDANO BRUNO

Avant que ne soit abordé le cas cartésien, il nous faut néanmoins mentionner, dans la lignée de cette infinitisation de l'Univers, le cas de Giordano Bruno, figure majeure de la Renaissance italienne dont la mort ne fut pas pour rien dans la légende du personnage.

Du point de vue cosmologique, Bruno fut « le seul philosophe du XVIe siècle qui adhéra à la cosmologie copernicienne. »[1]. Plus précisément, il renonça au géocentrisme, et adopta une perspective d'inspiration héliocentrique où la place de l'homme au centre de l'Univers n'était plus assurée.

Largement postérieur aux spéculations de Nicolas de Cues, Giordano Bruno s'appuie sur la percée scientifique que constitua la publication en 1543 des *Révolutions des orbes célestes*. Lorsque paraît en 1584 le *De l'infinito universo et mondi*, Bruno s'y fait le chantre de l'idée d'infini, et reprend des idées qui, pour beaucoup, s'avèrent explicitement proches de celles du Cusain, en allant toutefois beaucoup plus loin. En 1543, Copernic avait ruiné la cosmologie aristotélicienne associant la réalité du monde à ce que l'homme pouvait en percevoir empiriquement ; mais Bruno ira bien plus loin que ce dernier en postulant un univers infini, naturel et homogène conçu comme expression de Dieu à l'aide d'un lexique d'inspiration explicitement cusanienne. Nous retrouvons en effet le vocabulaire de l'*explicatio* et de la *contractio* dans plusieurs passages du *De l'infinito...* :

> Comment veux-tu que Dieu, quant à la puissance, à l'opération et à l'effet (qui sont en lui la même chose), soit déterminé et pareil à la terminaison de la convexité d'une sphère, plutôt que terminaison interminée (pourrait-on dire) d'une chose interminée ? Si je parle d'une terminaison sans terme, c'est en raison de la différence entre l'infinité de l'un et l'infinité de l'autre ; car lui, il est tout l'infini, complicativement [*complicatamente*] et totalement, alors que c'est explicativement [*explicatamente*] et non

1. M. A. Granada, « New visions of the Cosmos », *in* J. Hankins (ed.), *The Cambridge Companion to Renaissance Philosophy*, *Cambridge*, Cambridge University Press, 2007, p. 278.

totalement que l'univers est tout entier en tout (à supposer qu'on puisse parler de totalité, là où il n'y a ni partie ni fin[1].

La reprise du couple explication/contraction, explicitement cusanienne[2], inscrit le discours de Bruno dans un héritage philosophique dont, redisons-le, l'ouverture cosmologique à l'infini, constitue la matrice commune. Cela étant, si Bruno dépasse Copernic, il dépasse également le Cusain dans son affirmation de l'infinité de l'Univers en ceci que ce dernier réservait la notion d'infini au sens pur pour Dieu, l'Univers n'étant que l'Infini contracté et ne pouvant être dit infini au sens absolu du terme : « bien que le monde ne soit pas infini [*Et cum licet non sit mundus infinitus*], écrit Nicolas, il ne peut cependant être conçu comme fini [*tamen non potest concipi finitus*], parce qu'il n'a pas de limites dans lesquelles il serait enfermé [*cum terminis careat, intra quos claudatur*]. »[3]. Bruno, plus audacieux encore que son illustre prédécesseur, sans doute enhardi par les découvertes coperniciennes, ira jusqu'à affirmer la positivité infinie de l'Univers tout au long du traité de 1584 et inscrira la distinction explication/contraction dans une perspective immanentiste.

Dans cette cosmologie nolaine, où l'Univers devient positivement infini et parfaitement homogène, la possibilité qu'existent d'autres intelligences devient elle-même une certitude. Cette déduction procède de la nature même de l'infini : si l'Univers est réellement infini, alors les mondes habitables deviennent eux-mêmes innombrables, Bruno évoquant des « mondes en aussi grand nombre que les lampes que nous voyons briller autour de nous, qui sont dans un ciel, dans un lieu et contenant. »[4]. Il est donc essentiel de percevoir la nécessité logique que Bruno pense établir entre sa réflexion sur l'Univers infini, la pluralité des mondes, et le caractère habité de ces derniers : chaque monde, c'est-à-dire chaque système constituant un environnement pour de putatifs habitants, constitue un élément partiel de cet Univers infini que le Nolain cherche à démontrer. C'est la raison pour laquelle Burchio pose sa question à Fracastorio sous une forme déductive :

1. G. Bruno, *De l'infini, de l'univers et des mondes*, Premier Dialogue, trad. fr. Jean-Pierre Cavaillé, *in* Giordano Bruno, *Œuvres complètes*, t. 4, Paris, Les Belles Lettres, 2006, p. 84.

2. L'hommage au Cusain est explicitement rendu dans le traité ; Elpino évoque en effet la *Docte Ignorance*, et Filoteo y voit un homme qui « parle divinement », *Cf. De l'infini, de l'univers et des mondes*, Troisième Dialogue, *op. cit.*, p. 194

3. N. de Cues, *Docte Ignorance*, II, 11, § 156, *PTW* I, p. 86, trad. citée p. 200.

4. G. Bruno, *De l'infini…*, Troisième dialogue, *op. cit.*, p. 234.

> Burchio : Ainsi donc [*dumque*] les autres mondes sont habités comme celui-ci ?
> Fracastorio : S'ils ne sont pas habités ainsi, ou même mieux, ils ne le sont en tout cas pas moins, ni plus mal, parce qu'il est impossible qu'un esprit rationnel et un tant soit peu éveillé [*perché è impossibile ch'un razionale et alquanto svegliato ingegno*] s'imagine qu'ils soient privés de semblables et meilleurs habitants, ces mondes innombrables qui apparaissent semblables à celui-ci, ou plus magnifiques ; soit ils sont des soleils, soit le soleil leur prodigue tout autant ses rayons vraiment divins et féconds, qui tout à la fois montrent la félicité de leur sujet et leur source propre et font le bonheur de ceux qui, dans leur voisinage, participent de la vertu qu'ils diffusent. Les membres innombrables et principaux de l'univers sont donc infinis, de même face, visage, prérogative, vertu et effet[1].

Outre l'affirmation explicite et déductive[2] d'une habitation des mondes pluriels eux-mêmes issus de l'infinité de l'Univers, il nous faut remarquer la nature de l'argument du Nolain : un être raisonnable, littéralement éveillé, ne peut pas imaginer qu'il n'en soit pas ainsi. En d'autres termes, le peuplement universel de la pluralité des mondes est une évidence *pour la raison humaine*, celle-ci ne pouvant pas ne pas penser qu'il en soit autrement. En d'autres termes, il serait irrationnel, c'est-à-dire contraire à ce que la raison peut se représenter, de considérer que l'infinité de l'Univers ne débouche pas sur une habitation diversifiée des mondes pluriels. Ainsi se trouve inaugurée avec Bruno une philosophie qui s'indexe explicitement sur ce que la raison peut se représenter, et qui présente comme irrationnelle toute négation de la pluralité des intelligences extraterrestres, argument que nous retrouverons, entre autres, chez Fontenelle plus d'un siècle plus tard.

Affirmation d'intelligences extraterrestres dans un Univers clos : l'apparente anomalie Kepler

Face à Nicolas de Cues et Giordano Bruno pour qui l'immensité de l'Univers appelle la nécessité plus ou moins explicitement affirmée d'intelligences extraterrestres, Kepler fait figure d'exception non tant par son rapport aux intelligences extraterrestres que par *les raisons qui motivent la croyance en celles-ci*. Il faut en effet partir d'un fait curieux

1. G. Bruno, *De l'infini...*, p. 236-238.

2. Steven J. Dick nous semble fort bien résumer la situation en ces termes : « Une fois posé le principe d'un univers infini, la plupart des arguments aristotéliciens contre une pluralité de mondes tombent d'eux-mêmes. Avec la destruction du cosmos, déclara Bruno, il n'y avait plus de centre ou d'extrémité absolus. », S. J. Dick, *La pluralité des mondes*, *op. cit.*, p. 103.

voulant que Kepler soit un des rares physiciens de son temps à conserver un Univers clos, fini et borné. Loin d'être arbitraire, le refus de suivre les spéculations de Bruno et d'étendre à l'infini l'immensité copernicienne de l'Univers était motivé par de sérieux arguments que restitue fort bien Gérard Simon :

> Enfin, on ne sait toujours pas non plus jusqu'où il faut prolonger l'immensité copernicienne du monde. Même si *Le Mystère cosmographique* restait à ce propos muet, on en déduisait clairement qu'il ne fallait pas suivre dans ces audaces Giordano Bruno, et attribuer à l'univers des dimensions infinies. C'aurait été méconnaître tout ce que l'on peut inférer de la place centrale et du rôle vital du Soleil : dans la mesure où elle matérialise symboliquement la Trinité, la Création ne peut que se clore par la Sphère des Fixes, en respectant des proportions déterminées. Mais on ignore encore tout de ce qu'elles peuvent être[1].

Nonobstant cet Univers certes copernicien quoique fermé et borné, Kepler va imaginer l'existence de nombreuses intelligences extraterrestres dont la raison d'être ne s'identifiera pas à un calcul de probabilité né de l'infinitisation de l'Univers, ni et encore moins à une certitude née de celle-ci comme Bruno avait pu le proposer. Ainsi, « bien que Kepler rejetât la vision brunienne de mondes infinis, il fut amené peu à peu à reconnaître que la Lune, les planètes, et même les étoiles pouvaient être des corps dont la nature était similaire à celle de la Terre, et abriter des habitants. »[2].

Nous avons donc là une exception confirmant la règle de la pensée moderne : chez Kepler, ce n'est pas l'infinitisation de l'Univers qui justifie la spéculation sur les intelligences extraterrestres, mais c'est bien plutôt la réflexion sur les observations galiléennes de corps proches qui nourrit celle-ci. Retrouvant, semble-t-il, les affirmations de Xénophane et de Plutarque, Kepler n'hésite pas à disposer une myriade d'habitants sur la Lune dont il décrit avec une étonnante précision les habitations. Dans un livre publié en 1634[3], quoique sans doute rédigé vers 1609[4], Kepler cherche à asseoir les arguments de Copernic et de Galilée en faveur du mouvement de la terre en imaginant un spectateur situé sur la ligne observant le mouvement de notre planète. Reprenant une technique déjà

1. G. Simon, *Kepler, astronome, astrologue*, Paris, Gallimard, 1979, p. 394.

2. S. J. Dick, *La pluralité des mondes*, *op. cit.*, p. 107.

3. Il s'agit de Kepler, *Le Songe ou astronomie lunaire*, trad. fr. Michèle Ducos, Nancy, Presses Universitaires de Nancy, 1984.

4. Sur la portée scientifique de l'ouvrage, et son objectif cosmologique, on pourra consulter l'article très clair de Jean-Pierre Luminet, « Autour du « Songe » de Kepler », 15 juin 1011, article en ligne : http ://arxiv.org/ftp/arxiv/papers/1106/1106.3639.pdf.

pratiquée par Plutarque, le physicien allemand y décrit un rêve survenu une nuit après qu'il eut observé la Lune et les étoiles : le rêve lui peint l'histoire d'un livre où il est question d'un certain Duracotus qui aurait effectué un voyage vers la Lune dont la durée aurait été d'environ quatre heures. Aidé par sa mère dotée de pouvoirs magiques, Duracotus peut ainsi raconter ce qu'il a vu sur la Lune, rebaptisée selon le beau nom hébreu de *Levania*, et ainsi décrire des montagnes immenses – sans doute reprises des observations galiléennes –, des marées impressionnantes et de terrifiantes processions de reptiles.

L'ouvrage remplit donc d'abord un objectif purement scientifique, à savoir démontrer les thèses de Copernic et de Galilée afin d'habituer le grand public à raisonner selon leurs termes. Se retrouvent en outre des arguments destinés à rendre crédible la description de la Lune-*Levania* qui seront repris par Fontenelle et que résume fort bien, une fois encore, Gérard Simon :

> On ne sait trop encore alors ce qu'on peut trouver à l'intérieur de continents en partie inexplorés comme l'Afrique, l'Amérique ou l'Asie, ni non plus dans des océans comme le Pacifique, dont la partie australe reste totalement inconnue. Si la Terre nous réserve encore bien des surprises [...], que ne peut-on attendre de ces îles lointaines que sont la Lune et les planètes [1] ?

Mais alors, que dit précisément Kepler de la Lune et de ses habitants ? Quelle description en propose-t-il après Xénophane et Plutarque ? Il nous faut ici aller voir les textes et sonder l'étonnante précision du discours de Duracotus, aidé en cela de la magie démoniaque de sa mère lui conférant presque une aura de révélation destinée aux seuls initiés de la science d'Hermès :

> Si vous vous transportez mentalement vers les villes de la Lune, je vous prouverai que je les vois. Les cavités de la Lune, que Galilée fut le premier à remarquer, ont le plus souvent l'apparence des taches ; ce sont, comme je le démontre, des dépressions dans la surface plane du sol, comme les mers chez nous. Mais d'après la forme des cavités, je conclus que ce sont plutôt des zones marécageuses. C'est là que les Endymionides fixent en général l'emplacement de leurs villes, ils veulent se protéger de l'humidité et des moisissures autant que de l'ardeur du soleil, et peut-être aussi des ennemis[2].

1. G. Simon, *Sciences et savoirs aux XVIe et XVIIe siècles*, Lille, Presses Universitaires du Septentrion, 1996, p. 106. Les analyses de G. Simon sur la considération par Kepler de l'astronomie comme la nouvelle magie de son temps sont tout à fait remarquables.

2. J. Kepler, *Le Songe ou astronomie lunaire*, *op. cit.*, « Appendice sélénographique ».

Beaucoup d'éléments se conjuguent en vue de rendre crédible cette description de *Levania* : il est d'abord bien question de résultats scientifiques au sens fort du terme, issus des observations de Galilée et que Kepler cherche explicitement à vulgariser. Le raisonnement est lui-même scientifique, la forme des cavités constituant par exemple un indice en faveur des zones marécageuses, sachant que ces cavités ont été observées par Galilée. Ce dernier fut d'ailleurs frappé par la ressemblance de la surface lunaire avec celle de la Terre, ce qui lui permit de mettre fin à la mythologie scolastique d'inspiration aristotélicienne voulant que la Lune fût une sorte de sphère polie et donc sans accidents.

En outre, Kepler évoque les « Endymionides », terme sans doute forgé à partir de la mythologie grecque où Endymion apparaît comme le roi d'Elide et l'amant de Séléné, déesse de la Lune ; les Endymionides sont donc au sens littéral les « amants de la Lune », ceux qui y vivent et qui ont fait preuve d'une intelligence remarquable en ceci qu'ils sont parvenus à vaincre l'environnement hostile pour y construire des cités viables[1]. Rien n'y est décrit comme hypothétique, tout y est au contraire affirmé comme certain et indubitable, seule la dimension onirique du récit pouvant rappeler la dimension fictive de celui-ci. Enfin, l'environnement est objectivement hostile à la vie en général, et à la vie raisonnable en particulier ; parvenir à y installer des cités constitue à cet égard une indéniable prouesse digne d'admiration :

> La violence du soleil se fait sentir partout. Les habitants se réfugient vers la partie de la tranchée circulaire qui est à l'ombre du rempart extérieur. Ceux qui sont au centre et au-delà vont dans la partie de la fosse opposée au soleil et profitent de l'ombre du rempart intérieur. C'est ce qu'ils font pendant les quinze jours où le soleil ne cesse de brûler cet endroit. Ils suivent l'ombre comme des péripatéticiens (au sens propre du terme) et supportent ainsi la chaleur[2].

Si l'intelligence d'une espèce se mesure à sa capacité à s'adapter à un environnement, force est de reconnaître l'extrême intelligence des Endymionides : capables de faire face à un Soleil étouffant, ils ont mis au point des cités qui pouvaient les protéger de l'ardeur de ses rayons, et rendre ainsi la vie possible sur un satellite qui semblait pourtant n'offrir que des obstacles à l'épanouissement d'une vie collective. Le rempart dont parle

1. Les Endymionides sont les « habitants dotés de raison », peuplant la Lune et étant parvenus à construire des cités « les protégeant de l'atrocité du climat et de leurs ennemis. », L. B. Lambert, *Imagining the unimaginable*, Amsterdam-New York, Rodopi, 2002, p. 101.

2. *Ibid.*

Kepler est, par ailleurs, décrit en des termes eux aussi extrêmement précis, notamment lorsqu'il est question des fortifications et de la description des remparts, tranchées, etc. qui constituent les cités lunaires[1].

Il serait sans aucun doute complexe de déterminer les raisons exactes pour lesquelles Kepler donne autant de détails ; mais dans l'économie de notre propre démarche, il nous semble d'abord essentiel de remarquer que cette débauche de précisions vise sans doute à montrer que le peuple lunaire est intelligent, donc que l'intelligence terrestre ne saurait disposer de l'exclusivité de cette qualité dans l'Univers. À cet égard, le physicien allemand semble distiller, à l'aide de solides remarques scientifiques complétées par une plaisante fantaisie, le décor de ce que doit être une espèce intelligente, pour marquer de manière baroque, c'est-à-dire à l'aide d'images extrêmement saisissantes et réalistes – les hypotyposes[2] – l'imagination du lecteur. Plus la description est crédible, plus il est aisé de se représenter ce peuple intelligent qui n'est somme toute qu'à quatre heures de voyage de la Terre selon le récit onirique.

Par ailleurs, un indice donne à penser que cette description des remparts ne provient pas que de l'imagination de Kepler ou que, plus exactement, ce dernier ne considérait pas qu'il ne s'agissait que du produit de celle-ci. Une lettre qui nous est parvenue nous signale en effet que Kepler pensait avoir observé, par un jeu d'ombres, l'existence effective de ces remparts, ce qui nous amène à relativiser le rôle conscient de l'imagination : s'il pense les avoir effectivement perçus, alors, du point de vue de l'auteur, il ne s'agit pas tant d'une fiction onirique que d'une petite extrapolation brodée à partir de faits observables et démontrables. La lettre ne contient à cet égard aucune ambiguïté :

> Je dois ajouter à cela qu'il m'est récemment apparu, en regardant la lune au télescope, une chose merveilleuse et remarquable : des villes encerclées de murs, comme on peut le voir par le dessin des ombres. Qu'ajouter de plus ? Campanella a écrit une *Cité du Soleil*. Ne pourrais-je pas écrire une « Cité de la Lune » ? Ne serait-il pas remarquable de décrire les mœurs des

1. L. B. Lambert, *Imagining the unimaginable*, *op. cit.*, p. 101.

2. Sur l'importance des hypotyposes dans le récit et la sollicitation de l'imagination du lecteur par des représentations extrêmement précises, *cf.* F. Aït-Touati, *L'hypothèse scientifique comme fabrique de la fiction : poétiques du discours astronomique au XVIIe siècle*, Paris, Gallimard, 2011, *passim*.

cyclopes de notre temps, tout en restant prudent, en quittant la terre pour se rendre sur la lune[1] ?

Largement antérieure à la publication du *Songe* quoique postérieure au début de sa rédaction, cette lettre nous permet d'obtenir deux informations majeures : d'abord elle mentionne l'influence de Plutarque, et l'importance de ce dernier pour ses propres idées. Ensuite, et surtout, elle insiste sur le caractère *effectif* du récit, et le refus de toute forme de fiction : il y a certes quelques précisions nées de l'imagination que ne peuvent délivrer les observations, mais l'essentiel de la description de la cité semble conçue comme le pur produit d'une démarche authentiquement scientifique à laquelle supplée, pour la finition, la plume de l'auteur. Si donc le *Songe* est publié comme un récit onirique à usage vulgarisateur, cela tient sans doute moins à la véracité scientifique que lui accorde Kepler et qui serait déficiente qu'à la volonté de ne pas heurter de front certaines autorités qui n'avaient pas hésité à envoyer Bruno au bûcher. Le terme de « prudence » serait, partant, le mieux adapté pour caractériser l'état d'esprit de l'auteur qui, loin de s'écarter du discours scientifique, semble plutôt adopter un certain art d'écrire où le cadre baroque du rêve et des hypotyposes permettent de diffuser des idées qui n'eussent sans cela peut-être pas passé le cap de la censure.

Nous pouvons dès lors résoudre ce que le titre annonçait comme une « apparente anomalie » liée à Kepler ; ce dernier ne partage en effet pas les spéculations cusaniennes ou nolaines et ne perçoit pas l'Univers comme capable d'accueillir l'Infini ou même la contraction de l'infini. Dès lors, s'il est des intelligences extraterrestres, elles doivent être, si l'on peut dire, à portée de vue, à proximité de la Terre, c'est-à-dire au sein du système solaire et leur existence ne doit pas être inférée de l'immensité de l'Univers : en physicien plus qu'en mathématicien, Kepler aborde la question extraterrestre *à partir de l'observation et non à partir de la probabilité qu'un Univers infini ou indéfini contienne d'autres êtres intelligents que nous*. Si Kepler fait donc figure d'exception dans sa cosmologie explicitement finitiste, il n'en est pas moins pleinement cohérent quant à la légitimation cosmologique des extraterrestres dont il produit la description : issus de l'observation par la médiation de leur cité que révèlent les ombres, ils ne sauraient être déduits d'un point de vue probabiliste de l'extension infinie d'un Univers qui, pour Kepler, demeure irrémédiablement clos et fini.

1. J. Kepler, *Lettre à Matthias Bernegger* du 4 décembre 1623, *in* J. Kepler, *Gesammelte Werke*, Max Caspar (ed.), vol. 18, Munich, Kepler Kommission, 1959, p. 143.

Ainsi se répand avec Kepler un discours pour le moins surprenant, dont les fondations sont assurément scientifiques et se présentent même comme les mieux informées de leur temps, bien que le contenu puisse faire parfois appel – et avec parcimonie à en croire Kepler – à une imagination d'inspiration hermétique, destinée peut-être à vulgariser aussi bien la science de Copernic et de Galilée que certaines idées transmises dans les cercles d'initiés, pour lesquelles le caractère habité de la Lune constitue un antique *topos*.

ÉVOQUER « TOUTES LES CRÉATURES INTELLIGENTES D'UN MONDE INDÉFINI » AVEC PRUDENCE : L'ART D'ÉCRIRE CARTÉSIEN

Lorsque Descartes aura à se prononcer sur la question des intelligences extraterrestres, il aura donc un triple héritage derrière lui : d'abord les spéculations atomistes de l'Antiquité ainsi que les hypothèses de Xénophane ou Plutarque concernant le peuplement de la Lune, ensuite les ambiguïtés thomasiennes et les condamnations de Tempier, enfin la conjugaison de la spéculation cusanienne et de la science galiléo-copernicienne ouvrant l'Univers à l'infini et rendant donc fort probable l'existence d'intelligences extraterrestres dans ce vaste monde. Très proches de lui dans le temps, Bruno et Kepler – sans compter son correspondant Huygens – défendent avec ardeur des mondes habités par des intelligences non humaines, et préparent donc la voie à des audaces qui eussent effrayé Tempier.

Sans doute inspiré en priorité par une réflexion cosmologique et par les spéculations du Cusain, Descartes évoque la question des intelligences extraterrestres dans une lettre où est également mentionné Nicolas de Cues, ce qui ne saurait être une simple coïncidence. Une fois encore, l'infinitisation du monde ou, à tout le moins, son élargissement indéfini, implique presque aussitôt dans l'esprit de ceux qui en promeuvent la possibilité, la probabilité élevée que d'autres planètes soient habitées, et que l'hypothèse de notre esseulement cosmologique devienne, elle, de moins en moins probable. À cet égard, la lettre de Descartes à Chanut du 6 juin 1647 mérite toute notre attention :

> En premier lieu, je me souviens que le Cardinal de Cusa[1] et plusieurs autres docteurs ont supposé le monde infini, sans qu'ils aient jamais été repris de l'Église pour ce sujet; au contraire, on croit que c'est honorer Dieu, que de faire concevoir ses œuvres fort grandes. Et mon opinion est moins difficile à recevoir que la leur; parce que je ne dis pas que le monde soit *infini*, mais *indéfini* seulement. En quoi il y a une différence assez remarquable : car, pour dire qu'une chose est infinie, on doit avoir quelque raison qui la fasse connaître telle, ce qu'on ne peut avoir que de Dieu seul; mais pour dire qu'elle est indéfinie, il suffit de n'avoir point de raison par laquelle on puisse prouver qu'elle ait des bornes. Ainsi il me semble qu'on ne peut prouver, ni même concevoir, qu'il y ait des bornes en la matière dont le monde est composé[2].

Descartes oppose ici l'infini divin, qui se conçoit positivement, à l'étendue indéfinie de l'univers, qui ne se conçoit que négativement comme absence de bornes; l'indéfini marque ainsi une sorte d'ignorance, une incapacité à déterminer par l'esprit les bornes de l'univers, contrairement à l'infini qui ne peut être utilisé que dans le cadre affirmatif d'une absence claire de limites[3]. Si Dieu se conçoit positivement comme infini, l'univers demeure méconnu et ne peut être guère conçu que comme indéfini, c'est-à-dire comme non circonscrit. Cette distinction conceptuelle que propose Descartes répond à un problème déjà ancien, lui qui se demandait en 1629 comment penser l'extension de l'univers sans la rendre commensurable avec l'infinité divine :

> Et à propos de ceci, je vous prie de mander s'il n'y a rien de déterminé en la religion, touchant l'étendue des choses créées, savoir si elle est finie ou plutôt infinie, et qu'en tous ces pays qu'on appelle espaces imaginaires il y ait des corps créés et véritables; car encore que je n'eusse pas envie de

1. Il s'agit de Nicolas de Cues.

2. R. Descartes, *Lettre à Chanut du 6 juin 1647*, AT V, 51-52; FA III, 736.

3. Nous trouvons cette distinction déjà dans les Réponses aux Premières Objections de 1641 : « car, entendre clairement et distinctement qu'une chose soit telle qu'on ne puisse y rencontrer de limites, c'est clairement entendre qu'elle est infinie. Et je mets ici de la distinction entre l'*indéfini* et l'*infini*. Et il n'y a rien que je nomme proprement infini, sinon ce en quoi de toutes parts je ne rencontre point de limites, auquel sens Dieu seul est infini. Mais les choses auxquelles sous quelque considération seulement je ne vois point de fin, comme l'étendue des espaces imaginaires, la multitude des nombres, la divisibilité des parties de la quantité et autres choses semblables, je les appelle *indéfinies*, et non pas *infinies*, parce que de toutes parts elles ne sont pas sans fin ni sans limites. », R. Descartes, *Réponses aux Premières Objections*, AT IX, 89-90, FA II, 531-532.

toucher cette question, je crois toutefois que je serai contraint de la prouver[1].

C'est donc autour des hésitations que suscite la publication du *Monde*[2] que Descartes voit apparaître ce type de questions, lui qui rompt avec le monde clos aristotélicien, sans pour autant décider de l'infinité du nouvel univers qui se dessine sous ses yeux et qu'il contribue à faire émerger. Ne voulant heurter la stricte doctrine catholique pour laquelle Dieu seul peut être dit infini, Descartes se révèle bien plus prudent que son prédécesseur, et insiste à plusieurs reprises sur l'importance de la distinction entre infinité divine et indéfinition cosmologique, à laquelle il consacrera pas moins de deux articles complets dans les *Principes de la Philosophie*[3].

La lettre à Chanut du 6 juin 1647 n'apporte donc à cet égard rien de véritablement nouveau, en ceci qu'elle rappelle la distinction entre l'infinité divine et l'indéfinition cosmologique[4], tout en prenant soin d'expliquer que, ce qui est *pour notre entendement* sans bornes connues (l'Univers), en a peut-être pour Dieu. Pour autant, Descartes va tirer d'une hypothèse cosmologique des conséquences elles-mêmes hypothétiques d'ordre théologique : si l'Univers est indéfini alors s'ouvre la possibilité que d'autres créatures intelligentes existent (hypothèse cosmologique), et aient elles aussi besoin d'être sauvées par le Christ. *La question de l'extension de l'Univers devient alors celle de l'extension du salut : pour qui le Christ est-*

1. R. Descartes, *Lettre à Mersenne du 18 décembre 1629*, AT I, 86 ; FA I, 233.

2. *Le Traité du Monde et de la lumière* est un traité scientifique, écrit par Descartes entre 1632 et 1633, mais qui ne fut publié qu'après sa mort, en 1664, Descartes ayant renoncé à le publier sans doute en raison de la condamnation de Galilée.

3. L'objet du présent ouvrage n'étant pas d'interpréter davantage le sens de la distinction entre infini et indéfini ni de proposer une herméneutique cartésienne poussée, nous nous contentons de renvoyer le lecteur aux articles 26 et 27 du premier livre des *Principes de la Philosophie*, tout en citant *in extenso* ledit article 27 : « Et nous appellerons ces choses indéfinies plutôt qu'infinies, afin de réserver à Dieu seul le nom d'infini ; tant à cause que nous ne remarquons point de bornes en ses perfections, comme aussi à cause que nous sommes très assurés qu'il n y en peut avoir. Pour ce qui est des autres choses, nous savons qu'elles ne sont pas ainsi absolument parfaites, parce qu'encore que nous y remarquions quelquefois des propriétés qui nous semblent n'avoir point de limites, nous ne laissons pas de connaître que cela procède du défaut de notre entendement, et non point de leur nature. », R. Descartes, *Principes de la philosophie*, I, art. 27, AT IX-II, 37 ; FA III, 108.

4. Nous n'aborderons pas ici l'épineuse question des « espaces imaginaires », espaces censés contenir les choses lorsqu'on fait l'hypothèse de leur privation, et dont l'existence impliquerait une infinitisation de l'espace. Pour la solution cartésienne de cette aporie aristotélicienne, *cf.* J.-P. Cavaillé, *Descartes. La fable du monde*, Paris, Vrin-EHESS, 1991, p. 210-229.

il réellement venu dès lors que l'Univers nous apparaît bien plus vaste que nous ne l'avions imaginé ?

Cette question n'est pas inédite, il s'en faut de beaucoup, et se pose depuis le monde médiéval, et avec plus d'acuité encore depuis les avancées de Galilée. Campanella lui-même s'était interrogé sur le sujet et l'avait subtilement résolu en théologien nuancé. En réalité, Campanella ne doute pas une seconde que les autres étoiles et planètes puissent être habitées ; la question est ailleurs et porte, ainsi que le laissait entendre le précédent paragraphe, sur la *nature* de ces habitants et, partant, sur leur besoin d'être sauvés. Cela revient à dire que le problème n'est pas tant celui du fait de l'habitation des autres corps célestes que celui de déterminer si les autres habitants sont humains ou pas. S'ils le sont, au même titre que nous, cela engendre une immense difficulté car ils ne sauraient descendre d'Adam, et le monogénisme[1] – idée selon laquelle les hommes ont tous une même origine adamique – s'en trouverait bouleversé. Pire encore, si ce ne sont pas des descendants d'Adam, il reste encore à déterminer s'ils sont frappés par le péché, et s'ils ont à être sauvés ; si tel est le cas, il faudrait que le Christ se soit incarné plusieurs fois – autant de fois qu'il y a de planètes habitées – et les difficultés seraient immenses.

Dans son *Apologie de Galilée*[2] achevée en 1602 mais publiée définitivement en 1623, Campanella émet deux hypothèses en partant du principe que ce sont toutefois dans les deux cas des hommes. Soit ils n'ont pas péché, auquel cas ils n'ont pas besoin de rédempteur, soit ils sont de nature peccamineuse et ont été sauvés par le sacrifice du Christ dont l'extension serait universelle. Dans le premier cas, « si les habitants des autres planètes sont des hommes, ils n'ont pas été créés par Adam et n'ont pas été infectés par son péché »[3] ce qui les dispense de tout besoin de rédemption mais brise le monogénisme humain et constitue un prix lourd à accepter. Dans le second, on ne comprend pas bien comment ils peuvent provenir d'Adam. C'est pourquoi, dans d'autres textes, Campanella abandonne l'idée que ce soient des hommes tout en maintenant la certitude que les autres corps célestes soient habités,

1. *Cf.* J.-L. Fournel, *La cité du Soleil et le territoire des hommes. Le savoir du monde chez Campanella*, Paris, Albin-Michel, 2012.

2. Le texte est traduit en français. *Cf.* T. Campanella, *Apologie de Galilée*, trad. fr. M.-P. Lermer, Paris, les Belles Lettres, 2001.

3. Cité par M. Crowe, *The extraterrestrial life debate*, *op. cit.*, p. 12-13.

> ce qui rejoint l'opinion exposée dans l'*istoria sulle macchie solari* et le *Dialogo sui massimi sistemi* de Galilée. Si les différences climatiques existantes sur la Terre causent des changements sensibles parmi les bêtes et les hommes, nous sommes amenés à penser que les climats radicalement différents du nôtre, comme ceux qui doivent caractériser les autres planètes, produisent des habitants n'ayant aucune ressemblance avec les hommes[1].

Nous savons grâce à une lettre de mars 1638 adressée à Huygens que Descartes a au moins lu de Campanella le *De sensu rerum et magia* et qu'il l'a même rencontré, bien qu'il n'ait pas été convaincu par ses textes: « j'avais trouvé dès lors si peu de solidité en ses écrits, que je n'en avais rien du tout retenu en ma mémoire; et maintenant je ne saurais en dire autre chose sinon que ceux qui s'égarent en affectant de passer par des chemins extraordinaires, me semblent bien moins excusables que ceux qui ne faillent qu'en compagnie, et en suivant les traces de beaucoup d'autres. »[2]. Rien n'indique toutefois qu'ils aient discuté de ce sujet précis, soit du rôle du Christ dans la rédemption des habitants des autres planètes et des autres étoiles, mais l'*atmosphère* dans laquelle évolue Descartes semble bien saturée par ces questions.

Pour revenir à la réponse spécifique qu'apporte Descartes à la question du salut par le Christ, il faut rappeler qu'à ses yeux, les prédicateurs « disent que chaque homme en particulier est redevable à Jésus-Christ de tout le sang qu'il a répandu en la Croix, tout de même que s'il n'était mort que pour un seul. »[3]. Comme toujours soucieux de ne pas contredire frontalement le sens du catholicisme, Descartes part de l'*universalité* du salut qu'est venu proposer le Christ: celui-ci s'adresse à chacun parce qu'il s'adresse à tous, de sorte que c'est parce que le salut christique se veut universel qu'il peut être éprouvé par chaque être en particulier. La Passion christique ne sélectionne pas ceux auxquels elle s'adresse, et ne discrimine pas entre les hommes. Fort de cette analyse, Descartes peut alors tenter une hypothèse que d'aucuns pourraient juger hardie:

> Mais, comme cela n'empêche pas qu'il n'ait racheté de ce même sang un très grand nombre d'autres hommes, ainsi je ne vois point que le mystère de l'Incarnation, et tous les autres avantages que Dieu a faits à l'homme,

1. A. Del Prete, « Anges, bêtes, hommes: les inquiétants débats sur les extraterrestres à l'Age classique », *in* A. McKenna, P.-F. Moreau, F. Tinguely (dir.), *Les libertins et la science*, Saint-Étienne, Presses Universitaires de Saint-Étienne, 2001, p. 51.
2. R. Descartes, *Lettre à Huygens du 9 mars 1638*, AT II, 48; FA II, 42-43.
3. R. Descartes, *Lettre à Chanut du 6 juin 1647*, AT V, 54; FA III, 739.

> empêchent qu'il n'en puisse avoir fait une infinité d'autres très grands à une infinité d'autres créatures[1].

Le raisonnement est ici analogique : *de même* que le salut christique ne saurait être restreint en son universalité humaine par une clause de particularité, *de même* l'humanité ne saurait être considérée en son ensemble comme une particularité qui jouirait seule des bienfaits divins. Autrement dit, si l'Univers s'étend indéfiniment, et si donc s'ouvre la possibilité qu'existent d'autres intelligences créées par Dieu, alors s'ouvre la possibilité que Dieu leur prodigue également ses infinis bienfaits. Le discours cartésien entremêle donc deux registres, croisant le cosmologique et le théologique. L'hypothèse d'une existence intelligente extraterrestre est d'abord et avant tout cosmologique, et se présente comme une conséquence logique de l'agrandissement du monde ; la question du salut de ces intelligences extraterrestres est, elle, d'ordre théologique, et concerne plus spécifiquement le rapport d'un Dieu infini à l'étendue de sa création.

Pourtant, ce qui frappe à la lecture de ce texte n'est autre que l'objet de l'argumentation : Descartes propose un argument analogique en faveur d'une sorte de salut lui-même analogique pour ces intelligences, mais semble renoncer à tout examen argumentatif de l'existence desdites intelligences. Nous ne sommes donc pas vraiment assurés que le caractère indéfini du monde implique l'existence d'intelligences extraterrestres, mais il semble en revanche assez certain que, *si celles-ci existent*, alors elles ne peuvent être soustraites aux « avantages » que Dieu procure à l'homme. En d'autres termes, l'existence même de ces intelligences est bien plus douteuse que ne le serait le comportement de Dieu à leur égard si elles existaient :

> Et bien que je n'infère point pour cela qu'il y ait des créatures intelligentes dans les étoiles ou ailleurs, je ne vois pas aussi qu'il y ait aucune raison, par laquelle on puisse prouver qu'il n'y en a point ; mais je laisse toujours indécises les questions qui sont de cette sorte, plutôt que d'en nier ou assurer[2].

Un tel propos peut surprendre, et ce pour deux raisons. D'une part, les questions « qui sont de cette sorte » sur lesquelles Descartes renonce à statuer, sont toujours des questions théologiques pour lesquelles il laisse volontiers aux théologiens le soin de les résoudre[3]. Cette remarque semble

1. *Ibid.*, AT V, 54-55.

2. *Ibid.*, AT V, 55 ; FA III, 739-740.

3. *Cf. Principes de la Philosophie*, I, 76, où Descartes affirme le primat de la révélation chrétienne sur toute vérité de raison, l'épître aux doyen et docteurs de la Sorbonne ouvrant les

donc signifier que la question est probablement d'ordre théologique et qu'à ce titre elle ne saurait être résolue par la philosophie – ni par la science. Pourtant, l'examen du texte révèle que seule la question du rapport de Dieu à ces intelligences extraterrestres est théologique, tandis que l'existence de ces dernières semble davantage cosmologique; pourquoi donc rattacher l'*existence* même de ces intelligences à un ordre théologique ? D'autre part, Descartes a donné peu de temps auparavant un argument analogique en faveur d'une attention divine accordée à ces intelligences, de sorte que l'on s'étonne qu'il s'interdise d'en parler après avoir évoqué le sujet d'une manière précise et décidée.

Comme souvent, il est probable que Descartes en dise plus en réalité qu'il ne veut bien le reconnaître; peu de lignes après avoir affirmé qu'il « laissait indécises les questions qui sont de cette sorte », il y revient et propose ce qu'il faut bien appeler des arguments en faveur de l'existence de ces intelligences extra-terrestres qu'il refusait d'évoquer quelques lignes plus haut, en constatant que les bienfaits que leur prodiguerait Dieu ne réduiraient pas d'autant ceux dont jouissent les humains :

> Mais la vertu, la science, la santé, et généralement tous les autres biens, étant considérés en eux-mêmes, sans être rapportés à la gloire, ne sont aucunement moindres en nous, de ce qu'ils se trouvent aussi en beaucoup d'autres; c'est pourquoi nous n'avons aucun sujet d'être fâchés qu'ils soient en plusieurs. Or les biens qui peuvent être en *toutes les créatures intelligentes d'un monde indéfini* sont de ce nombre; ils ne rendent point moindres ceux que nous possédons[1].

À l'intérieur d'une réflexion consacrée à la différence entre deux types de biens, Descartes poursuit en réalité son analyse de ce que signifierait l'existence d'intelligences extra-terrestres : si les biens matériels n'ont de sens que selon une certaine relation où, par exemple, le riche est celui qui a plus que le pauvre, de sorte qu'il serait moins riche si tout le monde avait autant que lui, les biens que prodigue Dieu ou les biens comme la vertu, la science, etc., sont autant de biens dont le partage n'implique aucunement que ceux qui en possèdent déjà voient les leurs diminuer. En d'autres termes, l'avantage humain qu'implique l'Alliance contractée avec Dieu ne saurait être réduit ni restreint dès lors que l'indéfinition du monde

Méditations Métaphysiques, ainsi que les *Notae in programma quoddam*, notamment AT VIII-2, 353-354. *Cf.* également J.-C. Bardout et J.-L. Marion, « Philosophie cartésienne et théologie. Distinguer pour mieux unir ? », *in* J.-C. Bardout (dir.), *Philosophie et théologie à l'époque moderne*, Paris, Cerf, 2010, p. 199-217.

1. *Lettre à Chanut*, AT V, 55-56; FA III, 740. Nous soulignons.

impliquerait l'existence d'autres intelligences. Mieux encore, si d'autres créatures intelligentes existaient, cela nous amènerait à admirer davantage encore l'étendue de la création, ainsi que sa complexité, comme autant de signes de la puissance divine.

Bref, après qu'il eut dit qu'il était aussi bien possible qu'il y eût des intelligences extraterrestres qu'il n'y en eût pas, Descartes prend pourtant le temps de distiller toute une analyse strictement dirigée vers l'hypothèse qu'il y en ait, lestant cette dernière d'un poids supérieur à celui de l'hypothèse inverse. C'est alors qu'intervient une seconde analogie, prolongeant l'argumentation de la première :

> Lorsque l'Écriture sainte parle en divers endroits de la multitude innombrable des anges, elle confirme entièrement cette opinion : car nous jugeons que les moindres anges sont innombrablement plus parfaits que les hommes. Et les astronomes, qui, en mesurant la grandeur des étoiles, les trouvent beaucoup plus grandes que la terre, la confirment aussi : car, si, de l'étendue indéfinie du monde, on infère qu'il doit y avoir des habitants ailleurs qu'en la terre, on le peut inférer aussi de l'étendue que tous les astronomes lui attribuent ; à cause qu'il n'y en a aucun qui ne juge que la terre est plus petite au regard de tout le ciel, que n'est un grain de sable au regard d'une montagne [1].

De quelle opinion Descartes parle-t-il ici ? De celle voulant que nous sommes des « parties d'un tout plus accompli » [2] et que « l'immensité de ses œuvres » [3] suscite notre envie le louer. À cet égard, plus l'univers révèle son immensité et sa complexité, plus nous sommes enclins à admirer le Créateur, et à en louer sa grandeur ; autrement dit, l'immensité de l'Univers révèle moins notre imperfection qu'elle ne signale la perfection et la puissance de Dieu. Ainsi, la multiplicité des anges, dont les Écritures relatent l'existence, ne doit pas inciter les hommes à se sentir rabaissés, bien que les anges soient plus parfaits que ces derniers ; il s'agit bien plutôt d'une description de la beauté et de la diversité de la création, signalant une fois encore la toute-puissance du Créateur.

Ce passage consacré aux anges permet à Descartes de produire l'argument suivant : si les Anges témoignent de la puissance divine, alors tout ce qui relève de la diversité complexe de l'Univers y contribue également, intelligences extra-terrestres y compris. Il est intéressant de noter que Descartes ne se situe ici pas tant sur le plan de l'argument

1. *Ibid.*, AT V, 56 ; FA III, 740-741.
2. *Ibid.*, AT V, 56 ; FA III, 740.
3. *Ibid.*

cosmologique de l'existence d'intelligences extraterrestres non angéliques que sur celui de la signification théologique que revêtirait l'existence de tels êtres.

Arrive alors l'ultime argument, qui semble nettement plaider en faveur de l'existence de ces intelligences : Descartes cherche à montrer la légitimité d'inférer leur existence à partir de deux faits, d'une part l'immensité indéfinie de l'univers – « l'étendue indéfinie du monde » –, et, d'autre part, l'étendue minuscule de la Terre, plus petite encore au regard de l'Univers que ne le serait un grain de sable au regard d'une montagne. Cette analogie indique en creux à quel point il serait improbable que l'infime partie de l'Univers que représente la Terre détienne le monopole de la vie intelligente ; et d'une certaine manière, si l'on relie l'ensemble des arguments ici développés, on en viendrait à penser que ce serait presque réduire la puissance divine que de penser qu'il n'est d'êtres intelligents que sur terre ; bien au contraire, la Toute-puissance divine se conjugue à l'immensité de l'Univers au regard de laquelle la Terre nous apparaît ridiculement petite pour rendre plus que probable l'existence de ces intelligences extraterrestres.

Bien que Descartes affirme explicitement refuser de statuer quant à ce sujet, il n'en demeure pas moins que le passage de la lettre qui y est consacré s'achève sur un raisonnement qui semble aller dans le sens d'une reconnaissance de l'existence d'intelligences extraterrestres, reconnaissance qui se fonde cosmologiquement sur le *fait* de l'immensité indéfinie de l'Univers, et qui *s'accorde théologiquement* avec le fait que le foisonnement de la Création constitue une preuve en faveur de la Toute-puissance divine. Par ailleurs, si Descartes ne semble y voir qu'une question théologique – raison pour laquelle il refuse de statuer explicitement – c'est peut-être bien parce que cosmologiquement le problème lui semble résolu : l'immensité indéfinie de l'Univers implique l'existence d'intelligences extraterrestres avec une évidence telle que cela ne fait pas problème ; si donc il y a débat, cela ne peut avoir lieu qu'en raison du risque théologique que cela susciterait au regard de l'Alliance contractée entre Dieu et les hommes, et c'est pourquoi Descartes argumente essentiellement en faveur de l'idée que l'existence de ces intelligences ne réduirait en rien la force de cette alliance, car les faveurs divines ne sont pas des biens matériels en quantité fixe qui se distribueraient au profit des uns et au détriment des autres.

En somme, l'existence d'intelligences extraterrestres non angéliques que l'on peut inférer des découvertes cosmologiques n'aboutirait en rien à une crise théologique, d'abord parce que leur existence fortifierait le témoignage en faveur de la puissance divine, ensuite parce que la puissance de Dieu est telle qu'elle peut se répandre indéfiniment, se distribuer sans réserves, sans que cela ne lèse aucun de ses destinataires. L'Alliance contractée avec les hommes ne se verrait donc pas réduite ni restreinte au motif que Dieu aurait pu contracter d'autres types d'Alliances avec d'autres intelligences. Ainsi présentée, « la conjecture des extra-terrestres »[1] apparaît bien plus argumentée que ne le nécessiterait une simple hypothèse : il semble clair qu'il y va d'une évidence cosmologique que Descartes n'avance toutefois qu'avec grande prudence pour ne pas avoir à affronter les objections théologiques – que pourtant il prévient – qui pourraient lui être adressées. Le souvenir de Bruno est encore dans toutes les têtes…

Ce passage riche d'enseignements sur la pensée cartésienne signale deux éléments cruciaux : d'une part, cela confirme que Dieu est bel et bien appréhendé chez Descartes à partir de la Puissance infinie, ce que nous avions appelé dans un précédent ouvrage l'*Ens ut potentia*[2], le caractère indéfini de l'Univers et son peuplement lui-même indéfini étant dès lors une expression de sa puissance infinie et non une relativisation du rôle de l'homme. En outre, la perspective néoplatonicienne de Descartes nous semble clairement structurer l'ensemble de sa réflexion. De même que Ficin considérait que le mouvement perpétuel du cosmos requérait un « pouvoir qui soit infini [*virtute opus est infinita*] »[3] et divin, de même Descartes considère que ce peuplement indéfini d'un Univers lui-même indéfini procède de l'infinie puissance divine, de cette « *infinita virtus* »[4] dont parle Ficin si souvent et qui inscrit Descartes dans cette indéniable postérité néoplatonicienne qui influença sa détermination du divin comme puissance infinie.

LES « GÉNIES » LEIBNIZIENS : LOI DE CONTINUITÉ ET RÈGNE DES ESPRITS

Avec Galilée, Bruno, Campanella et Descartes, l'infinitisation de l'Univers est considérée comme acquise et ce nonobstant les nuances qu'y apporte Descartes quant à la distinction entre l'indéfini et l'infini, tandis

1. *Cf.* A. Robinet, *Descartes : la lumière naturelle. Intuition, disposition, complexion*, Paris, Vrin, 1999, p. 210.

2. *Cf.* T. Gress, *Descartes et la précarité du monde*, Paris, CNRS-éditions, p. 261-357.

3. M. Ficin, *Théologie platonicienne*, XI, 6, § 10, *TP* V, p. 308.

4. *Ibid.*, X, 8, § 9, *TP* V, p. 190.

que, pour tous, Kepler y compris, l'existence d'autres êtres intelligents constitue une évidence telle que l'on peut aller jusqu'à les décrire avec précision. Dans ce cadre apparaît Leibniz, ultime moment de ce parcours classique, dont les écrits développent un concept étonnant: celui de « Génies »[1]. Nous n'y consacrerons que quelques lignes, mais il nous semble important d'indiquer la présence récurrente de ce concept, notamment dans les *Nouveaux essais sur l'entendement humain* qui, dès la préface, mentionnent, contre Descartes, une série d'êtres intelligents nécessairement reliés à leur corps :

> je crois avec la plupart des anciens que tous les génies, toutes les âmes, toutes les substances simples créées sont toujours jointes à un corps, et qu'il n'y a jamais des âmes qui en soient entièrement séparées[2].

Définissons, pour bien comprendre les enjeux du texte, chacun des termes ici mentionnés. L'âme est chez Leibniz une réalité immatérielle et dynamique fondant l'unité et l'identité d'un vivant, et animée d'une activité autonome. Très proche de la conceptualisation grecque de l'âme comme principe de vie, l'âme leibnizienne n'est donc pas un pur synonyme de la pensée ni de la conscience comme cela pouvait être le cas chez Descartes. La substance est, quant à elle, un être individuel et concret, correspondant à un point de vue sur l'univers: le principe d'unité de la substance n'est autre que l'âme définie précédemment. À ce titre, la substance comme l'âme ont toujours un corps organique, agrégat de monades, qui les exprime. Dans ces conditions, qu'est-ce qu'un génie? Il est d'abord possible de le définir de manière négative : il n'est ni une âme ni une substance ni un corps. Il n'est pas non plus à comprendre dans le sens contemporain d'un individu doté d'aptitudes créatrices hors du commun; par ailleurs, le génie provient historiquement du *genius*, c'est-à-dire de cette figure démonique – et non démoniaque – présidant à la destinée des hommes et donc située au-delà de ces derniers et donc joints à un corps.

Mais cette approche demeure encore floue et il nous faut en préciser les contours. Leibniz reprend-il le sens étymologique et historique du *genius* ou investit-il ce dernier d'une signification nouvelle qui lui est propre? Dans le livre III où Théophile et Philalèthe disputent de la question du genre et des espèces, la figure du génie réapparaît à la faveur d'une

1. Je remercie grandement Michel Fichant d'avoir attiré mon attention sur les textes qui suivent.

2. G. W. Leibniz, *Nouveaux essais sur l'entendement humain*, J. Brunschwig (éd.), Paris, GF, 1990, p. 44.

remarque de Théophile affirmant que l'on peut souvent changer le genre et la différence, échange qui se trouve ainsi illustré :

> comme si au lieu de dire que l'homme est un animal raisonnable, la langue permettait de dire que l'homme est un rational animable, c'est-à-dire une substance raisonnable douée d'une nature animale; au lieu que les génies sont des substances raisonnables dont la nature n'est point animale, ou commune avec les bêtes[1].

L'idée de Leibniz consiste à montrer que la différence entre le genre et l'espèce est l'analogue de celle qui s'établit entre le substantif et l'adjectif; on peut fort bien convertir le substantif en adjectif comme l'on peut convertir le genre en espèce et inversement. Mais l'essentiel est ailleurs pour notre propos : Leibniz en profite pour donner une définition du génie, qui est une substance raisonnable qui n'a rien de commun avec les bêtes, qui n'a pas de nature animale bien qu'elle ait un corps. Il y a donc des substances animées corporelles qui n'impliquent pourtant pas la naturalité du corps, et tel est le cas de ces génies qui se trouvent définis d'une manière assez proche de la nature démonique que nous évoquions précédemment, sans qu'ils ne soient pourtant ramenés à la question de la destinée humaine.

Ainsi les génies se relient-ils à nous tant par la raison que par le corps conçu comme agrégat monadique mais pas par la nature animale – au sens de bestiale –, ce qui revient à dire qu'il existe des êtres corporels, raisonnables, peuplant d'autres lieux que notre Terre, et que l'on peut associer sans retenue à des intelligences extraterrestres, d'autant plus que Leibniz lui-même les rapproche des êtres solaires et lunaires rencontrés par Je Dyrcona, le célèbre personnage créé par Cyrano au XVIIe siècle :

> Au reste je suis aussi d'avis que les génies aperçoivent les choses d'une manière qui ait quelque rapport à la nôtre, quand même ils auraient le plaisant avantage que l'imaginatif Cyrano attribue à quelques natures animées dans le Soleil, composées d'une infinité de petits volatiles, qui en se transportant selon le commandement de l'âme dominante forment toutes sortes de corps[2].

L'allusion à Cyrano, célèbre libertin et lecteur des atomistes, ainsi que la mention de Descartes ne sont pas innocentes; en bon héritier de Démocrite, Épicure, Lucrèce mais aussi de Bruno et même de Descartes, Cyrano avait défendu l'existence d'habitants sur la Lune et même sur le

1. *Ibid.*, III, 3, § 10, p. 226-227.
2. *Ibid.*, II, 23, § 13, p. 171-172.

Soleil[1] et en avait décrit les mœurs souvent différentes de celles des hommes, sans doute dans l'objectif de décentrer l'homme de lui-même.

L'originalité du récit de Cyrano, dont il nous faut ici dire deux mots, consiste à la fois à montrer qu'un univers borné est strictement irreprésentable, se situant ainsi dans le paradigme de la représentation, et en même temps à souvent laisser tirer à son interlocuteur sceptique les conclusions de son propos. C'est par exemple M. de Montmagny, l'interlocuteur de Cyrano, qui énonce avec effroi la conséquence selon laquelle « on pourrait conclure de là que le monde serait infini, puisqu'il est vraisemblable que les peuples de ces mondes qui sont autour d'une étoile fixe que vous prenez pour un soleil découvrent encore au-dessus d'eux d'autres étoiles fixes que nous ne saurions apercevoir d'ici, et qu'il en va éternellement de cette sorte. »[2].

Et lorsque le même M. de Montmagny tente de défendre l'idée d'un univers clos et fini, Cyrano lui fait remarquer que l'idée même de limitation est irreprésentable :

> Hé ! dites-moi, lui dis-je, comprenez-vous mieux le rien qui est au-delà ? Point du tout : quand vous songez à ce néant, vous vous l'imaginez tout au moins comme du vent, comme de l'air, et cela est quelque chose ; mais l'infini, si vous ne le comprenez en général, vous le concevez au moins par parties, car il n'est pas difficile de se figurer de la terre, du feu, de l'eau, de l'air, des astres, des cieux. Or l'infini n'est rien qu'une tissure sans bornes de tout cela. Que si vous me demandez de quelle façon ces mondes ont été faits, vu que la Sainte Écriture parle seulement d'un que Dieu créa, je réponds qu'elle ne parle que du nôtre à cause qu'il est le seul que Dieu ait voulu prendre la peine de faire de sa propre main ; mais tous les autres, qu'on voit ou qu'on ne voit pas, suspendus parmi l'azur de l'Univers, ne sont rien que l'écume des soleils qui se purgent[3].

Après cette discussion consacrée à l'héliocentrisme et à la cosmologie en général, Cyrano propose le récit d'un voyage effectué sur la Lune décrite comme le Paradis terrestre où il aurait rencontré, à la suite de Kepler, les Sélénites, habitants de la Lune, non sans avoir d'abord croisé Hélie, Énoch, Adam, Eve et le démon de Socrate, lequel démon explique qu'il a renoncé à enseigner la sagesse au peuple de la terre devenu « si

1. *Cf.* S. de Cyrano de Bergerac, *L'autre monde ou les Estats et Empires de la Lune et du Soleil*.

2. S. de Cyrano de Bergerac, *L'autre monde ou les Estats et Empires de la Lune et du Soleil*, in *Libertins du XVIIe siècle*, « Bliothèque de la Pléiade », Paris, Gallimard, 2000, p. 909.

3. *Ibid.*, p. 910.

stupide et si grossier »[1], ce qui n'est pas sans évoquer la manière dont Kant pensera lui-même l'humanité au regard de l'ensemble des êtres raisonnables.

L'ouvrage se clôt par une habile conciliation de Descartes et Campanella, laissant entendre que Cyrano s'inscrit dans le sillage de ces grands esprits qui, tous, eurent le courage de présenter l'hypothèse des intelligences extraterrestres comme une possibilité rationnelle, voire comme une évidence qu'il serait irrationnel de contester : « Je proférais la dernière syllabe, comme nous vîmes arriver Descartes. Aussitôt Campanella courut l'embrasser. Ils se parlèrent longtemps. »[2]. Sans que le texte ne se fasse démonstratif, l'embrassade des deux hommes est destinée à révéler le sens réel des propos prudents de Descartes tel que l'imagine Cyrano, et à ainsi enrôler Descartes au service d'une défense explicite de la pluralité des mondes et de leur peuplement indéfini.

En rapprochant les génies des êtres habitant sur la Lune et sur le Soleil – sans toutefois les identifier formellement – Leibniz, n'en donne pas moins deux indications précieuses : d'une part, le génie qui dispose d'un corps, est au sens propre un extraterrestre, c'est-à-dire un être habitant ailleurs que sur Terre et pouvant résider sur le Soleil ou sur la Lune. N'étant nullement animal, son conditionnement physiologique lui autorise peut-être une survie refusée aux animaux. D'autre part, en dépit de cette différenciation pensée selon l'absence de nature animale chez le génie, Leibniz maintient une certaine continuité quant à ce qu'il aperçoit et ce que nous apercevons, soit quant à la manière de prendre conscience des perceptions.

Il est donc des intelligences autres que l'intelligence humaine, et pour le coup supérieures aux nôtres dès lors que l'on pense aux génies. Pourtant, la raison pour laquelle Leibniz adopte cette position ne nous semble pas cosmologique : en effet, à aucun moment, il ne semble relier l'infinitisation de l'Univers à la probabilité que celui-ci soit infiniment peuplé, sans qu'il ne conteste pour autant l'infinitisation de l'Univers. La raison fondamentale lui faisant dire qu'il est sans aucun doute des intelligences autres que les hommes est celle de la continuité voulant que tout soit lié dans la nature et qu'il n'y ait jamais d'interruption d'une série.

> La loi de la continuité porte que la nature ne laisse point de vide dans l'ordre qu'elle suit ; mais toute forme ou espèce n'est pas de tout ordre. Quant aux esprits ou génies, comme je tiens que toutes les intelligences créées ont des corps organisés, dont la perfection répond à celle de l'intelligence ou de

1. *Ibid.*, p. 928.
2. *Ibid.*, p. 1098.

> l'esprit qui est dans ce corps en vertu de l'harmonie préétablie, je tiens que pour concevoir quelque chose des perfections des esprits au-dessus de nous, il servira beaucoup de se figurer des perfections encore dans les organes du corps qui passent celles du nôtre[1].

Si la raison présidant à la défense de ces intelligences supérieures et extraterrestres n'est pas directement issue de l'infinitisation de l'Univers, il n'en demeure pas moins qu'elles sont parfaitement *compatibles* : l'Univers infini peut accueillir ce chatoiement continu et graduel des intelligences, toutes dotées d'un corps, dont nous pouvons imaginer les perfections lorsqu'il s'agit d'intelligences qui nous dépassent. Mais il serait erroné de croire que ces intelligences non humaines sont nécessairement supérieures à l'homme : en vertu même de la continuité qui prévaut dans l'épistémologie leibnizienne, il nous faut penser qu'il est des intelligences inférieures, quoique non purement animales, intermédiaires donc, entre le pur animal, et l'homme. À cet égard, nous occupons sans doute un rang honorable parmi les êtres raisonnables – ce que contestera Kant –, qui ne donne pas lieu de déplorer notre condition :

> Je ne sais s'il n'y en a pas aussi au-dessous de nous. Pourquoi voudrions-nous nous dégrader sans nécessité ? Peut-être tenons-nous un rang assez honorable parmi les animaux raisonnables; car des génies supérieurs pourraient avoir des corps d'une autre façon, de sorte que le nom d'animal pourrait ne leur point convenir. On ne saurait dire si notre soleil parmi le grand nombre d'autres en a plus au-dessus qu'au-dessous de lui, et nous sommes bien placés dans son système : car la Terre tient le milieu entre les planètes, et sa distance paraît bien choisie pour un animal contemplatif qui la devrait habiter[2].

La thèse de Leibniz est ici assez subtile : il y a sans doute des esprits largement supérieurs à nous mais cela n'implique que, au sein de notre propre espèce, celle d'animaux raisonnables, nous soyons nécessairement au bas de l'échelle. Qu'il y ait des êtres plus *raisonnables* que nous ne signifie en rien qu'il y ait des *animaux* plus raisonnables que nous de sorte que rien n'interdit de penser que nous occupons parmi les animaux raisonnables un rang très honorable, rang qui ne peut l'être toutefois si le référent devient celui des êtres raisonnables car il est justement tous ces génies qui nous sont intrinsèquement supérieurs puisque non animaux.

1. G. W. Leibniz, *Nouveaux essais...*, III, 6, § 13, *op. cit.*, p. 239.
2. *Ibid.*, IV, 3, § 23, p. 306.

Mais on pourrait objecter que Leibniz n'évoque pas le fait que les génies soient précisément *extra*terrestres de sorte que leur mention ne constituerait pas une preuve explicite en faveur d'une thématisation d'intelligences extraterrestres ; pourquoi ne pourraient-ils pas, en effet, être parmi nous ou à proximité de la Terre, sans que nous ne les rencontrions empiriquement ? À cette possibilité, Leibniz répond très explicitement en éradiquant toute possibilité que les Génies appartiennent à notre monde :

> Cependant, quoique nous soyons fort inférieurs à tant d'êtres intelligents, nous avons l'avantage de n'être point contrôlés visiblement dans ce globe, où nous tenons sans contredit le premier rang ; et avec toute l'ignorance où nous sommes plongés, nous avons toujours le plaisir de ne rien voir qui nous surpasse[1].

On ne saurait être plus clair : il est une quantité immense d'êtres plus intelligents que nous, mais sur Terre – « dans ce Globe » – nous disposons de l'excellence, de la suprématie, de la primauté. Leibniz ne dit d'ailleurs pas que nous sommes parfaitement maîtres de nous-mêmes, il nuance en précisant que « visiblement » nous ne sommes pas contrôlés, ce qui revient à dire que si nous le sommes, nous ne le sentons pas ; se met en place un jeu d'impressions assez troublant où, de même que nous ne voyons rien qui nous surpasse, de même nous ne sentons rien qui nous contrôle ; mais on pourrait pourtant poursuivre l'analogie en considérant que, de même qu'il est des êtres intelligents que nous ne voyons pas, de même il y a des contrôles exercés sur nous que nous n'éprouvons pas.

Leibniz nous convie donc à penser des substances raisonnables, animées et disposant d'un corps quoique non animales, régnant ailleurs que sur Terre, invisibles quoique rendues nécessaires par la loi de continuité, constituant au sens propre des intelligences extraterrestres nous surpassant, certes, sans que cela ne signifie pourtant qu'au sein de notre règne, soit celui des animaux raisonnables, nous soyons en bas de l'échelle. Les hommes partagent donc avec les génies une sorte de règne de l'esprit où se côtoient natures animales et substances raisonnables, dont la raison constitue le point commun, et dont Kant tirera sans doute un certain profit. Leibniz parlera d'ailleurs un peu plus tard de « tous les Esprits, soit des hommes et des génies, entrant en vertu de la Raison et des vérités éternelles dans une espèce de Société avec Dieu »[2] pour qualifier cette communauté

1. *Ibid.*, IV, 17, § 18, p. 388.

2. G. W. Leibniz, *Les principes de la nature et de la grâce fondés en raison*, § 15, « Épiméthée », Paris, P.U.F., 2001, p. 57.

d'êtres raisonnables discriminés selon leur nature animale mais reliés par leur commune capacité à raisonner à partir de l'âme réflexive.

Le XVIIe siècle n'est donc pas sans paradoxes. Traquant sans relâche les relents atomistes et matérialistes qu'il découvrit chez Bruno, s'inquiétant de leurs conséquences, il accueillit pourtant ces dernières pour peu qu'elles ne fussent précisément pas déduites de principes matérialistes. On accorda à Nicolas de Cues, Kepler, Descartes et Leibniz ce qu'on avait refusé à Bruno car le risque matérialiste s'estompait : avec Descartes, l'infinité divine trouvait un Univers à sa mesure qui chantait la puissance de son Créateur à travers la multiplicité des intelligences créées tandis que Leibniz célébrait cette « société avec Dieu » où les esprits humains et extra-terrestres communiaient autour de la raison qu'exaltera Kant quelques années plus tard. Bien des discours étaient finalement acceptables pour peu qu'ils ménageassent une place à Dieu et à la création, et que la description de cette profusion d'êtres peuplant l'Univers n'anéantît pas le mystère de leur formation.

CHAPITRE IV

SUR UN PRÉTENDU DROIT DE DIRE QUE KANT AIME L'HUMANITÉ. APPROCHE DU TRANSHUMANISME KANTIEN

La figure majeure de ce nouveau siècle – celui des Lumières – est à n'en pas douter celle de Kant à laquelle nous allons consacrer un long chapitre. Lecteur de Leibniz, il retiendra de ce dernier une célébration de la raison unifiant les Esprits peuplant l'Univers, mais nombre de ses analyses seront également redevables de *best-sellers* de l'époque dont nous devons dire un mot tant ils marquèrent les esprits européens et déterminèrent l'imagination des philosophes en un sens extrêmement précis.

LES SOURCES KANTIENNES (1) : FONTENELLE

Un des textes qui aura une postérité décisive au XVIIIe siècle concernant l'existence d'intelligences extraterrestres n'est autre que la série des *Entretiens sur la pluralité des mondes* de Fontenelle, l'illustre neveu des frères Corneille, dont le livre cité parut en 1686 ; s'appuyant sur la théorie cartésienne des tourbillons qui vise à expliquer le mouvement des corps célestes à partir de tourbillons d'éther emportant les planètes sur des trajectoires fixes et constantes, Fontenelle chercha à penser à nouveaux frais la pluralité des mondes ainsi que le peuplement de ces derniers. Malheureusement pour lui, un an après la publication des *Entretiens...*, Newton fit paraître ses propres analyses sur la gravitation qui s'imposèrent rapidement face à l'hypothèse cartésienne des tourbillons. Ce n'est donc pas dans les spéculations physiques d'inspiration cartésienne que réside l'intérêt de l'ouvrage de Fontenelle – si ce n'est à titre de document historique – mais bel et bien dans son argumentation en faveur des intelligences extraterrestres dont Kant tirera grand profit. Fontenelle estime en effet être en mesure de prouver leur existence et de ne succomber à aucune séduction de l'imagination, plaçant donc la discussion sur le terrain de la raison et posant qu'aucun être rationnel ne saurait se soustraire à l'évidence d'une vie intelligente extraterrestre.

Dès la préface, Fontenelle statue ainsi sur la nature de son discours : rationnel, ne cédant rien aux facilités de l'imagination, appuyé sur des arguments rigoureux, il présente toutes les garanties scientifiques et s'éloigne de toute forme de spéculation infondée : « Je n'ai rien voulu imaginer sur les habitants des mondes, qui fût entièrement impossible et chimérique. J'ai tâché de dire tout ce qu'on en pouvait penser raisonnablement, et les visions même que j'ai ajoutées à cela, ont quelque fondement réel. »[1].

C'est ainsi que vont être disséminés de nombreux arguments, tous issus de raisonnements présentés comme rigoureux[2], destinés à emporter l'adhésion de la Marquise, interlocutrice imaginaire quoiqu'intransigeante, initialement réticente à admettre pareilles hypothèses. Dès le second soir se trouve abordée la question des habitants lunaires, Fontenelle cherchant à convaincre la Marquise que la Lune abrite de nombreuses intelligences raisonnables, idée sans doute inspirée de John Wilkins[3] et dont se souviendra Kant tout au long de sa vie.

Ce qui frappe dans le mode argumentatif de Fontenelle n'est autre que l'abondant usage de l'analogie ; il s'agit de « démontrer » l'existence d'intelligences extraterrestres à partir de raisonnements que nous pourrions adopter sur des habitants terrestres, et ainsi de reproduire analogiquement ce que nous disons des habitants de la Terre à ceux de la Lune. Le premier moment vise à dissiper une prévention récurrente d'ordre empirique : si nous n'avons jamais rencontré d'extraterrestres, c'est qu'il n'y en a pas. Fontenelle va ainsi tenter de montrer que l'expérience effective ne peut en aucun cas constituer le critère de ce qui existe ou pas :

1. B. Le Bouyer de Fontenelle, *Entretiens sur la pluralité des mondes* [1686], Paris, GF, 1998, p. 53.

2. *Cf.* S. J. Dick, *La pluralité des mondes*, *op. cit.*, p. 177.

3. John Wilkins (1614-1672) n'est pas à proprement parler un philosophe ; il s'agit d'un ecclésiastique anglais, évêque de Chester, qui publia *Le monde dans la Lune* en 1638, ouvrage traduit en français en 1655, et dont Fontenelle s'inspira sans doute pour son analyse des habitants de la Lune.

> Supposons qu'il n'y ait jamais eu nul commerce entre Paris et Saint-Denis, et qu'un bourgeois de Paris, qui ne sera jamais sorti de sa ville, soit sur les tours de Notre-Dame, et voie Saint-Denis de loin; on lui demandera s'il croit que Saint-Denis soit habité comme Paris. Il répondra hardiment que non; car, dira-t-il, je vois bien les habitants de Paris, mais ceux de Saint-Denis je ne les vois point, on n'en a jamais entendu parler. Il y aura quelqu'un qui lui représentera qu'à la vérité, quand on est sur les tours de Notre-Dame, on ne voit pas les habitants de Saint-Denis, mais que l'éloignement en est cause; que tout ce qu'on peut voir de Saint-Denis ressemble fort à Paris, que Saint-Denis a des clochers, des maisons, des murailles, et qu'il pourrait bien encore ressembler à Paris par être habité. Tout cela ne gagnera rien sur mon bourgeois, il s'obstinera toujours à soutenir que Saint-Denis n'est point habité, puisqu'il n'y voit personne[1].

Comprenons bien l'ambition première de Fontenelle : il ne s'agit pas initialement de prouver *positivement* l'existence d'intelligences extra-terrestres mais bien plutôt de réfuter la réputation de son impossibilité. Mieux encore, Fontenelle montre que l'absence de preuves expérimentales ne peut autoriser aucune déduction logique. Ainsi se met en place le premier argument analogique que l'on peut restituer ainsi : de même que le bourgeois de Paris prenant de la hauteur pour observer Saint-Denis et n'y voyant aucun habitant ne devrait rien en déduire quant à l'existence effective des habitants de Saint-Denis, de même le scientifique observant au télescope les composantes lunaires et n'y voyant aucun habitant ne devrait rien en déduire quant à l'existence d'habitants lunaires. En d'autres termes, *l'absence de preuves empiriques ne signifie rien empiriquement et rien logiquement* : que l'on n'ait rien observé ne signifie pas que l'on ne pourra pas observer à l'avenir certains êtres, de même que l'absence empirique d'observation ne signifie pas l'impossibilité logique qu'existent de tels êtres.

Se retrouvent ici les analyses consacrées à l'expérience qui furent celles de Fontenelle tout au long de sa vie ; le traité consacré à *L'origine des fables* vise notamment à dégager la structure authentiquement rationnelle de l'esprit humain et à prévenir les mésinterprétations habituellement avancées d'expériences scientifiques de surcroît médiocres et insuffisantes. En incriminant l'absence de preuves empiriques, Fontenelle est dans la parfaite continuité de ses analyses visant à pourfendre les contresens habituellement produits à partir de l'expérience prétendument scientifique.

1. *Ibid.*, Second soir, p. 82.

Toutefois, neutraliser l'objection empirique ne signifie pas encore prouver l'existence effective d'intelligences extraterrestres. Cela permet uniquement de maintenir dans le domaine du possible l'existence de tels êtres. La preuve *positive* de leur existence sera progressivement amenée par Fontenelle par une série d'arguments : celui-ci cherche d'abord à convaincre la Marquise « de l'entière ressemblance de la Terre et de la Lune »[1], puis de la présence d'eau sur la Lune à partir des observations de Cassini[2], autant d'éléments qui visent à faire de la Lune une Terre habitée.

Mais la ressemblance que cherche à justifier Fontenelle est si poussée que la Marquise interprète l'insistance de son interlocuteur comme la volonté de démontrer la présence d'*Hommes* sur la Lune. Or Fontenelle se contente d'argumenter en faveur d'êtres intelligents et rationnels sans préciser s'il s'agit d'êtres similaires aux hommes ou pas. C'est là qu'intervient une seconde analogie avec la découverte par les Européens des aborigènes en Australie :

> Quand on va vers de certaines terres nouvellement découvertes, à peine sont-ce des hommes que les habitants qu'on y trouve, ce sont des animaux à figure humaine, encore quelquefois assez imparfaite, mais presque sans aucune raison humaine. Qui pourrait pousser jusqu'à la Lune, assurément ce ne seraient plus des hommes qu'on y trouverait[3].

Le texte de Fontenelle, prisonnier des croyances de son temps, n'en constitue pas moins le pivot de son argumentation analogique quant à la nature des êtres qui peuplent la Lune. Alors que les Européens de l'époque ne voient pas dans tous les êtres qui peuplent la Terre des êtres de la même espèce qu'eux, à plus forte raison est-il impossible de penser qu'avec l'éloignement de la Lune, les êtres qui peuplent cette dernière soient semblables aux Hommes. Autrement dit, à mesure que l'on s'éloigne *géographiquement* de l'Homme européen décroît la probabilité de rencontrer des êtres de la même espèce : le changement s'opère déjà sur Terre avec les aborigènes et demeure valable *à plus forte raison* lorsqu'il est question de la Lune.

Ainsi se creuse une distinction entre deux types de savoirs que Fontenelle prend le soin de différencier : savoir que d'autres intelligences

1. Fontenelle, *Entretiens...*, *op. cit.*, p. 85.

2. Astronome italien (1625-1712) dirigeant l'Observatoire de Paris sur demande de Colbert qui avait établi une gigantesque carte de la Lune.

3. Fontenelle, *Entretiens...*, *op. cit.*, p. 93.

existent ne signifie pas savoir *ce que sont* ces autres intelligences[1]. Si nous pouvons statuer avec une quasi-certitude sur *le fait de leur existence*, nous devons avancer avec humilité quant à la connaissance de leur *essence* : nous ne pouvons pas savoir ce qu'ils sont, de même que ces habitants de la Lune ne peuvent pas savoir ce que sont les Hommes :

> Quelles sortes de gens seraient-ce donc, reprit la Marquise avec un air d'impatience ? De bonne foi, Madame, répliquai-je, je n'en sais rien. S'il se pouvait faire que nous eussions de la raison, et que nous ne fussions pourtant pas hommes, et si d'ailleurs nous habitions la Lune, nous imaginerions-nous bien qu'il y eût ici-bas cette espèce bizarre de créatures qu'on appelle le genre humain ? Pourrions-nous bien nous figurer quelque chose qui eût des passions si folles, et des réflexions si sages ; une durée si courte, et des vues si longues, tant de science sur des choses presque inutiles, et tant d'ignorance sur les plus importantes [...]. Nous nous voyons incessamment nous-mêmes, et nous en sommes encore à deviner comment nous sommes faits[2].

L'analogie demeure ici le nerf argumentatif du propos de Fontenelle dans la distinction de l'existence et de l'essence ; savoir *qu'*une chose est, ce n'est pas savoir *ce qu'*elle est. À cet égard, l'auteur retrouve la même démarche que pour la question aborigène et conjugue l'analogie à une sorte d'accentuation. De même que nous ne pouvons pas savoir ce que sont les habitants de la Lune, de même ces derniers ne peuvent pas savoir ce que nous sommes ; mais il faut ajouter à cela le fait que non seulement nous avons du mal à connaître ce que nous sommes, nous, humains, mais plus encore devrions-nous peiner à savoir ce que sont les autres espèces. La difficulté anthropologique se redouble lorsque l'espèce dont on veut connaître l'essence est autre que la nôtre.

Arrive enfin la question de la prospective : la Marquise se désole de penser que nous ne saurons jamais si nous pourrons rencontrer un jour ces êtres lunaires dont l'existence lui paraît désormais certaine. Toute la

1. La similitude avec John Wilkins est à cet égard frappante ; ce dernier écrit en effet : « La conjecture de Campanella pourra être la plus vraisemblable, à savoir que les habitants de ce monde-là ne sont point hommes comme nous, mais quelque autre espèce de créatures qui ont quelque proportion et ressemblance avec notre nature. Ou bien qu'il se peut faire qu'ils sont d'une nature toute différente des autres choses d'ici-bas, et telle que nulle imagination ne peut décrire : nos entendements n'étant capables que de choses qui sont entrées par nos sens : ou bien qu'ils sont d'une nature mixte composée de toutes. », *cf.* J. Wilkins, *Le Monde dans la Lune*, Rouen, 1655, cité dans Fontenelle, *Entretiens sur la pluralité des mondes*, *op. cit.*, p. 182.

2. *Ibid.*, p. 93-94.

démonstration de Fontenelle lui semble séduisante, mais elle ne s'accompagne pas de la garantie d'une épreuve empirique, ce qui engendre une certaine frustration. Pour conjurer cette dernière, Fontenelle utilise une nouvelle analogie destinée à maintenir actif l'espoir d'une possible rencontre :

> Je gage que je vais vous réduire à avouer contre toute raison, qu'il pourra y avoir un jour du commerce entre la Terre et la Lune. Remettez-vous dans l'esprit l'état où était l'Amérique avant qu'elle eût été découverte par Christophe Colomb. Ses habitants vivaient dans une ignorance extrême. Loin de connaître les sciences, ils ne connaissaient pas les arts les plus simples et les plus nécessaires. [...]. Cependant voilà un beau jour le spectacle du monde le plus étrange et le moins attendu qui se présente à eux. De grands corps énormes qui paraissent avoir des ailes blanches, qui volent sur la mer, qui vomissent du feu de toutes parts, et qui viennent jeter sur le rivage des gens inconnus, tout écaillés de fer, disposant comme ils veulent de monstres qui courent sous eux, et tenant en leur main des foudres dont ils terrassent tout ce qui leur résiste. D'où sont-ils venus ? Qui a pu les amener par-dessus les mers ? Qui a mis le feu en leur disposition ? Sont-ce les enfants du Soleil ? car assurément ce ne sont pas des hommes[1].

L'analogie présuppose ici un état d'avancement supérieur des habitants de la Lune sur les hommes et prend donc la forme suivante : de même que les habitants d'Amérique n'auraient jamais soupçonné qu'ils pussent un jour rencontrer d'autres formes d'intelligences plus avancées que les leurs, de même les humains n'imaginent pas qu'ils puissent se retrouver en présence d'autres intelligences venues d'ailleurs et plus développées qu'eux. Pourtant, de même que les habitants d'Amérique ont rencontré les colons, de même est-il fort probable que les hommes découvrent un jour les habitants de la Lune venus à leur rencontre par exploration de l'Univers, tout comme les colons espagnols et portugais étaient partis à la conquête du vaste monde.

Une telle analogie n'a de sens que si les compétences technologiques des habitants de la Lune sont bien plus poussées que celles des hommes, ce que reconnaît volontiers Fontenelle à l'issue du Second soir : « Les gens de la Lune savent peut-être déjà faire de petits voyages dans l'air, à l'heure qu'il est, ils s'exercent ; quand ils seront plus habiles et plus expérimentés, nous les verrons, et Dieu sait quelle surprise. »[2].

1. Fontenelle, *Entretiens...*, *op. cit.*, p. 95-96.
2. *Ibid.*, p. 98.

À l'issue donc des discussions qui ont pris place lors de ce Second soir, deux points semblent acquis pour Fontenelle : non seulement il n'y a aucune impossibilité logique qu'existent des créatures raisonnables ailleurs que sur Terre mais en plus est-il fort probable qu'il y en ait sur la Lune. À l'aide d'analogies tirées des conquêtes maritimes, Fontenelle élabore des arguments sur le peuplement de l'espace ; aucun d'entre eux n'est fondé sur la moindre preuve empirique mais chacun vise à ménager une *possibilité* tout en reposant sur une *inversion de la charge de la preuve :* Fontenelle ne cesse d'insinuer que si l'existence d'intelligences extraterrestres est *possible*, alors ce sont les adversaires de cette hypothèse qui doivent apporter des arguments *contre* l'existence effective de créatures raisonnables non terrestres.

Toute la discussion du Troisième soir, destinée à élargir considérablement le peuplement de l'Univers, vise ainsi à argumenter à partir d'un simple « pourquoi pas » : pourquoi l'Univers ne serait-il pas infiniment peuplé dès lors qu'il s'agit bien là d'une possibilité rationnelle ? La Marquise remarque d'ailleurs la structure argumentative et le fait explicitement remarquer :

> La Lune, selon toutes les apparences, est habitée, pourquoi Vénus ne le sera-t-elle pas aussi ? Mais, interrompit la Marquise, en disant toujours *pourquoi non* ? vous m'allez mettre des habitants dans toutes les planètes ? N'en doutez pas, répliquai-je, ce *pourquoi non* ? a une vertu qui peuplera tout. Nous voyons que toutes les planètes sont de la même nature, toutes des corps opaques qui ne reçoivent de la lumière que du Soleil, qui se la renvoient les unes aux autres, et qui n'ont que les mêmes mouvements, jusque-là tout est égal. Cependant il faudrait concevoir que ces grands corps auraient été faits pour n'être point habités, que ce serait là leur condition naturelle, et qu'il y aurait une exception justement en faveur de la Terre toute seule. Qui voudra le croire, le croie ; pour moi, je ne m'y puis pas résoudre [1].

En renversant la charge de la preuve, Fontenelle fait d'une pierre deux coups : d'une part, il force ceux qui s'opposent à l'existence d'intelligences extraterrestres de *justifier* leur opposition, d'autre part il mène une sorte de guerre culturelle visant à faire passer l'hypothèse de leur existence comme étant la plus probable, voire la plus évidente. Dans la mesure où les autres planètes sont tout à fait similaires à la Terre, sont « de la même nature », et observent les mêmes mouvements, il n'y a aucune raison logique pour s'opposer à ce qu'elles soient également peuplées ; dire qu'elles ne le sont

1. *Ibid.*, Troisième soir, p. 111-112.

pas au motif que nul n'y a jamais observé la moindre trace de vie intelligente ne signifie rien, et n'indique qu'un état temporaire des connaissances humaines.

Plus encore, Fontenelle introduit un argument téléologique par l'absurde : comment concevoir que des planètes similaires à la Terre auraient été conçues *pour n'être point habitées* ? Cela introduirait du non-sens, de sorte que si l'on admettait que des planètes similaires à la nôtre étaient vides, l'Univers se parerait d'une absurdité totale, chaque corps céleste paraissant dès lors vain et sans nécessité et ce serait faire injure au sens de l'Univers que de raisonner ainsi. Ainsi, afin de conjurer l'absurdité de corps habitables non habités, et de sauver la finalité de l'Univers, Fontenelle en déduit que la position la plus absurde est celle qui vient à défendre la présence de corps *faits pour abriter la vie et qui ne l'abriteraient pas* : ce sont ceux qui adoptent cette position qui doivent désormais justifier leurs dires. Et Fontenelle de rappeler derechef que l'existence des choses ne saurait être indexée sur ce que l'on en perçoit :

> je ne laisse pas de trouver qu'il serait bien étrange que la Terre fût aussi habitée qu'elle l'est, et que les autres planètes ne le fussent point du tout ; car ne croyez pas que nous voyions tout ce qui habite la Terre ; il y a autant d'espèces d'animaux invisibles que de visibles. Nous voyons depuis l'éléphant, jusqu'au ciron, là finit notre vue, mais au ciron commence une multitude infinie d'animaux, dont il est l'éléphant, et que nos yeux ne sauraient apercevoir sans secours [1].

L'argument que brandit ici Fontenelle repose sur la profusion de la vie terrestre et vise à rendre d'autant plus improbable l'absence de vie extra-terrestre que la vie terrestre est vaste. En d'autres termes, plus la vie sur terre est abondante et excède ce que nous en pouvons percevoir, plus il devient *improbable qu'une telle profusion n'ait lieu que sur Terre*. L'aisance avec laquelle se développe la vie rend peu crédible la position de ceux qui font de la Terre le lieu exclusif de son développement dans le vaste Univers.

L'ouvrage de Fontenelle sera mis à l'index, à peine un an plus tard [2], malgré les précautions qu'avait prises le jeune scientifique de 29 ans. Cela sera le prélude à une série de mises en garde de l'Église catholique à l'encontre des cartésiens et de leurs spéculations sur les mondes habités, que reprendra pourtant Kant sans être inquiété. Les temps auront changé.

1. Fontenelle, *Entretiens ...*, *op. cit.*, p. 112.

2. *Cf.* S. Mazauric, *Fontenelle, et l'invention de l'histoire des sciences à l'aube des Lumières*, Paris, Fayard, 2007, n. 20, p. 281.

LES SOURCES KANTIENNES (2) : HUYGENS

Quelque douze années après la sortie des *Entretiens...* parut un livre de Huygens qui connut, lui aussi, une grande postérité. Dans *Cosmotheoros, sive, de terris coelestibus earumque ornatu conjecturae*, paru en 1698, l'illustre savant des Pays Bas chercha à asseoir scientifiquement la pluralité des mondes habités, prenant le relai de Fontenelle, tout en proposant des arguments sensiblement différents. Une fois encore, il ne nous appartient pas de restituer l'ensemble des arguments physiques, la question de l'existence des intelligences extraterrestres constituant notre préoccupation exclusive, bien que nous soyons amenés à noter la correspondance entre l'infinitisation de l'univers et la conséquence logique quant à son peuplement.

Tout comme Fontenelle, Huygens doute fort que les êtres qui peuplent les autres planètes soient humains; refusant d'en faire des êtres en tout point similaires à nous, il propose de les décrire comme des « animaux qui ont l'usage de la raison »[1], faisant de la raison le lien universel entre tous les êtres de l'Univers. Ce qui frappe, à la lecture de son étrange traité, est d'ailleurs l'insistance sur l'universalité du peuplement : la pluralité des mondes semble impliquer un peuplement pluriel, universel, ne laissant aucune planète inhabitée. À l'instar de Fontenelle, Huygens avance par l'idée de similitude; ainsi que le résume Steven J. Dick, « si l'on pouvait démontrer que l'une d'elles présentait des similarités avec la Terre, cette probabilité était d'autant plus grande pour les autres. »[2]. Méthode qui permet à Huygens de proposer la spéculation suivante :

> Pour la même raison donc que nous avons soutenu qu'il y a dans les Planètes qui tournent autour du Soleil les mêmes choses que celles qui se rencontrent sur notre Terre, avec laquelle elles ont une si parfaite ressemblance : pour la même raison dis-je, nous devons croire que ce *nombre infini d'autres planètes*[3] ajoutées et asservies à tant de milliers d'autres Soleils, ont aussi les mêmes avantages et les mêmes ornements que celles qui environnent notre Soleil. Il y aura aussi des plantes et des animaux qui seront doués de la raison, qui pourront admirer les parties et les espaces du Ciel, observer les astres et connaître leurs mouvements, et qui enfin auront

1. C. Huygens, *Nouveau traité sur la pluralité des mondes*, trad. fr. M. Dufour, Paris, 1702, p. 64.
2. S. J. Dick, *La pluralité des mondes*, *op. cit.*, p. 186.
3. Nous soulignons.

> toutes choses sans lesquelles nous avons fait voir qu'on ne peut avoir celles que nous avons[1].

Ce texte est riche d'enseignements. Tout d'abord, Huygens semble pencher en faveur de l'infinitisme de l'Univers, évoquant à cet effet un « nombre infini d'autres planètes » ce qui permet d'établir un lien entre l'ouverture à l'Infini de l'Univers et la question des intelligences extra-terrestres. Quoique conscient du caractère spéculatif de l'infinitisme, et réaffirmant sans cesse que la démarche authentiquement scientifique n'est pas en mesure de déterminer si le nombre de mondes est fini ou infini, Huygens n'en prend pas moins le risque de défendre la probabilité d'un Univers infini à de nombreuses reprises[2] :

> Quelle immensité ne reste-t-il donc pas ? Car si par nos simples regards, par le secours de nos yeux seulement, nous en remarquons plus de mille, et par le secours des Télescopes, dix ou vingt fois plus ; comment peut-on savoir ou déterminer, quel est le nombre des plus reculées qu'on ne saurait apercevoir ? Je crois que le nombre en est infini par la puissance de Dieu[3].

Il s'agit bel et bien d'une affirmation dont Huygens souligne la dimension toutefois fiduciaire : c'est une probabilité qui ne peut, pour l'instant, être avancée comme scientifique. La teneur cartésienne du passage est par ailleurs évidente : l'ouverture de l'Univers à l'infini se conjugue à la théologie par l'infinie puissance de Dieu ; un Univers infini et pluriel ne relativise pas tant l'homme qu'il ne constitue le signe de la puissance divine dont nous avons rappelé à quel point elle caractérise l'essence même de Dieu. Dans une philosophie où Dieu est conçu comme puissance absolue et infinie, les réflexions cosmologiques se laissent aisément interpréter comme l'expression même de ladite puissance.

Par ailleurs, l'infinité de l'Univers appelant un peuplement lui-même infini, l'ensemble sans doute infini des mondes devient le lieu de résidence d'êtres raisonnables – au sens de : dotés de raison – qui, sans être humains, n'en sont pas moins des animaux capables de réflexion et de raisonnements et, partant, de connaissances scientifiques. Quant à la Lune, à l'instar de

1. C. Huygens, *Nouveau traité sur la pluralité des mondes, op. cit.*, p. 258-259.

2. Jean Seidengart insiste avec raison sur cette opposition : « Huygens sait pertinemment qu'il ne s'agit là uniquement que d'une conviction, non pas d'une assertion scientifiquement éprouvée et démontrable par des raisons contraignantes. », J. Seidengart, *Dieu, l'Univers et la sphère infinie. Penser l'infinité cosmique à l'aube de la science renaissante*, Paris, Albin-Michel, 2006, p. 557.

3. *Ibid.*, p. 266-267.

Wilkins, Fontenelle ou Kepler, elle est une fois encore décrite comme abritant des êtres raisonnables qui observent les hommes :

> Je crois qu'il n'y a personne, pour le peu qu'il ait réfléchi à cette matière, qui ait douté qu'il ne fallût placer sur la lune quelques spectateurs, non pas peut-être des hommes semblables à nous, mais pourtant des animaux qui eussent l'usage de la raison [1].

Le peuplement de la Lune constitue donc une sorte de *topos* philosophico-scientifique que beaucoup acceptent; si l'Univers tout entier s'ouvre à l'infini et, de la même occasion, se voit infiniment peupler d'êtres raisonnables, la Lune n'en conserve pas moins le privilège de la proximité au regard de la Terre : s'il est des êtres raisonnables en-dehors de la Terre, fussent-ils fort différents des hommes, c'est sur la Lune que nous aurons le plus de chances de les rencontrer, non pour des raisons d'essence mais bien plutôt en raison de la contingence même de nos positions respectives. La Lune est donc un cas particulier au sein de l'Univers infini dont le privilège ne tient qu'à sa proximité cosmologique.

Proposons un bref bilan : à la fin du XVIIe siècle, un immense scientifique, sans doute le plus reconnu de son temps, ainsi qu'un jeune homme promis à un brillant avenir, diffusent amplement la thèse de l'existence d'intelligences extraterrestres. Huygens apporte à cette thèse la caution scientifique, tandis que Fontenelle, par la qualité de sa plume et le caractère très accessible de ses *Entretiens*... voit son livre se disséminer à travers toute l'Europe, en dépit de sa mise à l'index. Rien qu'en Angleterre, cinq traductions voient le jour avant l'année 1700 tandis qu'en Allemagne Johann Christoph Gottsched, en 1725 et l'astronome Johann Elert Bode, en 1780, traduisent le texte et en diffusent un commentaire savant, augmentant la traduction de notes abondantes [2].

C'est dans cette atmosphère très spéciale qu'il faut situer Kant qui, nous le savons, a lu Fontenelle et Huygens, et qui n'hésite pas à les citer. Nous ne mentionnerons pas le petit livre de Voltaire, *Micromégas*, paru en 1752 à Berlin, où le géant éponyme venu de Syrius invite le lecteur à une espèce de voyage extraordinaire et initiatique avec d'évidentes visées polémiques. Les extraterrestres géants qui y sont décrits n'ont en effet pas pour prétention de correspondre à une réalité physique quelconque mais ambitionnent de décentrer l'homme de lui-même, et de l'inviter à une certaine modestie l'amenant à renoncer à prétendre détenir la vérité absolue. C'est

1. *Ibid.*, p. 64.
2. *Cf.* S. J. Dick, *La pluralité des mondes*, *op. cit.*, p. 188.

un livre qui parle de l'homme, et de l'homme seulement, et qui ne peut donc être mis au compte de l'authentique spéculation rencontrée précédemment consacrée à l'intelligence extraterrestre.

Pour revenir à Kant, nous tâcherons de défendre la thèse suivante : Kant reprend les spéculations de Fontenelle et Huygens, adopte clairement l'hypothèse d'êtres raisonnables extraterrestres, et *élabore une philosophie morale qui sera conçue à partir des êtres raisonnables en général et non de l'être humain en particulier*. Pour le dire autrement, nous allons essayer de montrer que la question extraterrestre constitue le fil directeur de la réflexion morale de Kant en ceci que ce dernier cherche à définir une loi morale qui vaudrait *pour tout être raisonnable* et non pour l'homme seul, ce qui amènera Kant en retour à définir ce qui fait l'humanité de l'homme comme un obstacle à l'observation stricte de la loi morale.

Nous essaierons donc de mesurer ce que Kant reprend à ses prédécesseurs et ce qu'il apporte de nouveau. À n'en pas douter, le philosophe de Königsberg reprendra le *topos* d'êtres raisonnables peuplant la Lune, la spéculation sur le peuplement infini de l'Univers et sur la finalité des planètes devant accueillir la vie raisonnable. C'est donc bien la notion d'êtres raisonnables qui intéresse Kant, plus que le cas humain qui devient un exemplaire parmi une infinité d'autres êtres raisonnables et qui ne présente d'intérêt que parce qu'il est accessible à la connaissance, raison pour laquelle l'homme n'est jamais réellement défini dans ses écrits. L'apport singulier de Kant nous semblera être double : d'abord penser une morale qui vaille universellement, *c'est-à-dire pour tout être raisonnable*, ce qui revient à dire que la morale kantienne se veut interstellaire ou, plus exactement, *cosmologique* : elle vaut pour tous les êtres raisonnables de l'Univers[1] de sorte que si je venais à rencontrer un être raisonnable extraterrestre, je devrais le traiter, *en tant qu'être raisonnable*, comme un *alter ego*. En outre, si la morale kantienne se présente sous la forme du devoir et, plus encore, de l'impératif catégorique à l'homme, c'est que ce dernier est comme tiraillé entre sa visée raisonnable et sa constitution effective qui le spécifie comme homme et enraie l'accomplissement du devoir : de ce fait, nous défendrons la thèse d'un anti-humanisme foncier de la morale

1. C'est pourquoi nous pouvons trouver une petite bibliographie consacrée à la question extraterrestre chez Kant. Il y a d'abord l'excellent ouvrage de Peter Szendy, *Kant chez les extraterrestres. Philosofictions cosmopolitiques*, Paris, Minuit, 2011. Nous n'en reprenons pas toutes les thèses, mais nous saluons la profondeur des analyses pionnières de l'ouvrage. Plus confidentiels sont les articles de D. L. Clark, « Kant's aliens », *The centennial review*, vol. 1/2, automne 2001 et d'A. Hatzenberg, « Kant, les extraterrestres et nous », in *Kant, les Lumières et nous*, Tunis, Maison Arabe du Livre, 2008.

kantienne qui fait de la spécificité humaine cela même qui entrave la réalisation de sa destination morale.

KANT : EXTRATERRESTRES ET HUMANITÉ EN 1755

Les premiers écrits kantiens, bien avant que ne soit formée et développée la philosophie critique, portent sur une étude du Monde et sur la formation de celui-ci à partir de la matière. Il publie en 1755 son *Histoire générale de la nature et théorie du ciel* où il décrit, outre la formation du Monde, celle des astres ainsi que la mise en ordre de l'Univers. Opposant les partisans du mécanisme pur à ceux du finalisme, Kant penche en faveur des premiers[1] sans pour autant ruiner toute forme de théologie[2], tout en faisant preuve d'une grande maîtrise des thèses de Galilée, Huygens[3], Descartes et Newton. C'est la troisième partie de l'ouvrage qui nous intéresse au plus haut point car elle interroge explicitement la possibilité maintes fois débattue avant lui que soient habitées les autres planètes ou les autres étoiles: mieux encore, Kant défend l'existence d'intelligences extraterrestres[4] à partir, lui aussi, de spéculations physiques sur la vitesse de la matière dont sont composés les astres. C'est donc tout naturellement par cette troisième partie que nous allons commencer notre investigation kantienne.

L'*Histoire générale de la nature et théorie du ciel* de 1755 contient trois parties, la troisième étant intitulée « Troisième partie qui contient un essai de comparaison, fondée sur les analogies de la nature, entre les

1. *Cf.* François Marty, *La naissance de la métaphysique chez Kant*, Paris, Beauschesne, 1980, p. 27-28.

2. « Le jeune Kant donne libre cours à ses aperçus infinitistes dont il ne dissimule aucunement les tenants et les aboutissants théologiques. », J. Seidengart, « Le devenir de la *Théorie du Ciel* », *in* Sophie Grapotte, Mai Lequan, Margit Ruffing (dir.), *Kant et les sciences. Un dialogue philosophique avec la pluralité des savoirs*, Paris, Vrin, 2011, p. 126.

3. Cruciale pour notre propos, la maîtrise kantienne des textes de Huygens se trouve analysée par Michael Friedman, *Kant's construction of Nature. A reading of the Metaphysical foundations of Natural Science*, Cambridge, Cambridge University Press, 2013, p. 484-486.

4. Xavier Tilliette sera un des rares commentateurs à considérer que la question extraterrestre chez Kant ne saurait être négligée; « le sort des extraterrestres l'a intrigué, en homme du XVIIIe siècle n'ayant rien à envier au futur astronaute du XXe », X. Tilliette, *L'intuition intellectuelle de Kant à Hegel*, Paris, Vrin, 1995, p. 23.

habitants des diverses planètes »[1]. Reprenant l'hésitation de Nicolas de Cues à affirmer que toute planète est habitée, Kant n'en déduit pourtant pas qu'aucune ne l'est : comme son illustre prédécesseur, il s'autorise à douter que tout l'Univers soit peuplé sans renoncer à l'existence localisée de vies intelligentes extraterrestres non humaines :

> Je suis d'avis qu'il n'est pas nécessaire d'affirmer que toutes les planètes doivent être habitées; ce serait pourtant une absurdité que de le nier à propos de toutes, ou bien seulement de la plupart[2].

L'idée de départ de cette troisième partie ne souffre aucune ambiguïté : il serait absurde de nier l'existence d'intelligences extraterrestres ou, tout au moins, de nier que bien d'autres planètes de l'Univers soient habitées. Enraciné dans le XVIIIe siècle de Fontenelle, Kant ne semble pas hésiter une seconde quant à cette question : l'humain ne saurait prétendre à l'exclusivité cosmologique de la vie raisonnable, et doit admettre qu'il partage l'Univers avec d'autres êtres intelligents. Sans doute fasciné lui aussi par l'immensité de l'Univers qu'il ne cesse de célébrer, il reprend d'ailleurs l'argument d'un Nicolas de Cues, d'un Bruno ou d'un Descartes pour montrer que l'ouverture à l'infini – ou à l'indéfini – de l'environnement universel implique presque aussitôt l'existence d'autres êtres intelligents que Kant qualifie de « raisonnables ». Évoquant « des régions désertes et inhabitées, qui ne seraient pas utilisées de la façon la plus exacte pour la fin de la nature »[3] qui imposent de soulever la question des fins de la nature, il remarque en même temps que le rapport du désert à la planète est bien moindre que le rapport de la Terre à l'Univers.

Plusieurs remarques doivent être ici avancées. La première consiste à insister sur le lien qu'opère Kant entre les fins de la nature et les êtres raisonnables. La finalité semble ainsi structurellement rapprochée de la rationalité, ce qui se retrouvera dans les œuvres morales de Kant dont nous parlerons ultérieurement. Ensuite, il nous faut comprendre l'argument analogique de Kant dont l'objectif est de révéler l'absurdité d'une position niant l'existence d'intelligences extraterrestres ou, pour reprendre la terminologie de Kant, l'existence d'êtres raisonnables non terriens. Précisons donc le sens de cette analogie : de même qu'il existe sur Terre de nombreuses régions inhabitées comme le sont le désert et les îles désertes

1. E. Kant, *Histoire générale de la nature et théorie du ciel*, III, AK I, 349, *in* Emmanuel Kant, *OP* I, trad. fr. François Marty, Paris, Gallimard, p. 96.

2. *Ibid.*, AK I, 352 ; *OP* I, p. 97.

3. *Ibid.*

sans que cela n'implique que la Terre n'est elle-même inhabitée, de même est-il possible que nombre de planètes ou de régions de l'Univers soient inhabitées sans que cela n'implique que l'Univers en son entier ne soit pas habité ou ne le soit que sur Terre. En d'autres termes, le caractère inhabité de certaines parties d'un tout ne permet en rien de conclure quoi que ce soit quant aux populations du Tout : en ce domaine, l'induction est strictement illégitime. Et, fait marquant, les zones désertiques terrestres sont bien moindres par rapport à la Terre que ne l'est une planète par rapport à l'immensité de l'Univers : ainsi, l'ouverture à l'infini de ce dernier rend l'argument encore plus probant pour l'Univers qu'il ne l'est pour la Terre.

À ce premier argument analogique, Kant ajoute une nouvelle réflexion d'ordre temporel : que telle ou telle planète ne soit pas habitée à un moment donné ne signifie en rien qu'elle ne le sera pas ultérieurement. Il faut qu'un certain nombre de conditions soient réunies pour qu'un corps céleste accueille la vie au sens large, qu'elle soit raisonnable ou pas. D'où la spéculation kantienne concernant Jupiter :

> Mais on peut conjecturer de façon encore plus satisfaisante que, quoiqu'il soit maintenant inhabité, Jupiter deviendra cependant habité un jour, quand la période de sa formation sera terminée. Peut-être notre Terre a-t-elle été présente mille années ou plus avant de se trouver constituée de sorte à pouvoir entretenir des hommes, des animaux et des végétaux. Qu'une planète parvienne à cette perfection quelques milliers d'années plus tard, cela ne fait aucun tort à la fin de son existence[1].

Il semble ainsi que la finalité naturelle d'une planète soit précisément d'accueillir la vie, notamment la vie raisonnable; en d'autres termes, le sens d'un corps céleste ne se trouve pas en lui-même mais bien plutôt dans ce qu'il peut accueillir. La formule kantienne fait bien état d'une « perfection » à laquelle tend un corps céleste et qui n'est autre que la possibilité d'héberger une vie, qu'elle soit humaine, animale, végétale, ou autre. L'argument de Fontenelle du Troisième soir est presque repris mot pour mot, à ceci près que Kant accentue sans doute la dimension créée de l'Univers.

Un tel raisonnement repose sur une certaine appréhension de l'ordre de l'Univers, de sa finalité, et des intentions de la création. Dire en effet qu'un corps céleste – une planète ou une étoile – doit accueillir la vie, c'est considérer que les choses sont créées *en vue de* s'accorder; l'existence même d'une planète n'a pas de sens en-soi si elle ne constitue pas un support pour

1. *Ibid.*, AK I, 352-353; *OP* I, p. 98.

d'autres éléments ; à cet égard, les planètes apparaissent comme des demeures dont le sens est tout entier contenu dans une fonctionnalité finalisée : accueillir la vie. C'est ce que Kant précise un peu plus bas, en des termes extrêmement clairs ne souffrant là non plus aucune ambiguïté :

> L'infinité de la création comprend en elle toutes les natures que sa richesse débordante produit avec la même nécessité. [...]. Lors de sa première formation, la production d'une planète était seulement une conséquence infiniment petite de sa fécondité ; et ce serait donc quelque chose d'absurde, si ses lois si bien établies devaient se plier aux fins particulières de cet atome. Si les propriétés d'un corps céleste opposent à son peuplement des obstacles naturels, il sera inhabité ; et pourtant, il serait mieux en soi qu'il ait des habitants. L'excellence de la création ne perd rien par là, car l'infini est, parmi toutes les grandeurs, celle qui n'est pas diminuée par la soustraction d'une partie finie[1].

Le propos de Kant appartient à un registre ici encore clairement théologique : c'est une réflexion sur la création et ses infinies potentialités qui tient lieu d'argument. Un être infini – Dieu – étant en mesure de créer un Univers infini peut ainsi placer une infinité de natures au sein de sa création. Très proche de l'argument de Descartes voulant que l'infini peuplement de l'Univers exprime la grandeur de Dieu davantage que la banalisation de l'homme, Kant n'hésite pas à affirmer que l'infinité divine ne trouve son plein essor dans l'être qu'à la condition d'en admettre l'infinie diversité. Mieux encore, parce qu'elle est réglée, la création présente une dimension systématique où chaque élément concourt à la réussite du tout. En d'autres termes, s'il manquait un seul élément, l'ensemble pourrait être défectueux, l'harmonie étant globale et fondée sur une complémentarité de chaque élément avec tous les autres.

Pourquoi Kant rajoute-t-il à l'argument cartésien de la *Lettre à Chanut* cette idée d'une harmonie ou d'une convenance générale où le tout prime sur la partie ? Il faut se rappeler l'enjeu général de sa réflexion : il s'agit pour lui de prouver qu'une planète ne saurait avoir de sens en elle-même ; elle n'est sensée qu'à la condition d'accueillir la vie, donc d'entrer en relation avec autre chose qu'elle-même. Ainsi Kant cherche-t-il à éviter que les corps célestes puissent à eux-mêmes être leur propre fin : ils ne peuvent avoir de finalité que relativement au tout de la création, que relativement à l'ensemble systématique créé par Dieu. Dans ces conditions, la logique même de la création, qui place la finalité d'une planète en-dehors de l'existence même de cette planète, est que chaque planète puisse

1. Kant, *Histoire générale de la nature et théorie du ciel*, AK I, 353-354 ; *OP* I, p. 99-100.

accueillir la vie : mais cela ne signifie en rien que chaque planète soit habitée au temps *t*, ni que toute région de l'Univers le soit. Il y a des espaces vides, des interstices, des corps célestes ou encore des comètes inhabités : cela ne peut signifier que ces espaces ou ces corps soient insensés ou soustraits à la finalité ; il faut plutôt y voir des conditions générales pour que la vie puisse se déployer ailleurs. En d'autres termes, la finalité de tout l'Univers est bien d'accueillir la vie, de sorte qu'aucune planète ne soit à elle-même sa propre fin : aucun corps céleste n'existe *pour lui-même*. Mais cela ne peut déboucher sur une conséquence qui voudrait que tout soit habité ; il est des lieux vides, et ceux-ci sont la condition même de la réalisation de la fin de l'Univers. Sans eux, la vie ne pourrait se distribuer dans ce dernier.

Enfin, aucune planète ne peut être sous le regard de l'éternité dénuée de vie. Au bout d'un temps certain, lorsque les conditions seront fécondes, alors chacune d'entre elles sera ou aura été peuplée par des êtres vivants. À un instant donné, beaucoup de planètes le sont, et celles qui ne le sont pas le seront un jour. « Cependant, écrit Kant, la plupart des planètes sont assurément habitées, et celles qui ne le sont pas le deviendront un jour. »[1]. L'existence d'une vie extraterrestre et, plus précisément, d'une vie *raisonnable* extraterrestre, ne fait aucun doute pour Kant, héritier en cela des spéculations issues du Cusain, et contemporain de celles de Fontenelle que d'ailleurs il n'hésite pas à citer dans ce livre. Évoquant en effet le « peuplement des corps célestes », Kant mentionne Huygens qui lui-même cite les spéculations de Fontenelle sous une forme parodique : des poux croient que la tête où ils pullulent constitue le seul territoire habité par des êtres de la même espèce ; mais un petit pou, « un petit Fontenelle de sa race »[2] aperçoit le crâne d'un noble et découvre que d'autres poux existent. Au-delà de l'aspect comique de l'analogie, cela prouve que Kant connaît aussi bien les spéculations de Huygens[3] que celles de Fontenelle sur les mondes habités par des créatures raisonnables, ce qui confirme partiellement l'hypothèse de lecture initiale.

1. *Ibid.*, AK I, 354 ; *OP* I, p. 100.

2. *Ibid.*, AK I, 353 ; *OP* I, p. 98.

3. Huygens est souvent cité par Kant, notamment pour lui emprunter des calculs célestes ; selon Huygens, rapporte ainsi Kant, l'étoile la plus proche de la Terre est située à une distance équivalant à 27 000 fois la distance de la Terre au Soleil. *Cf.* AK, I, 252. Plus généralement, sur l'influence de Huygens sur Kant, *cf.* S. Bachelard, « L'influence de Huygens aux XVIIIe et XIXe siècles », in *Huygens et la France*, Paris, Vrin, 1982, p. 241-257.

Mais, à la différence de ses prédécesseurs ou, en tout cas, plus radicalement que ces derniers, Kant va en tirer toutes les conséquences anthropologiques : s'il est d'autres vies raisonnables dans l'Univers, alors *l'homme n'est qu'un être raisonnable parmi d'autres*, il n'est plus le seul à l'être. Par ailleurs, s'il est d'autres êtres raisonnables, alors comment les connaître, si ce n'est en partant de l'homme pour y étudier ce qui pourrait être commun à tous les êtres raisonnables, c'est-à-dire à tous les habitants de l'Univers ?

Nous avons donc avec Kant quelque chose de tout à fait nouveau et de non moins radical qui consiste au fond à braquer le projecteur sur l'anthropologie, à chercher à *définir l'homme non pas tant pour lui-même que pour comprendre en général ce qu'est un habitant raisonnable* – doté de raison – *de l'Univers*. Dans ces conditions, *l'insistance anthropologique de Kant ne doit certainement pas être conçue comme un humanisme* qui poserait la supériorité de l'homme par rapport à toutes autres choses. *C'est au contraire parce que l'homme est un échantillon connu et accessible des êtres raisonnables en général qu'il en devient intéressant*; dit autrement, *l'homme ne présente pas, en 1755, d'intérêt en lui-même; il n'en présente que comme moyen de connaître les êtres raisonnables en général, c'est-à-dire les intelligences extraterrestres qui peuplent l'Univers. Kant interroge donc l'anthropologie pour savoir ce que dit l'homme des êtres raisonnables*, l'anthropologie étant ainsi le *moyen* et non la *fin* de sa philosophie : elle est le moyen permettant de savoir ce qu'est un être raisonnable, et elle n'est que cela. C'est sans doute la raison pour laquelle Kant ne donnera finalement aucune définition vraiment claire de l'homme, l'enjeu étant tout à fait ailleurs que dans la connaissance de l'homme *comme tel*; seule importe celle d'un *être raisonnable* dont l'homme n'est qu'un échantillon.

Partant, contre une certaine lecture de Kant voulant que celui-ci soit le fer de lance de l'humanisme des Lumières, nous allons plutôt montrer qu'il y a en lui non pas une haine de l'humain mais bien plutôt un *décentrement extraordinaire de la place de l'homme qui devient un cas particulier d'un ensemble qui le dépasse infiniment, celui des êtres raisonnables*. Pis encore, si l'homme mérite quelque intérêt, cela tient moins à son humanité qu'à ce qui, en lui, ne lui est ni propre, ni spécifique, à savoir sa raison. Une première confirmation de l'hypothèse proposée réside dans l'ouvrage de 1755 qui, juste après avoir montré que chaque planète devait accueillir la vie, soulève la question anthropologique :

> L'homme, qui, parmi tous les êtres raisonnables, est celui que nous connaissons le mieux, quoique sa nature intérieure soit encore pour nous un problème non résolu, doit servir de base dans cette comparaison, et de point général de référence[1].

Cette phrase nous semble cruciale car elle annonce toute l'ambiguïté de la philosophie morale de Kant. Premièrement, Kant énonce extrêmement clairement que l'homme ne possède aucun privilège rationnel ; il est un être raisonnable « parmi tous les êtres raisonnables » ; il y en a donc d'autres, disons même une infinité d'autres, et l'homme ne possède à cet égard strictement aucune suprématie ni aucune éminence. Il est un échantillon des êtres raisonnables, et rien de plus. Mais alors pourquoi s'intéresser à lui plus qu'à un autre être raisonnable ? La réponse est d'ordre pragmatique : de tous les êtres raisonnables, il est le seul que nous puissions connaître, il est le seul qui soit face à nous sur Terre. En d'autres termes, parce que nous sommes terrestres, le meilleur moyen de savoir ce qu'est un être raisonnable est encore d'en étudier un échantillon, mais l'étude de cet échantillon ne dépend pas de son excellence : elle dépend de la contingence de notre condition qui nous accule à prendre cet échantillon comme objet d'étude, sans que cela ne soit justifié par l'essence même de l'homme, donc par notre propre essence.

Il y a donc bien une *contingence* dans la manière dont nous devons penser et connaître les êtres raisonnables : parce que notre condition est celle d'êtres terrestres, d'habitants de la Terre, nous devons partir de ce qui nous est accessible et non imaginer – comme l'avaient fait Kepler ou Fontenelle – ce qu'ils sont. En d'autres termes, il nous faut un « point de référence » pour penser de manière générale les êtres raisonnables, et ce point de référence dépend de notre condition : il n'est pas absolu, ce sera l'homme, qui ne présente d'intérêt qu'à la faveur d'être accessible. On comprend ainsi que l'anthropologie kantienne n'est jamais qu'une manière pour nous de nous comprendre bien que cette auto-compréhension ne soit en aucun cas la finalité de la démarche : nous devons nous comprendre pour comprendre ce qu'est un être raisonnable – et donc un extraterrestre raisonnable – en général.

Arrive alors la proposition d'une étude des *particularités humaines* liées à la condition terrestre en fonction des dispositions que génère la configuration de l'Univers. Cette manière de cerner les particularités humaines aura pour effet de déterminer *ce qui n'est pas essentiel chez les êtres raisonnables* et qui dépend de la distribution contingente des

1. *Ibid.*, AK I, 355 ; *OP* I, p. 100.

facultés eu égard aux configurations célestes. Voici l'annonce programmatique de l'ouvrage :

> [...] nous allons seulement chercher quelles limitations subissent la faculté de penser raisonnablement et le mouvement de son corps, qui obéit à cette faculté, du fait de la disposition, proportionnée à la distance du Soleil, de la matière à laquelle l'homme est attaché. Malgré l'infinie distance qui se trouve entre la faculté de penser et le mouvement de la matière, entre l'esprit raisonnable et le corps, il est pourtant certain que l'homme, qui reçoit tous ses concepts et représentations des impressions que l'*Univers* éveille par le moyen de son corps dans l'âme, dépend complètement, aussi bien en ce qui regarde leur distinction que la dextérité à les lier et les comparer, que l'on nomme faculté de penser, de la disposition de cette matière, à laquelle le Créateur l'a lié[1].

Il faut ici prendre la mesure de la logique kantienne à l'œuvre : pour connaître les êtres raisonnables, il faut d'abord connaître l'homme ; mais pour connaître l'homme, il faut procéder indirectement : l'essence raisonnable de ce dernier est comme dissimulée par des contingences inessentielles liées à sa position dans l'Univers ; il faut donc énumérer les propriétés contingentes de l'homme afin de pouvoir les éliminer pour découvrir derrière elles ce qui fait, au-delà de l'homme, un être raisonnable. C'est la raison pour laquelle Kant commence par étudier ce qui entrave la pensée raisonnable à partir d'une approche du monde physique qui l'entoure. L'homme forge ses concepts, dit ce Kant pré-transcendantal, de manière empirique – idée qu'il abandonnera par la suite – donc contingente puisque l'expérience qu'il fait du monde dépend de sa situation dans ce dernier. Presque humien, Kant considère que nos concepts proviennent donc du monde et que toute notre opération intellectuelle ne consiste qu'à les lier selon des relations dont le contenu est toutefois tributaire de l'environnement humain. L'homme est à une certaine distance du Soleil, ce qui génère une certaine forme de la matière, de sorte que nos concepts issus des impressions que forme sur notre entendement le monde accessible sont transitivement déterminés par la matière de ce dernier.

Le corps est alors la médiation par laquelle sont transmises les impressions à l'entendement, et ce bien que Kant dispose déjà d'un des présupposés majeurs de sa future pensée critique, à savoir qu'il existe une « infinie distance » entre la pensée et la matière, donc que la pensée n'a rien de matériel ; partant, si le corps a ici un rôle, c'est en tant que vecteur des impressions et non en tant qu'essence matérielle de la pensée. À cet égard,

1. Kant, *Histoire générale de la nature et théorie du ciel*, AK I, 455 ; *OP* I, p. 100-101.

nous comprenons que l'essence des êtres rationnels ne saurait être délivrée par la manière dont l'homme pense à l'aide de ses concepts : ces derniers étant contingents, ils varient d'une espèce raisonnable à l'autre et, s'ils désignent la particularité humaine, ils ne sauraient s'étendre à l'ensemble des êtres raisonnables. Remarquons également que la question des anges n'est pas exactement celle qui est en jeu, dans la mesure où il s'agira non pas de penser un être pur de toute matérialité – comme le seraient les anges – mais bien plutôt de déterminer quels sont les degrés de corruption matérielle qui affectent les êtres raisonnables en général et l'homme en particulier.

Mais il y a encore un autre élément qui parcourt ce texte de 1755 et qui donne de profondes indications sur la suite de la spéculation morale de Kant. Tous les textes ultérieurs feront de la personne, en tant qu'être raisonnable, une fin en soi ; cela implique immédiatement *la dignité suprême de la rationalité, et non de l'humanité*. Mais il faut alors introduire un écart explicite entre l'être humain et l'être rationnel, la particularité de l'être humain éloignant ce dernier de la dignité d'une raison pure. C'est la raison pour laquelle Kant ne se prive jamais de rabaisser la constitution humaine, à partir de considérations matérielles liées à la contingence de sa situation dans l'Univers : l'homme est comme brimé par une matière hostile qui en restreint la puissance rationnelle :

> Si l'on recherche la cause des obstacles qui maintiennent la nature humaine dans un si profond abaissement, on la trouvera dans la grossièreté de la matière en laquelle sa partie spirituelle est plongée, dans l'absence de souplesse des fibres, dans l'inertie et le manque de mobilité des humeurs qui doivent obéir à ses stimulations. Les nerfs et liquides de son cerveau lui livrent seulement des concepts grossiers et indistincts, et parce qu'il ne peut opposer, à l'intérieur de son pouvoir de penser, pour équilibrer l'attrait des impressions sensibles, des représentations suffisamment fortes, il est entraîné par ses passions, il est étourdi et troublé par le tumulte des éléments qui entretiennent sa machine[1].

Il est essentiel de comprendre que *ce qui abaisse l'homme n'abaisse précisément que l'homme* ; à ce titre, la raison, qui est commune à tous les êtres raisonnables, ne saurait être à l'origine de cette faiblesse, de ce « si profond abaissement », et seules des données matérielles contingentes peuvent expliquer que l'homme ne se comporte pas en être systématiquement raisonnable, bien qu'il le soit par ailleurs. La matière

1. *Ibid.*, AK I, 356 ; *OP* I, p. 102.

dense, peu souple, compacte en laquelle baigne son esprit entrave littéralement les capacités de ce dernier, et contraignent la raison à cohabiter avec un corps et une disposition cosmologique qui, loin de favoriser l'expression rationnelle, limitent drastiquement cette dernière. Le commerce nécessaire avec la grossièreté de son corps – y compris de son cerveau – fait de l'homme un être raisonnable déficient, *non pas en tant qu'être raisonnable, mais bien plutôt en tant qu'homme*.

Nous mesurons ici toute la distance qui s'instaure entre un Nicolas de Cues, authentiquement humaniste, et Kant, dont le présent texte rend pour le moins difficile le maintien d'une interprétation humaniste de ce dernier. Pour le Cusain, l'homme possède une suprême dignité du fait même qu'il accomplit parfaitement son essence, qu'il réalise ce qu'il est. Pour Kant en revanche, l'homme ne se définit pas tant par lui-même que par une rationalité universelle que sa particularité corporelle et matérielle limite et entrave. La disposition globale de l'Univers n'est pas favorable à l'expression de la pensée rationnelle en l'homme, si bien que *celui-ci est comme sans cesse coupé ou, à tout le moins, éloigné, de ce qu'il y a de plus noble en lui mais qui ne lui est pas propre, à savoir sa rationalité. L'humain, chez Kant, ne sera donc digne qu'à la condition de ne plus être humain, mais bien à la condition de s'arracher à la particularité qui le définit comme homme afin de se fondre dans la communauté extraterrestre des êtres raisonnables*.

En d'autres termes, rien de ce qui est *spécifiquement humain* n'est réellement digne; ce qui est lié à la particularité humaine désigne très précisément ce avec quoi il faudrait rompre pour être authentiquement rationnel. Kant parle de la « grossièreté de la machine et de la texture dans la nature humaine » et en fait la « cause de cette inertie qui maintient les capacités de l'âme dans un épuisement et une impuissance constants. »[1]. *En tant qu'homme*, l'homme constitue un être raisonnable particulièrement défectueux, dont Kant se plait à dresser la liste des défauts. Cela même qui distingue l'être humain de l'être raisonnable, donc qui *spécifie* l'être humain, est d'abord perçu sous le sceau infamant de la grossièreté, de la lourdeur, de la presque bêtise, de la pesanteur matérielle. C'est pourquoi Kant nous semble parfaitement s'inscrire dans le paradoxe des Lumières qui, souvent associées à l'humanisme, développent pourtant une méfiance évidente à l'encontre de l'homme. « Les Lumières, écrit Rémi Brague, passent pour avoir été humanistes.

1. Kant, *Histoire générale de la nature et théorie du ciel*, AK I, 357; *OP* I, p. 102.

En fait, les auteurs qui les représentent expriment souvent envers l'homme une défiance qui frise la misanthropie. »[1].

> Cette inertie de sa faculté de penser, qui est une conséquence de la dépendance d'une matière grossière et peu malléable, n'est pas seulement la source du vice, mais aussi de l'erreur. Gênée par la difficulté qui est liée à l'effort pour disperser le brouillard des concepts confus et pour séparer des impressions sensibles la connaissance universelle résultant de la comparaison des idées, elle donne plutôt place à un assentiment hâtif, et se contente de la possession d'une perspective qu'elle a à peine aperçue de biais, à cause de l'inertie de sa nature et de la résistance à la matière[2].

En dépit de l'inspiration cartésienne qui parcourt l'analyse de l'erreur à partir du problème de l'assentiment, Kant conserve la singularité de départ, à savoir cette approche extrêmement négative de l'être humain dans sa spécificité, approche qui en aucun cas ne saurait être qualifiée d'humaniste, et qui semble fondée sur une spéculation physique concernant la célérité de la matière : la qualité de l'entendement des êtres raisonnables serait directement indexée sur la vitesse de la matière composant les astres et sur la distance de chaque corps relativement au Soleil. L'explication de la grossièreté et de la médiocrité humaines se révèle physique[3], donc matérielle : *en tant qu'être raisonnable, l'homme est semblable à tous les êtres raisonnables*, mais *en tant qu'homme il s'en distingue par sa désolante constitution matérielle dont la science physique peut rendre compte*.

> [L]es facultés de l'âme humaine sont limitées et entravées par les obstacles d'une matière grossière, à laquelle elles sont intimement liées; [...] cette disposition spécifique de la matière a une relation essentielle au degré du rayonnement avec lequel le Soleil, à la mesure de sa distance, l'anime, et la rend apte aux fonctions de l'économie animale. Cette relation nécessaire au feu qui se répand depuis le centre du système du monde, pour maintenir la matière dans l'état d'activité nécessaire, est *le fondement d'une analogie qui suit de là, entre les divers habitants des planètes*; et chaque classe

1. R. Brague, *Le règne de l'homme. Genèse et échec du projet moderne*, Paris, Gallimard, 2015, p. 195.

2. *Ibid.*, AK I, 357 ; *OP* I, p. 103.

3. « Ce reflet de l'époque précritique de Kant, qui présage de son intérêt futur pour des considérations épistémologiques, traduit l'image d'un univers occupé par des êtres rationnels de tous niveaux, depuis les origines de la rationalité au centre, où les créatures sont « plongées dans une sorte de matière rigide et immobile qui maintient leurs pouvoirs enfermés dans une inertie insurmontable » jusqu'à la périphérie, où sont en train de naître des créatures nanties de degrés de rationalité et de spiritualité de plus en plus élevés. », S. J. Dick, *La pluralité des mondes*, *op. cit.*, p. 237.

> d'entre eux est liée, en raison de ce rapport, par nécessité de nature, au lieu qui lui a été assigné dans l'*Univers*[1].

Ce texte, explicitement dévolu à une approche négative de l'être humain, lesté du poids de la matière qui engendre une « inertie de sa faculté de penser » et une limitation de ses capacités rationnelles ne saurait en aucun cas préfigurer un quelconque humanisme kantien; fondé sur des considérations physiques, il cherche à cerner ce qui distingue l'être humain tel qu'il est de l'être raisonnable, ce qui fait que l'être humain n'est pas un être parfaitement raisonnable, ce qui entrave l'exercice de la raison en l'homme. Que la raison de la grossièreté humaine soit physique et matérielle et non ontologique ne doit pas occulter le fait massif de cet ouvrage : *Kant déplore la constitution humaine spécifiant l'homme et le distinguant de l'être raisonnable comme tel, et affirme sans ambiguïté aucune que des êtres extraterrestres autrement constitués du point de vue physique pourraient faire un usage bien plus affiné et somptueux de leur raison que ne peut le faire l'être humain englué dans la médiocrité de sa constitution matérielle.*

À l'issue de la lecture de ce texte très précoce de Kant, plusieurs résultats peuvent être affirmés.

1) Kant considère l'existence d'intelligences extraterrestres comme une évidence. L'homme n'est donc qu'un être rationnel parmi une infinité d'autres êtres rationnels.

2) Le projet kantien n'est pas anthropologique contrairement à ce que l'on peut lire si souvent; il est bien plutôt de cerner le sens des êtres raisonnables, c'est-à-dire qu'il transcende de très loin la simple question de l'homme. Nous faisons ainsi pleinement nôtre cette analyse de Diogo Sardinha : « lorsque Kant pose la question "qu'est-ce que l'homme ?", il n'y répond pas, et lorsqu'il traite de l'homme, il ne pose pas la question de savoir ce qu'est l'homme. »[2]. Cela tient, selon nous, à l'évident désintérêt de Kant à l'égard de la question anthropologique qui ne peut être traitée que *relativement* à la question des êtres raisonnables dont l'homme n'est jamais qu'un échantillon défectueux. Ainsi, la présence d'un questionnement anthropologique chez Kant – qu'il ne s'agit pas de nier – tient bien moins à la volonté de connaître l'homme pour lui-même qu'à des raisons pragmatiques qui font que l'homme est une des expressions effectives des

1. AK I, 357-358 ; *OP* I, p. 103-104. Nous soulignons.
2. D. Sardinha, « Le paradoxe de l'anthropologie », in *Kant et les sciences*, *op. cit.*, p. 331.

êtres raisonnables et, qu'à ce titre, le connaître signifie connaître par extension ce que peuvent être des êtres raisonnables, à la condition d'éliminer en lui tout ce qui est inessentiel et contingent. C'est donc *en tant qu'être raisonnable* qu'il pourra atteindre sa plus haute destination, *et non en tant qu'homme*. Ce sont les progrès de la raison qui permettent ainsi à l'homme de se représenter comme fin, *c'est-à-dire comme être raisonnable*. « Et ainsi, note Kant, l'homme venait d'entrer dans un état d'*égalité avec tous les êtres raisonnables*, de quelque rang qu'ils pussent être, c'est-à-dire eu égard à la prétention *à être soi-même une fin*, à être estimé comme tel également par tout autre »[1].

3) Si c'est la raison qui confère la dignité et la noblesse à l'homme, et si par ailleurs il existe d'autres êtres raisonnables, alors il faut aussitôt en conclure que *l'homme n'atteint sa plus haute destination qu'à la faveur d'une rupture avec ce qui fait son humanité, c'est-à-dire avec ce qui le particularise en tant qu'homme. Loin d'être un humanisme, le kantisme apparaît alors comme un rationalisme transhumain transcendant la question anthropologique qui fait de l'homme un moyen permettant de connaître l'universalité des êtres raisonnables.*

Bien sûr, nous n'ignorons nullement le sens contemporain qu'ont revêtu les termes mêmes de transhumain et de transhumanisme, lesquels font écho à une amélioration scientifique et technique des capacités physiques et mentales de l'homme. Nous n'entendrons pas ces termes avec la résonance technico-scientifique que leur confère aujourd'hui notre époque mais nous serons à l'écoute du préfixe *trans* par lequel s'exprime cette exigence de passer outre l'humanité. Selon notre thèse, chez Kant, loin d'être technico-scientifique, cette exigence est d'abord *morale* en invitant l'homme à s'élever au-dessus de lui-même tant sa simple constitution humaine ne saurait suffire à accomplir l'exigence morale. De ce point de vue, l'usage de *transhumain* et de *transhumanisme* dans notre perspective s'enracine dans une commune interrogation avec l'usage contemporain de ces deux termes. Dans *L'Encyclopédie du trans/posthumanisme*, les auteurs notent en effet que le transhumanisme inaugure une « vaste réflexion sur la nature et les limites de l'humain et sur les attitudes que l'on rencontre relativement à elles. »[2]. C'est très exactement ce que nous semble accomplir Kant à ceci près que les limites humaines

1. Kant, *Conjectures sur le commencement de l'histoire humaine*, AK VIII, 114; *OP* II, 510.

2. G. Hottois, J.-N. Missa, L. Perbal (dir.), *L'Encyclopédie du trans/posthumanisme*, Paris, Vrin, 2015, p. 7.

n'appellent aucune intervention exogène : c'est au contraire l'appel moral immanent qui rend impérieuse la nécessité de transcender ce qui, en chacun de nous, demeure humain, trop humain[1].

Nous n'entendrons donc par *transhumain* nulle visée techno-scientifique d'amélioration de l'homme mais bien plutôt l'invitation *inscrite en tout homme* de transcender son humanité vers son être raisonnable, c'est-à-dire de viser l'arrachement à cette humanité qui, en l'homme, entrave le plein exercice de sa raison et d'ainsi se rattacher à tout être raisonnable une fois abstraite la particularité humaine. Ce que nous appelons « transhumain » n'est rien d'autre que ce que Kant lui-même décrit en ces termes alors qu'il analyse le devoir moral : « Ce ne peut être rien de moins que *ce qui élève l'homme au-dessus de lui-même* (comme partie du monde sensible) [2]. À ce titre, il serait grandement erroné de croire que l'intelligence humaine, c'est-à-dire son *entendement*, lui confère une quelconque grandeur ou une quelconque dignité. L'entendement comme faculté *humaine* n'arrache en rien son propriétaire à sa médiocrité, peut-être même l'y conforte-t-il. Rappelons à cet égard les quelques lignes qui introduisent le onzième paragraphe de la *Métaphysique des mœurs :*

> Dans le système de la nature, l'homme (*homo phaenomenon*, *animal rationale*) est un être de médiocre importance et il a en commun avec les autres animaux, en tant que produits de la terre, une valeur vulgaire (*pretium vulgare*). Le fait qu'il ait un entendement qui l'élève au-dessus d'eux et qu'il puisse se fixer à lui-même des fins, même cela ne lui confère qu'une valeur extrinsèque d'utilité (*pretium usus*), à savoir la valeur par laquelle un homme l'emporte sur un autre; c'est-à-dire qu'il a un *prix* comme une marchandise dans le commerce qu'il entretient avec ces animaux pris comme des choses, commerce où il n'a pourtant qu'une valeur inférieure à l'équivalent universel, l'argent, dont la valeur est pour cette raison appelée éminente (*pretium eminens*)[3].

4) Le texte si peu cité de la *Théorie du Ciel* évoquant l'analogie entre tous les êtres raisonnables n'est pourtant pas rejeté par Kant ; ce dernier le mentionne à de très nombreuses reprises dans sa correspondance[4], non

1. Notons également que le rapport entre le transhumanisme contemporain et l'humanisme est lui aussi interrogé; sur cette question, *cf.* G. Hottois, *Le transhumanisme est-il un humanisme ?*, Bruxelles, Académie Royale de Belgique, 2014, *passim.*

2. E. Kant, *Critique de la raison pratique*, AK, V, 86; *OP* II, p. 713. Nous soulignons.

3. E. Kant, *Métaphysique des mœurs*, « Doctrine de la vertu », § 11, AK VI, 434; *OP* III, p. 722.

4. *Cf.* lettre du 8 juin 1781, AK X, 273-274; lettre du 2 septembre 1790, AK, XI, 203-204; lettre du 19 avril 1791, AK, XI, 252-253.

pour le renier mais au contraire pour en rappeler régulièrement certains résultats. Nous considérons donc que *la Théorie du Ciel*, quoique ne délivrant pas l'état définitif de la pensée kantienne, n'en indique pas moins *l'esprit inaugural* ainsi que le sens concret qu'il convient d'accorder à l'homme *en tant qu'homme*, et contient *in nucleo* l'ensemble des présupposés fondant la question morale. Il ne s'agit pas, pour nous, de nier l'évolution de la pensée kantienne, notamment l'importance que revêt l'architectonique, mais il nous semble en revanche malhonnête de refuser de lire ces textes de jeunesse, d'autant plus que la continuité avec les grands écrits critiques en matière morale nous semble incontestable[1].

Pour que les thèses énoncées ci-dessus soient justes, encore faut-il que trois conditions soient parfaitement remplies. Il faut d'abord se demander si cette mention des intelligences extraterrestres est chez Kant un *hapax* de 1755 ou si elle réapparaît tout au long de son œuvre, témoignant ainsi de la constance de ses préoccupations et de son imprégnation profonde des spéculations de Fontenelle et Huygens. Il faudra ensuite examiner les preuves textuelles permettant d'affirmer que Kant ne confond jamais les hommes et les êtres raisonnables, et fait bien de ceux-là un échantillon de ceux-ci. Enfin, il nous faudra étudier la difficile question de savoir qui est sujet et qui est objet de la morale au sens kantien du terme : est-ce un outil spécifiquement humain ou est-ce un outil à disposition de tout être disposant d'une raison, voilà le programme qu'il nous reste à accomplir.

Étude lexicale de la mention d'intelligences extraterrestres dans l'œuvre de Kant

Qu'en est-il, donc, de la mention des êtres raisonnables non terrestres, des intelligences extraterrestres après 1755 ? En trouve-t-on des traces ailleurs, ou est-ce une simple lubie de jeunesse, rapidement abandonnée par Kant, dans les années suivantes ?

Force est de constater que la question extraterrestre est omniprésente chez Kant, notamment dans la *Critique de la raison pure*. Dans la troisième section du Canon de la raison pure, Kant cherche à distinguer l'opinion, le savoir et la croyance, et avance la notion de croyance doctrinale pour désigner une créance théorique précise, à laquelle seule manque la confirmation expérimentale. Cela permet d'opposer la simple opinion, dénuée de toutes raisons précises, à la croyance doctrinale où bien des raisons

1. Sur cette question méthodologique, *cf.* V. Delbos, *La philosophie pratique de Kant*, « Le mode de formation du système », Paris, P.U.F., 1969, p. 47-59.

justifient la croyance, cette dernière n'étant toutefois qu'une croyance et non un *savoir* faute de preuves expérimentales. Pour illustrer cette distinction, Kant mobilise la question des intelligences extraterrestres :

> S'il était possible de décider de la chose par quelque expérience, je parierais volontiers tous mes biens qu'il y a des habitants au moins dans quelqu'une des planètes que nous voyons [*daß es wenigstens in irgendeinem von den Planeten, die wir sehen, Einwohner gebe*]. Ce pourquoi je dis que ce n'est pas simplement une opinion, mais une forte croyance [*bloß Meinung, sondern ein starker Glaube*] (sur la justesse de laquelle je risquerais d'ores et déjà beaucoup d'avantages de la vie), qui me fait penser qu'il y a aussi des habitants dans d'autres mondes [*Bewohner anderer Welten*][1].

Il faut ici prendre la mesure du *Je* kantien ; il parle en son nom propre et énonce une croyance doctrinale forte : il croit fermement qu'il y a des habitants autres que des humains dans l'Univers. Mieux que cela, il affirme que cette croyance n'est pas qu'une opinion, une vague idée qu'aucune raison ne saurait étayer ; il s'agit au contraire d'une croyance doctrinale, donc *justifiée* par des motifs rationnels, quoique rien dans l'expérience ne puisse valider une telle croyance. Avec ce passage, Kant propose donc une version plus prudente que celle qui était affichée en 1755 dans la *Théorie du ciel* mais livre en même temps ce qui s'apparente à une confidence concernant l'une de ses croyances les mieux ancrées dont nous redisons qu'elle n'est pas une simple opinion mais bien une créance *justifiable* par un certain nombre de raisons, ce qui n'est pas sans rappeler le programme de Fontenelle analysé précédemment.

Dans la troisième Critique, Kant modifiera son vocabulaire mais ne changera pas le sens de sa remarque. Il affirmera qu'« admettre que des êtres raisonnables [*Vernünftige Bewohner*] habitent d'autres planètes est une affaire d'opinion [*eine Sache der Meinung*]. »[2]. Certes, la croyance à ces êtres passe du statut de croyance doctrinale à celui d'opinion mais Kant ne varie pas sur un point : l'existence des intelligences extraterrestres relève du « possible en soi », de ce qui n'entre pas en contradiction avec nos propres cadres d'apparition. Toutefois, Kant, et c'est une nouveauté, doute désormais explicitement que nous puissions un jour faire l'expérience d'une rencontre extraterrestre, sans doute parce que, les années passant, il fut obligé de constater que les progrès scientifiques réalisés n'avaient pas

1. E. Kant, *Critique de la raison pure*, AK, III, 534-535, A 825/B 853, trad. fr. Alain Renaut, Paris, GF, 2006, p. 670 ; *OP* I, p. 1380.

2. E. Kant, *Critique de la faculté de juger*, § 91, AK, V, 467, trad. fr. Alain Renaut, Paris, GF, 2000, p. 468 ; *OP* II, p. 1278.

rendu possible la moindre rencontre effective, la science newtonienne ayant atteint un état jugé pourtant définitif à certains égards.

Ce n'est toutefois pas la seule mention d'habitants [*Einwohner*] extra-terrestres peuplant l'Univers, la sixième section des antinomies de la raison pure ayant déjà produit une telle hypothèse. Cherchant à montrer que la dialectique cosmologique se résout par l'idéalisme transcendantal, Kant rappelle que les phénomènes auxquels nous avons affaire se règlent sur notre pouvoir de connaître, et ne sauraient être en-soi tels qu'ils nous apparaissent. Nous n'avons donc jamais affaire aux choses elles-mêmes, absolues et en-soi, mais seulement à une expérience soumise à nos propres cadres d'apparition. Et Kant d'ajouter cet énigmatique exemple :

> Qu'il puisse y avoir des habitants sur la Lune [*Einwohner im Monde*], bien que nul être humain n'en ait jamais eu perception, assurément faut-il l'accorder, mais cela signifie uniquement que, lors du progrès possible de l'expérience nous pourrions les rencontrer [*treffen könnten*] ; car tout ce qui s'accorde en un contexte avec une perception suivant les lois qui régissent le cours de l'expérience est effectivement réel [1].

Que viennent faire les habitants de la Lune dans une réflexion sur les rapports entre phénomènes et choses en soi ? Outre l'énième reprise des spéculations de Huygens et de Fontenelle, Kant vise à dissiper un malentendu possible, inhérent à sa présentation des choses. La chose en-soi inaccessible n'est pas celle qui n'est jamais apparue *empiriquement*, c'est-à-dire jamais apparue dans l'expérience ; elle est celle qui *ne peut pas apparaître* en raison même de la structure de l'expérience soumise à nos propres cadres esthétiques et conceptuels : nous n'avons affaire dans l'expérience qu'à ce qui nous est relatif, qu'à ce qui est spatio-temporel ; ce qui excède l'espace et le temps est donc, pour nous, hors de portée, absolu. Il ne faut alors pas confondre ce qui ne peut pas apparaître – l'absolu – et ce qui n'est pas encore apparu mais dont l'apparition demeure *empiriquement* possible parce que non contradictoire avec nos cadres *a priori* de l'expérience. Ainsi, que nous n'ayons jamais vu d'habitants de la Lune ne signifie pas qu'ils n'existent pas car *rien d'a priori n'interdit leur existence*, mais signifie bien plutôt qu'ils peuvent devenir objets d'expérience, en tant qu'ils peuvent apparaître dans une forme spatio-temporelle, donc *nous* apparaître.

1. *Ibid.*, AK, III, 340, A 492-493/B 521 ; GF, p. 472 ; *OP* I, p. 1139.

Nous pouvons dès lors émettre une hypothèse : les habitants auxquels songe Kant, et qui ne sont pas sans faire penser à Kepler, Huygens et, plus encore, à Fontenelle[1], sont peut-être les mêmes que ceux qu'il mentionne dans le Canon de la raison pure. Ainsi le propos s'établirait-il en deux temps :

1) Il n'est aucune impossibilité *a priori* que l'homme rencontre d'autres êtres raisonnables, les habitants de la Lune ; ceux-ci peuvent apparaître dans l'espace et dans le temps, bien que cette apparition n'ait encore jamais eu lieu.

2) Que ces êtres existent n'est pas une hypothèse liée au seul fait qu'elle ne soit pas impossible : elle est une croyance doctrinale forte, justifiée par de nombreuses raisons, et à laquelle seule jusqu'à présent l'expérience fait défaut.

Le chef-d'œuvre de Kant de 1781 mentionne donc bien d'autres êtres raisonnables que les êtres humains, et émet à plusieurs reprises l'hypothèse qu'au moins l'une des autres planètes – la Lune – soit habitée par de telles créatures. C'est une idée qui ne disparaît pas de la seconde édition de 1787, et qui est à nouveau formulée dans le cours de logique publié en 1800, où Kant mentionne l'existence d'êtres raisonnables lunaires à l'occasion d'une présentation de l'analogie :

> Dans le raisonnement par analogie on ne va cependant pas jusqu'à exiger l'*identité du principe* (*par ratio*). Par analogie nous concluons seulement que la lune est habitée par des êtres raisonnables, non par des hommes[2].

Le privilège des êtres lunaires se confirme jusqu'en 1800, quatre ans avant la mort de Kant ; celui-ci ne semble toujours pas douter de l'existence de ces êtres raisonnables non humains, en dépit de l'absence de preuve expérimentale, et maintient d'ailleurs la possibilité que bien d'autres êtres raisonnables, au-delà de la simple lune, existent.

1. Certains commentateurs posent l'héritage de Fontenelle comme étant une évidence : « À la suite de Fontenelle, Kant pensa que des êtres authentiquement intelligents devaient être découvertes sur d'autres planètes. », M. Schönfeld, *The Philosophy of the young Kant. The precritical Project*, Oxford, Oxford University Press, 2000, p. 121 De manière générale, Alain Niderst a indiqué tous les emprunts kantiens à l'œuvre de Fontenelle. *Cf.* A. Niderst, *Fontenelle*, Paris, Plon, 1991, *passim*.

2. E. Kant, *Logique*, I, 3, § 84, AK, IX, 132 ; trad. fr. Louis Guillermit, Paris, Vrin, 1970², p. 144.

Une telle idée se retrouve exprimée dans un opuscule intermédiaire entre les deux éditions de la *Critique de la raison pure*, opuscule crucial quant à la bonne intelligibilité du kantisme. Publié trois ans après la première édition de la *Critique de la raison pure*, l'*Idée d'une histoire universelle d'un point de vue cosmopolitique* ambitionne de découvrir derrière la liberté humaine une régularité proche de celle d'une loi. La 5e proposition décrit l'ambition la plus haute pour l'humanité, celle d'établir une société civile administrant le droit de manière universelle, ambition toutefois présentée comme la plus difficile [*das schwerste*] dans la proposition suivante à cause de la nature humaine analysée en des termes peu amènes :

> l'homme est un animal [*der Mensch ist ein Tier*] qui, du moment où il vit parmi d'autres individus de son espèce, a besoin d'un maître. Car il abuse à coup sûr de sa liberté à l'égard de ses semblables ; et, quoique, en tant que créature raisonnable [*als vernünftiges Geschöpf*], il souhaite une loi qui limite la liberté de tous, son penchant animal à l'égoïsme l'incite toutefois à se réserver dans toute la mesure du possible un régime d'exception pour lui-même. Il lui faut donc un maître qui batte en brèche sa volonté particulière et le force à obéir à une volonté universellement valable, grâce à laquelle chacun puisse être libre[1].

Nous retrouvons ici les réflexions somme toute pessimistes de 1755 sur la nature humaine au sein de laquelle la raison est comme entravée dans son exercice par la matière, laquelle matière est ici apparentée à l'animalité. Dans cet opuscule, la dignité humaine est toujours définie par ce qui n'est pas *spécifiquement* humain, à savoir la raison, mais la raison de la limitation de celle-ci a évolué : c'est désormais l'animalité en l'homme qui entrave le plein exercice de la rationalité. C'est pourquoi nous ne pouvons partager l'analyse d'Alexis Philonenko qui, s'appuyant sur la *Philosophie de l'histoire*, croit pouvoir opposer humanité et animalité : « Disons tout d'abord ce que l'homme n'est pas. Ce n'est pas un animal. »[2] Il est vrai que l'homme n'est pas *identique* à l'animal, il s'en distingue par la raison : mais il n'en demeure pas moins vrai qu'il y a de l'animalité en l'homme, et que cette animalité restreint l'exercice de la rationalité humaine. Dire qu'il n'est pas un animal nous semble redoubler les ambiguïtés kantiennes en biffant le fait que Kant définit *aussi* l'homme comme un animal particulier,

1. E. Kant, *Idée d'une histoire universelle d'un point de vue cosmopolitique*, « Sixième proposition », AK, VIII, 22, trad. fr. Stéphane Piobetta, *in* E. Kant, *Opuscules sur l'histoire*, Paris, GF, 1990, p. 77 ; *OP* II, p. 195.

2. A. Philonenko, *L'œuvre de Kant*, t. II, Paris, Vrin, 1997, p. 26.

ce que confirme *La Religion dans les limites de la simple raison* posant « la disposition à l'*animalité* de l'homme en tant qu'être *vivant* », ce qui n'empêche pas que ce dernier ait également une « disposition à l'*humanité* [...] en tant que vivant et en même temps *raisonnable*. »[1] Ainsi, l'égoïsme me ramène-t-il à ma propre individualité, ma propre particularité, au lieu de m'ouvrir à l'universalité. Ce n'est donc plus une particularité qui éloigne l'homme de sa raison, mais bien deux particularités qu'il faut désormais surmonter : la première est celle de mon individualité qui m'éloigne des hommes. La seconde est celle de mon humanité qui, parce qu'elle conserve de l'animalité, m'éloigne des êtres raisonnables. Pour adopter un comportement moral, il faut donc dépasser son individualité propre, mais aussi sa propre humanité en tant qu'elle est définie par l'animalité, pour atteindre une forme purement rationnelle et, partant, réellement universelle, donc transhumaine.

Il n'y a donc pas lieu de s'étonner que cette sixième proposition, qui mentionne la question anthropologique et la particularité humaine, donne lieu à une nouvelle réflexion sur les intelligences extraterrestres. La logique demeure en effet la même qu'en 1755 : tout ce qui est humain n'a d'intérêt qu'en tant qu'il indique ce qui est raisonnable si bien que chaque définition de l'être humain appelle un horizon plus large, celui des êtres raisonnables dont, rappelons-le, l'homme n'est qu'un échantillon bien imparfait puisque grevé par son animalité. Nulle surprise ne peut alors étreindre le lecteur découvrant la petite note de la 6e proposition :

> Le rôle de l'homme est par conséquent tout à fait artificiel. Ce qu'il en est des habitants des autres planètes [*mit den Einwohnern anderer Planeten*] et de leur nature, nous l'ignorons. Mais si nous menons à bien cette mission de la nature, nous pouvons certes nous flatter d'avoir droit à une place de choix parmi nos voisins [*unser Nachbaren*] dans l'édifice du monde. Peut-être chez ces autres [*bei diesen*], chaque individu peut-il remplir pleinement sa destinée au cours de sa vie : pour nous, l'affaire se présente tout autrement : il n'y a que l'espèce qui puisse nourrir cette espérance[2].

Une fois encore, l'existence d'habitants raisonnables peuplant d'autres planètes est présentée comme une quasi-évidence dont on ne peut guère raisonnablement douter ; demeure en revanche indéterminée la nature de ces êtres raisonnables extraterrestres, au sujet desquels Kant forme une hypothèse audacieuse. Il se peut que chez les habitants des autres mondes,

1. E. Kant, *La religion dans les limites de la simple raison*, I, 1, AK, VI, 26 ; *OP* III, p. 37.

2. E. Kant, *Idée d'une histoire universelle d'un point de vue cosmopolitique*, AK VIII, 23 ; GF, p. 78 ; *OP* II, p. 195.

la réalisation de leur être rationnel ne suppose pas de dépasser leur particularité individuelle ni même leur spécificité collective : peut-être disposent-ils d'une raison que ne rabaissent ni leur individualité ni leur espèce. Si l'homme est entravé dans l'exercice de sa rationalité par ses penchants égoïstes et par son humanité dont Kant rappelle qu'elle contient une disposition animale, il est peut-être seul dans ce cas-là parmi les êtres raisonnables : les habitants d'autres planètes sont peut-être purement rationnels et non limités dans l'exercice de leur raison par leur égoïsme individuel ni par les tares matérielles de leur espèce.

Une dernière mention peut être relevée dans un ouvrage tardif de 1798, *L'Anthropologie du point de vue pragmatique*. Ce livre souvent cité pour sa définition de la personne présente deux mérites quant à notre problématique : le premier est de proposer, dès la préface, une étrange définition de l'homme où Kant affirme que connaître ce dernier, « conformément à son espèce, comme être terrestre doué de raison, [...] mérite tout particulièrement d'être appelé *connaissance du monde*, bien que l'homme ne constitue qu'une partie des créatures terrestres. »[1]. L'homme est donc, comme partout ailleurs, défini comme un être doué de raison, auquel il faut ajouter le fait qu'il est terrestre, c'est-à-dire soumis à certaines forces matérielles (1755) et animales (1781/1784), ce qui imposera une étude physiologique de ce dernier. Deuxièmement, un lien inattendu entre connaissance de l'homme et connaissance du monde se trouve proposé. Pour comprendre le sens de cette remarque, il faut avoir en tête le fait que l'anthropologie n'a ici de sens que comme *pragmatique*, c'est-à-dire comme marche vers la connaissance de ce que doit accomplir *concrètement* un être raisonnable. Il faut ainsi entendre la « connaissance du monde » comme la connaissance de ce que doit faire un sujet dans le monde en tant que « citoyen du monde », en tant qu'il ne se définit plus par sa particularité individuelle mais bien plutôt par son attache universelle à un monde où les hommes cherchent à se défaire de leurs particularismes qui les rattachent à leur individualité infra-rationnelle.

Comment s'étonner, dans de telles conditions, que l'ouvrage de 1798 se close sur les habitants des autres mondes ? Il s'agit d'étudier une fois encore l'homme pour découvrir les caractères inessentiels de ce dernier dont il peut se départir pour atteindre l'universalité cosmopolitique. Autrement dit, Kant établit ce qui fait l'homme dans sa spécificité non-rationnelle pour mieux l'éliminer et parvenir ainsi à éradiquer ces inessentialités

1. E. Kant, *Anthropologie du point de vue pragmatique*, « Préface », AK, VII, 119 ; trad. fr. Michel Foucault, Paris, Vrin, 2008, p. 83 ; *OP* III, p. 939.

en vue d'établir une communauté cosmopolitique faisant fi de la physiologie, de la psychologie et des races, autant d'attaches trop particulières et enrayant la visée de la raison. C'est pourquoi il peut évoquer au sujet des êtres terrestres une « espèce d'êtres raisonnables, en comparaison avec les habitants d'autres planètes, en tant que créatures issues d'un seul et même démiurge. »[1]. Les idées cruciales de 1755 sont toujours présentes : les humains sont des êtres raisonnables parmi d'autres, constituant une race parmi l'ensemble des races rationnelles qui peuplent l'Univers, et l'homme ne vaut que par ce qui le rattache à cette communauté universelle – cosmologique – d'êtres rationnels, soit par sa raison qu'il ne peut atteindre qu'en se dépouillant de ses particularités individuelles et même humaines. L'homme ne vaut qu'en étant plus qu'humain, c'est-à-dire en se dépouillant de tout ce qui rattache à la Terre ; ce n'est d'ailleurs pas un hasard si, dans sa présentation du texte, Michel Foucault conclut par une référence nietzschéenne le problème kantien :

> La trajectoire de la question : *Was ist der Mensch*? dans le champ de la philosophie s'achève dans la réponse qui la récuse et la désarme : *der Übermensch*[2].

Il ne faut pas entendre l'*Übermensch* comme une figure nietzschéenne mais bel et bien comme ce dépassement de l'homme par l'être raisonnable arraché à ses particularités humaines et ramené à l'universalité cosmologique de sa condition. Il nous semble ainsi que Kant n'a pas changé depuis 1755 sur un point majeur : sa pensée n'est pas un humanisme, elle est une recherche des potentialités de la raison en tant que celles-ci sont affranchies de tout ce qui peut l'entraver, et dont les tares humaines donnent une idée tant par la condition terrestre que par l'animalité qui grève la raison de l'homme.

Notre première exigence est donc satisfaite : que ce soit dans la *Critique de la raison pure* ou dans la *Critique de la faculté de juger*, dans l'*Idée d'une histoire universelle d'un point de vue cosmopolitique* ou encore dans l'*Anthropologie*, l'hypothèse d'êtres raisonnables non humains demeure massivement présente et située à des points stratégiques de chacune de ces œuvres ; il est vrai que Kant est de moins en moins affirmatif quant à l'évidence de l'existence de tels êtres, mais il n'en demeure pas moins que ceux-ci continuent à irriguer les textes et à constituer une communauté idéale

1. E. Kant, *Anthropologie...*, AK, VII, 331 ; Vrin, p. 261 ; *OP* III, p. 1143.

2. M. Foucault, « Introduction à l'Anthropologie de Kant », in E. Kant, *Anthropologie...*, *op. cit.*, p. 79.

d'êtres raisonnables dont l'homme n'est jamais qu'un cas particulier. Disposant des preuves textuelles dont nous avions besoin, il nous faut maintenant nous demander si Kant distingue explicitement les êtres humains des êtres raisonnables au cours de son œuvre.

Pourquoi les écrits moraux mentionnent-ils l'être raisonnable et non l'être humain ?

Si la mention régulière d'êtres raisonnables habitant d'autres planètes est désormais garantie, encore nous faut-il montrer que Kant distingue clairement l'être raisonnable en général, destinataire de sa philosophie, de l'homme, cas particulier des êtres raisonnables.

Le fait est que Kant, dans les textes moraux, parle essentiellement des êtres raisonnables et non des hommes, ce qui avait déjà attiré l'attention de Schopenhauer :

> Pour Kant, cet établissement de la morale, qui ne concerne pas les hommes en tant qu'hommes, mais TOUS LES ÊTRES RAISONNABLES en tant que tels, constitue cependant un point capital et une idée favorite qui lui tiennent tant à cœur qu'il ne se lasse pas de les reprendre à toute occasion. [...]. Parler d'êtres raisonnables en dehors des hommes, c'est comme si on parlait d'ÊTRES PESANTS en dehors des corps. On ne peut alors s'empêcher de soupçonner Kant d'avoir pensé ici aux chers petits anges, ou d'avoir du moins compté sur leur assistance pour persuader le lecteur[1].

Cette raillerie de Schopenhauer présente un mérite certain au-delà du terrain polémique où elle cherche à s'installer : *l'objet du discours kantien est bel et bien l'être raisonnable en général, et non l'homme en particulier*, ce qui impose de se demander *qui* sont les êtres raisonnables qui ne sont pas des hommes ; si Schopenhauer convoque, pour se moquer, les « chers petits anges », il est pourtant clair que Kant pense aux habitants des autres planètes, si bien que l'ensemble de sa philosophie morale nous semble viser une fondation des rapports entre être rationnels et non une fondation des rapports humains.

Bien des commentateurs après Schopenhauer ont d'ailleurs remarqué cette distinction permanente dans la philosophie morale entre l'homme et l'être raisonnable, dont Hermann Cohen qui considérait que, même s'il n'existait pas d'hommes, la morale conserverait un sens, étant

1. A. Schopenhauer, *Le fondement de la morale*, § 6, trad. fr. Christian Sommer, *in* A. Schopenhauer, *Les deux problèmes fondamentaux de l'éthique*, « Folio-essais », Paris, Gallimard, 2009, p. 232-234.

éminemment liée aux êtres rationnels et non aux hommes en particulier[1]. Plus près de nous, Alexis Philonenko remarque lui aussi que, « sans cesse dans des textes moraux essentiels, Kant parle de l'être raisonnable et non de l'homme. »[2]. Mais, à l'exception de Schopenhauer et, plus récemment, d'Antoine Grandjean, aucun commentateur ne cherche à identifier ces êtres raisonnables non humains qui sont pourtant au cœur de la détermination kantienne de la moralité ; Antoine Grandjean envisage dans un premier temps qu'« on pourrait d'abord penser à des *extraterrestres* »[3], mais il récuse cette hypothèse pour y substituer celle des anges à partir de la *Doctrine de la vertu*. Il nous semble que cette thèse, qui n'est pas absurde, est pourtant triplement contestable. Elle repose d'abord sur un relevé incomplet de la mention des extraterrestres et des habitants des autres planètes chez Kant, Antoine Grandjean ne citant en tout et pour tout qu'un passage de la *Logique*, ce qui le conduit à minorer une telle hypothèse. En outre, elle fait abstraction des textes de Fontenelle et de Huygens que Kant a lus et cités dans des moments cruciaux pour l'interprétation, et que nous avons indiqués. Enfin, elle ne résout nullement le sens des « êtres raisonnables » en tant qu'ils « peuplent » l'univers : au sens propre, un ange ne peuple pas l'univers, il n'en est pas un habitant, et Kant ne pouvait l'ignorer. Par conséquent, pour ces trois raisons, textuelle, historique et théologique, nous considérons que l'interprétation des êtres raisonnables comme étant des extraterrestres s'impose au détriment de celle voulant y voir des anges.

Nous trouvons d'ailleurs un argument fort en faveur de notre interprétation dans les *Fondements de la métaphysique des mœurs* :

> Si l'on ajoute qu'à moins de contester au concept de moralité toute vérité et toute relation à quelque objet possible, on ne peut disconvenir que la loi morale ait une signification à ce point étendue qu'elle doive valoir non seulement pour des hommes, mais pour tous les *êtres raisonnables en général* [nicht bloß für Menschen, sondern alle *vernünftige Wesen überhaupt*], non pas seulement sous des conditions contingentes et avec des exceptions, mais avec une *absolue nécessité*, il est clair qu'aucune

1. *Cf.* H. Cohen, *Kants Begründung der Ethik*, Berlin, Dümmler, 1910, p. 162.
2. A. Philonenko, *L'œuvre de Kant*, t. II, *op. cit.*, p. 25.
3. A. Grandjean, *Critique et réflexion. Essai sur le discours kantien*, Paris, Vrin, 2009, p. 204.

> expérience ne peut donner lieu de conclure même à la simple possibilité de telles lois apodictiques[1].

Cette distinction de la deuxième section résonne étrangement avec un passage de la préface où Kant se demande *pour qui* il écrit et si les principes moraux sont limités par une application humaine. Il faut comprendre ce qu'impliquerait une telle restriction : cela signifierait que, si la morale doit tenir compte de ce qu'est l'homme, donc de l'anthropologie, elle serait alors tributaire d'éléments contingents et empiriques, déterminés par la matière et l'animalité, et devrait immédiatement abandonner toute prétention à l'absoluité. Une morale dont la valeur serait limitée à l'anthropologie serait relative et, par conséquent, inconsistante. D'où la nécessaire mise au point de Kant :

> ne pense-t-on pas qu'il soit de la plus extrême nécessité d'élaborer une bonne fois une philosophie morale pure qui serait complètement *expurgée de tout ce qui ne peut être qu'empirique et qui appartient à l'anthropologie*? [...]. Tout le monde doit convenir que pour avoir une valeur morale, c'est-à-dire pour fonder une obligation, il faut qu'une loi implique en elle une absolue nécessité; il faut que ce commandement : « Tu ne dois pas mentir », ne se trouve pas valable pour les hommes seulement en laissant à d'autres êtres raisonnables la faculté de n'en tenir aucun compte [*nicht etwa bloß für Menschen gelte, andere vernünftige Wesen sich aber daran nicht zu kehren hätten*], et qu'il en est de même de toutes les autres lois morales proprement dites[2].

Il est étrange de voir à quel point cette extension de la moralité se trouve souvent niée ou, à tout le moins, atténuée quant à son sens. Il n'y a ici aucune raison de ne pas prendre Kant au pied de la lettre, et de nier que la moralité rationnelle ne s'applique à tout être raisonnable. L'impossibilité rationnelle de mentir ne s'applique pas qu'aux hommes : c'est au contraire parce qu'elle contraint tous les êtres raisonnables qu'elle doit aussi contraindre les hommes qui sont, rappelons-le, un échantillon des êtres raisonnables. Si tel n'était pas le cas, les lois morales seraient contingentes et empiriques, c'est-à-dire *relatives à la condition particulière des hommes, elle-même déterminée par la contingence de leur matérialité et de leur animalité*. Une fois encore, l'universalité et la nécessité s'unissent chez Kant, mais elles s'unissent au sens fort en ceci que l'universalité en

1. E. Kant, *Fondements de la métaphysique des mœurs*, II, AK, IV, 408; *OP* II, p. 268-269.
2. *Ibid.*, AK, IV, 389; *OP* II, p. 245-246. Nous soulignons.

question n'est pas celle de tous les hommes mais bien celle de tous les êtres raisonnables, cosmologiquement parlant.

Dans sa note consacrée à ce passage, Ferdinand Alquié essaie pourtant de neutraliser ce que peut avoir de perturbant l'affirmation d'une morale valant non pas pour l'homme mais pour tous les êtres raisonnables. « En parlant d'autres êtres raisonnables, Kant ne prétend pas affirmer qu'il existe, en dehors des hommes, de tels êtres (ainsi des anges). Il veut seulement substituer à la notion d'homme, notion empirique et tirée de l'observation biologique et psychologique d'êtres dont l'existence est constatée, la notion d'« être raisonnable », notion universelle qui ne doit rien à l'expérience et permettra de raisonner *a priori*. »[1]. Il est tout à fait exact que la convocation des êtres raisonnables en général permet d'échapper à toute détermination empirique et contingente de la morale, mais il est unilatéral de ramener le raisonnement kantien à une simple exigence logique : la mention de ces êtres raisonnables est à la fois une exigence logique *et* une croyance doctrinale forte qui signifie que si nous rencontrions de tels êtres, *nous devrions nous comporter à leur égard comme envers n'importe quel être humain car c'est le même être raisonnable que nous respecterons en eux et que nous respectons en l'homme*. En d'autres termes, Alquié anéantit le sens éminemment concret des propos de Kant : si une rencontre avait lieu, alors les lois morales demeureraient valables et surtout *applicables*.

Par conséquent, et telle est la logique même du propos de Kant, tout ce qu'élabore l'anthropologie doit demeurer extérieur à la morale : si celle-ci se veut purement rationnelle, alors tout ce qui relève *en propre* de l'homme, c'est-à-dire de la particularité humaine, doit y être *éradiqué*. Une fois de plus, nous prenons conscience du fait que la morale kantienne signe l'impossibilité décisive qu'un humanisme y soit à l'œuvre : comment pourrait-on en effet défendre une interprétation humaniste de Kant alors même que ce dernier s'obstine à éliminer de la plus haute destination de l'homme cela même qui fait son humanité ?

> toute philosophie morale repose entièrement sur sa partie pure, et, appliquée à l'homme, ne fait pas le moindre emprunt à la connaissance de ce qu'il est (anthropologie) ; elle lui donne au contraire, en tant qu'il est un être raisonnable [*als vernünftigem Wesen*], des lois *a priori*[2].

1. Cf. *OP* II, n. 1, p. 1444.
2. *Ibid.*, AK, IV, 389 ; *OP* II, p. 246.

On ne saurait être plus explicite que ne l'est Kant à ce moment précis : *rien de ce qui est spécifiquement humain ne saurait contribuer à la morale*. L'anthropologie ne sert qu'à définir ce qui, précisément, ne contribue pas à la morale, en tant que l'homme est frappé d'une particularité qui l'éloigne de la rationalité, par définition universelle. Il faut donc en tirer les conclusions les plus fermes : *ce n'est pas en tant qu'homme que l'homme peut accéder à la moralité, c'est en tant qu'être raisonnable qu'il le peut, tout ce qui est proprement humain constituant autant d'obstacles à transcender eu égard à la découverte des lois morales*. Kant ne cesse ainsi de dire à quel point il serait erroné de voir en ses propres textes une réflexion humaniste plaçant l'homme au centre de sa pensée; ce dernier n'est jamais que le moyen illustratif par lequel nous pouvons acquérir une connaissance de la seule chose qui importe, celle des êtres raisonnables. Pis encore, si la logique est suivie jusqu'au bout, *on doit douter qu'un homme puisse être effectivement moral*, dans la mesure où l'exigence posée par la raison pratique se révèle précisément *transhumaine* là où l'homme ne peut pourtant pas être plus que lui-même. Condamné à n'être qu'humain, l'homme aperçoit une exigence morale que son humanité devrait lui interdire de réaliser dans les faits.

C'est pourquoi la déduction des principes de la morale ne pourra s'effectuer à partir du cas particulier des hommes; ce serait en restreindre la portée. Il faut au contraire déduire de tels principes du concept des êtres raisonnables en général, et se demander ensuite comment ils s'appliquent aux hommes en particulier, en tant que ces derniers sont hélas englués dans une particularité physique, physiologique et psychologique qui les entrave. C'est une fois encore ce que Kant affirme explicitement :

> On devra s'abstenir [...] de faire dépendre les principes de la nature particulière de la raison humaine, mais, puisque les lois morales doivent valoir pour tout être raisonnable en général [*für jedes vernünftige Wesen überhaupt gelten sollen*], il faudra les déduire du concept universel d'un être raisonnable en général [*aus dem allgemeinen Begriffe eines vernünftigen Wesens überhaupt abzuleiten*], et ainsi exposer toute la morale, qui, dans son *application* aux hommes, a besoin de l'anthropologie[1].

Le sens de ce programme est remarquablement anti-humaniste et se révèle en même temps *transhumaniste* : il signifie que la moralité ne peut être tirée de l'humanité, et ne peut l'être que de ce qui transcende l'humanité, à savoir l'être raisonnable. Pis encore, pour pouvoir *appliquer* la

1. *Ibid.*, AK, IV, 411-412; *OP* II, p. 273.

moralité à l'homme, il faudra revenir dans la particularité, donc dans l'animalité et la matérialité pour comprendre comment un être qui n'est pas purement raisonnable pourra toutefois s'accommoder de principes qui heurtent ses pulsions et ses envies immédiates[1]. C'est la raison pour laquelle nous partageons pleinement la très subtile analyse d'Antoine Grandjean qui distingue avec force la loi morale, que possède tout être raisonnable, de la manière dont elle s'adresse à un être qui n'est pas purement raisonnable mais qui est vicié par son corps et ses particularités et qui n'est autre que l'impératif catégorique; celui-ci est catégorique du fait même que ceux à qui il s'adresse ne sont pas spontanément enclins à respecter la loi morale, puisqu'ils ne sont pas purement raisonnables. L'impératif catégorique est donc le symptôme du hiatus entre la pureté de la loi et l'impureté de son destinataire qui contracte la loi sous la forme de l'obligation[2] à défaut de l'accomplir spontanément.

Comprenons donc que dans la liberté pratique où se joue l'autonomie de la volonté, cette dernière ne saurait être bonne qu'à la condition de n'obéir qu'à la raison pratique et non aux penchants sensibles. Mais, parce que la volonté *humaine* se laisse bien plus volontiers déterminer par les penchants sensibles et affectifs que par la raison, *la manière dont la loi se manifeste auprès de la volonté doit être impérieuse et prendre la forme de l'impératif catégorique*. En d'autres termes, la forme même de ce dernier est le symptôme de la faiblesse de la volonté humaine qui doit apercevoir la loi d'une manière telle qu'elle se sente obligée par elle puisque spontanément elle ne possède aucune inclination consistant à se porter vers elle.

En outre, il semble nécessaire qu'aucun homme, compte-tenu de la structure même de son humanité, ne puisse être *effectivement* moral. *Apercevoir l'exigence morale de la raison ne signifie en rien être en mesure de l'accomplir*. Apercevoir l'être raisonnable en soi, ce n'est pas être capable de ne plus être humain; c'est bien plutôt apercevoir une sorte d'appel que notre constitution profonde nous interdit de réaliser. C'est pourquoi Kant nous semble tirer en 1793 toutes les conséquences de cette impossibilité en notant l'extrême probabilité qu'aucun *être humain* n'ait pu être moral au sens où il le définit depuis le commencement de l'humanité :

1. *Cf.* V. Delbos, *La Philosophie pratique de Kant*, *op. cit.*, p. 250.

2. « L'impératif ne s'adresse qu'à une volonté pour laquelle la nécessité objective n'est pas de soi une nécessité subjective, c'est-à-dire à des êtres dont le libre arbitre n'est pas de lui-même conforme à la volonté comprise comme raison pratique pure. Il ne vaut que pour des êtres dont l'arbitre, même s'il n'est pas pathologiquement nécessité (*arbitrium brutum*), est cependant pathologiquement affecté », A. Grandjean, *Critique et réflexion*, *op. cit.*, p. 226-227.

> J'admets en effet bien volontiers qu'aucun homme ne peut avoir conscience avec certitude d'*avoir accompli* son devoir de façon tout à fait désintéressée [...]. Il se peut que jamais un homme n'ait accompli de façon tout à fait désintéressée (sans mélange d'autres mobiles) son devoir qu'il reconnaît et même vénère; peut-être même qu'aucun ne parviendra à ce point malgré l'effort le plus grand[1].

Il faut mesurer la force de cette déclaration kantienne : même lorsque nous pensons obéir à la raison pratique, il se peut que des mobiles cachés, c'est-à-dire *spécifiquement humains*, déterminent en réalité et en sous-main la volonté, de sorte que celle-ci ne soit finalement pas déterminée par la seule raison pratique, auquel cas l'intention ne pourrait être dite absolument bonne, car celle-ci n'est absolument bonne qu'à la condition de n'être relative à rien de spécifiquement humain. Dans ces conditions, *une action morale ne pourrait être réalisée que par un homme qui ne serait plus homme, qui ferait totalement abstraction de cela même qui le spécifie comme homme*, ce qui réduit la probabilité qu'une telle action ait déjà eu lieu au quasi-néant. L'effort « le plus grand » ne peut amener l'homme à ne plus être homme.

Remarquons en outre que Kant ne dit nullement qu'aucun « être raisonnable » n'a accompli de façon désintéressée son devoir, mais il précise bien qu'il s'agit des *hommes*, car c'est précisément l'*humanité* qui est en jeu. La structure constitutive de l'humanité crée une béance face aux exigences morales de la raison pratique; *du fait même qu'il est homme, l'homme ne peut satisfaire ses aspirations morales*, de sorte qu'il est inévitable de poser l'impossibilité empirique qu'une quelconque action morale ait été réellement accomplie *par un homme*. Cela ne signifie pas qu'aucun être raisonnable ne peut accomplir d'actions morales, cela signifie bien plutôt *qu'aucun humain n'est en mesure de s'élever réellement au niveau transhumain qu'exigerait la réalisation d'une action authentiquement morale*. Mais il nous faut redire, avec Kant, que la dégradation même du sens de l'homme qui court tout au long des textes impose de considérer qu'aucun homme ne peut réaliser d'action authentiquement morale, à moins que l'homme puisse ne plus être humain, ce qui paraît hautement improbable. La visée transhumaine comprise en tout homme raisonnable s'accompagne donc nécessairement de l'échec de cette visée.

Nous pouvons alors nous demander pourquoi Kant promeut une morale dont il est le premier à reconnaître qu'elle n'est pas réalisable et qui semble

1. E. Kant, *Sur le lieu commun : il se peut que ce soit juste en théorie, mais, en pratique, cela ne vaut point*, AK, VIII, 286; *OP* III, p. 263-264.

pleinement donner raison à la si célèbre formule de Péguy selon laquelle Kant a les mains pures, sans avoir de mains. Précisons, afin de dissiper toute ambiguïté, qu'il ne s'agit pas pour nous de contester le caractère *a priori* et pur de la morale kantienne. Lorsque les *Fondements de la métaphysique des mœurs* rappellent que dans une philosophie pratique, il s'agit de poser, « non pas des principes de ce qui *arrive*, mais des lois de ce qui *doit arriver*, quand même cela n'arriverait jamais »[1], Kant ne statue pas tant sur l'impossibilité effective pour les hommes de respecter la loi que sur *l'origine* de celle-ci dans le cadre d'une discussion vive avec les morales empiristes. Par conséquent, nous ne faisons pas nôtre l'argument de Schopenhauer visant à réhabiliter une morale qui penserait *ce qui a lieu* contre une loi *a priori :*

> Voilà déjà une franche *petitio principii*. Qui vous dit qu'il y a des lois auxquelles nos actes DOIVENT se soumettre? Qui vous dit que CE QUI N'ARRIVE JAMAIS DOIT ARRIVER? – Qui vous autorise à présupposer cela et ensuite à nous imposer, comme seule possible, une éthique sous une forme légiférante et impérative[2] ?

Si Schopenhauer s'émeut de la pétition de principe kantienne, il ne s'agit pourtant pas du même étonnement que le nôtre : le sien porte sur la *possibilité même de parler d'un devoir a priori* alors que le nôtre porte sur la pertinence de maintenir une morale qu'aucun être humain ne semble en mesure de pouvoir respecter, tant ses mobiles apparaissent corrompus. Schopenhauer voit dans la morale kantienne une incapacité générale à penser la réalité, doublée d'une présupposition indue qu'il *existe un devoir universel et inconditionné;* en revanche, nous nous demandons quant à nous pour quelle raison Kant élabore une morale dont tout porte à croire que l'homme ne saurait la respecter. Deux éléments concourent à répondre à notre propre étonnement.

1) Il faut se rappeler que l'enjeu de la morale kantienne n'est pas anthropologique; l'homme n'est qu'un cas particulier parmi une infinité d'autres êtres raisonnables à qui se présente la Loi morale; de ce fait, l'objectif du texte kantien n'est pas de savoir ce que l'homme peut effectivement réaliser, mais de penser ce qu'est la Loi morale *pour tout être raisonnable*. L'échec particulier de l'homme est de peu d'importance au regard de la définition de ce que doit être la détermination de la volonté de tous les êtres peuplant l'Univers infini.

1. E. Kant, *Fondements de la métaphysique des mœurs*, AK IV, 427 ; *OP* II, p. 292.
2. A. Schopenhauer, *Le fondement de la morale*, § 4, *op. cit.*, p. 218.

2) Il y a chez Kant l'obsédante question du « comme si » dès lors qu'il est question de l'humanité. Certes cette dernière est sans doute incapable de réaliser, du fait même de sa constitution, la moindre action authentiquement morale; mais l'humanité n'est pas non plus capable de connaître les choses en soi ni de donner une définition du beau en soi. Pourtant, l'homme continue à vouloir connaître ou à désirer éprouver un plaisir partagé, en faisant comme s'il connaissait les choses ou comme s'il y avait un concept objectif du beau. Pourquoi ne ferait-il pas alors *comme s'il pouvait agir moralement*, tout en sachant qu'il ne le peut pas[1] ? En d'autres termes, du point de vue de la logique kantienne, il n'y a strictement aucune raison de renoncer à la morale au motif qu'aucune action morale ne peut être réalisée, de même qu'il n'y a aucune raison de renoncer à la connaissance au motif que les choses en soi sont inaccessibles ou à l'esthétique au motif que le concept du beau est indéfinissable. Faisons *comme si* nous, humains, pouvions être à la hauteur de notre visée transhumaine bien que nous ne le puissions pas. Dans ces conditions, la morale kantienne nous semble bien demeurer prescriptive et non simplement descriptive : elle ne se contente pas de décrire ce que serait une action authentiquement morale mais elle prescrit cette dernière, en ceci qu'il nous faut agir *comme si nous pouvions être authentiquement raisonnables*, ce que nous ne pourrons jamais être.

Une fois que ce double point est clairement compris – nous entendons par « double point » la raison de l'apparition de la loi sous la forme de l'impératif catégorique, et l'impossibilité effective de respecter la loi pour les hommes –, il ne reste plus à Kant qu'à produire une morale dont les principes sont intégralement indexés sur le concept d'être raisonnable et nullement sur celui d'être humain, l'ambiguïté étant toutefois que l'être humain soit le seul échantillon à disposition de l'esprit permettant de penser le fonctionnement d'un être raisonnable. C'est pourquoi les lois morales sont décrites comme s'adressant à des êtres raisonnables et non à des hommes, seuls capables d'agir d'après la représentation des lois[2], et c'est donc la raison qui est requise pour dériver les actions des lois, et non l'humanité. C'est pourquoi également, à chaque mention de la détermination des principes de la raison, Kant parle de la détermination de la

1. Nous ne reprenons donc pas tout à fait les analyses de Vaihinger bien que ce dernier nous semble présenter le mérite d'insister sur le rôle crucial du « comme si » chez Kant. Pour cette question morale, *cf.* Ch. Bouriau, *Le « comme si ». Kant, Vaihinger et le fictionalisme*, Paris, Cerf, 2013, p. 27-35.

2. E. Kant, *Fondements de la métaphysique des mœurs*, AK, IV, 412; *OP* II, p. 274

volonté d'un être raisonnable et non de celle d'un homme, les principes étant « valables pour tout être raisonnable en tant que tel [*die für jedes vernünftige Wesen, als ein solches*]. »[1]. Nous pouvons aller plus loin encore : si les principes de la morale se déduisent du concept d'être raisonnable et non de l'homme, et sont donc valables pour tout être raisonnable, alors chaque être raisonnable doit être pensé comme poursuivant la même fin, soit le bonheur. Ce dernier n'est pas une quête spécifiquement humaine, il est bien plutôt ce vers quoi tendent tous les êtres raisonnables, humains *et* extraterrestres.

> Il y a cependant une fin que l'on peut supposer être réellement poursuivie par tous les êtres raisonnables [*bei allen vernünftigen Wesen*] (en tant que des impératifs s'appliquent à ces êtres, considérés comme dépendants), et par conséquent un but qui n'est pas pour eux une simple *possibilité*, mais dont on peut certainement admettre que tous se le proposent *effectivement* en vertu d'une nécessité naturelle : ce but est le *bonheur*[2].

Que la manière d'obtenir le bonheur soit une question indécidable est une chose; qu'elle soit pourtant la fin de tous les êtres raisonnables en est une autre. Cela achève de montrer que la démarche kantienne est celle d'une extension de la question morale bien au-delà de la particularité humaine. Mieux encore, cette dernière ne peut être qu'une entrave à la moralité, ce qui génère des restrictions et des obstacles. Il nous faut répéter inlassablement qu'un principe moral vaut pour l'humanité parce qu'il vaut d'abord pour tout être raisonnable; et s'il vaut pour l'humanité, c'est parce que cette dernière est un cas particulier des êtres raisonnables : mais à aucun moment Kant ne cherche à élaborer une morale *pour l'homme* ni et encore moins *à partir de l'homme dans ce qu'il peut avoir de spécifique*.

Un tel refus s'exprime toujours dans les *Fondements de la métaphysique de mœurs* de manière extrêmement claire et fermant définitivement la porte à toute approche humaniste du kantisme qui, dans son esprit même, nous semble destituer l'homme de toute grandeur intrinsèque : *l'homme n'est grand que par ce qu'il n'a pas en propre, c'est-à-dire par la raison. Rien de spécifiquement humain ne contribue à la grandeur de l'homme; c'est au contraire ce qui transcende universellement l'homme qui lui confère une dignité*; dans ces conditions, parler de l'« humanisme kantien » ne peut être qu'un oxymore.

1. E. Kant, *Fondements de la métaphysique des mœurs*, AK, IV, 413; *OP* II, p. 275.
2. *Ibid.*, AK, IV, 415; *OP* II, p. 278.

> [I]l ne faut pas du tout se mettre en tête de vouloir dériver la réalité de ce principe [moral] de la *constitution particulière de la nature humaine* [aus der *besondern Eigenschaft der menschlichen Natur*]. Car le devoir doit être une nécessité pratique inconditionnée de l'action; il doit donc valoir pour tous les êtres raisonnables [*für alle vernünftige Wesen*] [...], et c'est *seulement à ce titre* qu'il est aussi une loi pour toute volonté humaine. Au contraire, ce qui est dérivé de la disposition naturelle propre de l'humanité [*aus der besondern Naturanlage der Menschheit*], ce qui est dérivé de certains sentiments et de certains penchants, et même, si c'est possible, d'une direction particulière qui serait propre à la raison humaine et ne devrait pas nécessairement valoir pour la volonté de tout être raisonnable, tout cela peut bien nous fournir une maxime à notre usage, mais non une loi[1].

Ce qui nous semble particulièrement intéressant dans ce passage est la mention par Kant de la notion de « nature humaine »; il ne s'agit pas d'accidents que tel ou tel individu peut contracter de manière particulière; il s'agit bien d'une nature humaine dont rien de bon, moralement parlant, ne peut être tiré. Dit autrement, *cela même qui fait l'humanité et la différencie des autres espèces ne présente aucun élément susceptible de donner naissance à des principes moraux*. De ce point de vue, le Kant de 1755 est toujours le même en 1785 : l'homme dispose d'une nature médiocre, et cela même qui fait l'humanité de l'homme ne mérite aucune considération, la preuve en étant qu'on ne peut rien en tirer d'absolument moral. Si donc il est des principes moraux qui s'appliquent absolument, ils ne pourront être tirés que de ce qui, en l'homme, ne fait pas l'humanité, ne lui appartient pas en propre.

Nous avons ainsi la preuve textuelle, et indiscutable, selon laquelle la loi morale ne peut s'appliquer à l'homme *que parce qu'elle ne provient pas de ce qui fait l'homme en propre*. C'est parce que réside en l'homme quelque chose qui transcende l'homme – la raison – que nous pouvons connaître conceptuellement les êtres raisonnables. À partir de ce concept que nous formons grâce au cas particulier de l'homme, nous nous élevons au-delà de ce dernier, et le traitons comme un cas particulier des êtres raisonnables auquel s'applique certes la moralité, à la condition expresse de faire abstraction de tout ce qui fait son humanité en propre.

Tout est ce qui spécifiquement humain corrompt en effet la morale, de sorte que la thèse d'un humanisme kantien ne peut reposer que sur un sophisme adoptant cette forme: l'homme est un être raisonnable; or les êtres raisonnables sont respectables; donc l'homme est respectable en tant

1. *Ibid.*, AK, IV, 425; *OP* II, p. 290.

qu'homme et le kantisme est un humanisme. Ce sophisme joue évidemment sur le «en tant que»: l'homme n'est pas respectable *en tant qu'homme;* en tant qu'homme, il est un animal qui ne mérite strictement aucun respect particulier. En revanche, *en tant qu'être raisonnable*, il est respectable, il est sujet et objet de la loi morale, mais il ne l'est qu'en tant qu'il n'est plus considéré comme humain. Ce n'est pas l'humanité de l'homme qui permet à ce dernier d'être sujet et objet de la loi, c'est sa rationalité qu'il partage avec *tous les êtres raisonnables*: par conséquent, *il n'y a chez Kant aucune appréhension positive de l'humanité en tant que telle*, le sophisme consistant à confondre l'homme en tant qu'homme et l'homme en tant qu'être raisonnable et à s'appuyer sur celui-ci pour glorifier celui-là. Or tout dans les textes kantiens indique qu'un tel passage est illégitime.

C'est pourquoi la question centrale de 1785 ne porte pas sur l'humanité, dont nous redisons qu'elle ne peut constituer le principe d'une moralité, mais bien sur les êtres raisonnables et leur rapport à la loi morale: «est-ce une loi nécessaire *pour tous les êtres raisonnables* [*für alle vernünftige Wesen*], que de juger toujours leurs actions d'après des maximes telles qu'ils puissent vouloir eux-mêmes qu'elles servent de lois universelles?»[1].

Nous ne souhaitons multiplier les mentions de cette distinction cruciale entre être humain et être raisonnable, nous pensons en avoir amplement démontré l'importance dans l'essai de 1785 et, plus encore, sa nécessité dans l'œuvre de Kant. Il serait en effet incompréhensible que Kant parle souvent d'habitants raisonnables d'autres planètes et ne les prenne pas en compte dans l'élaboration d'une morale qui se veut précisément raisonnable. Le destinataire théorique de la philosophie morale est donc bien l'être raisonnable et non le seul être humain qui, pourtant, en sera sans doute le seul lecteur. Cette distinction ne constitue pas un cas isolé dans la pensée de Kant, nous la retrouvons partout ailleurs dans les œuvres morales.

La préface de la *Critique de la raison pratique* interroge l'attribution de représentation aux êtres raisonnables non humains et évoque ceux qui ne voient pas «pourquoi on attribuerait à d'autres êtres raisonnables [*andern vernünftigen Wesen*] une espèce différente de représentation»[2], plaçant dès le départ le problème des représentations *a priori* au centre de la réflexion morale, ce que confirme aussitôt l'introduction qui,

1. E. Kant, *Fondements de la métaphysique des mœurs*, AK, IV, 426; *OP* II, p. 291.
2. E. Kant, *Critique de la raison pratique*, «Préface», AK, V, 12; *OP* II, p. 620.

programmatiquement, annonce qu'il faudra prouver que la détermination de la volonté par la raison pure doit être valable pour « tous les êtres raisonnables »[1], ce qui est repris dès le premier paragraphe de la première partie où les principes pratiques sont dits devoir valoir pour « la volonté de tout être raisonnable [*für den Willen jedes vernünftigen Wesens*] »[2]. L'ensemble du texte se demandera, comme en 1785, ce qui est valable, pratiquement parlant, pour tous les êtres raisonnables, et non simplement pour les humains, cas particuliers des êtres raisonnables.

Personnalité et humanité : confirmation de la perspective transhumaine

Nous aimerions apporter une confirmation de notre lecture à partir de la question de la personnalité; si ce que nous avons dit jusqu'à présent est juste, nous devons en tirer les conséquences suivantes : ce qui confère à un être sa personnalité, donc sa *respectabilité*, ce n'est pas son humanité – il s'en faut de beaucoup – mais bel et bien sa rationalité. À cet égard, il nous semble clair que *tout être raisonnable doit être conçu comme une personne*, ce qui signifie immédiatement que la personnalité, parce qu'elle est liée à la rationalité, excède de très loin le champ humain. La personnalité nous apparaît alors comme le symptôme de l'anti-humanisme kantien qui refuse de tirer de l'humanité des principes moraux et qui, par voie de conséquence, étend le respect bien au-delà du cadre humain.

Quelle définition Kant donne-t-il de la personnalité ? Si notre thèse est juste, *alors la définition de la personnalité ne doit contenir aucun élément spécifiquement humain*. Or, il se trouve qu'à chaque fois que Kant est amené à la définir, il fait justement abstraction de toute forme particulière d'humanité. En voici une première preuve en 1785 :

> Les êtres dont l'existence dépend, à vrai dire, non pas de notre volonté, mais de la nature, n'ont cependant, quand ce sont des êtres dépourvus de raison [*vernunftlose Wesen*], qu'une valeur relative, celle de *moyens*, et voilà pourquoi on les nomme des *choses;* au contraire, les êtres raisonnables sont appelés des *personnes* [*Personen*], parce que leur nature les désigne comme des fins en soi, autrement dit comme quelque chose qui ne peut pas être employé simplement comme moyen, quelque chose qui par

1. *Ibid.*, « Introduction », AK, V, 15; *OP* II, p. 624.
2. *Ibid.*, I, 1, § 1, AK, V, 19; *OP* II, p. 627.

> suite limite d'autant toute faculté d'agir comme bon nous semble (et qui est un objet de respect)[1].

Il faut ici prêter attention aux mots qu'emploie Kant, qui procèdent d'une cohérence : ce qui fait d'un être qu'il est respectable n'est pas son humanité, cela ne fait aucun doute. Le critère par lequel est conférée la personnalité n'est pas l'humanité mais bien la rationalité : est une personne l'être qui dispose de la raison, est une chose l'être qui n'en dispose pas. Deux remarques peuvent alors en être tirées :

1) Il y a, en droit, une infinité de personnes non humaines. Par conséquent, si nous croisions dans l'expérience un « habitant d'une autre planète », pour peu qu'il fût raisonnable, il serait une personne et nous lui devrions le respect. Kant élabore non pas une morale réglant les rapports humains mais réglant en réalité les rapports cosmologiques des êtres raisonnables. Si nous rencontrions un habitant de la lune, nous le traiterions comme un *alter ego*.

2) Que signifie traiter autrui comme une fin en soi ? Pourquoi disposer de la raison fait-il de nous une fin en soi ? D'abord, il faut avoir en tête que l'homme n'est pas la seule fin en soi, puisque toute personne prétend à ce type d'existence : « l'homme, précise Kant, et en général tout être raisonnable [*überhaupt jedes vernünftige Wesen*], *existe* comme fin en soi, et *non pas simplement comme moyen* [...]. »[2]. Mais que signifie traiter tout autre personne de l'Univers comme une fin en soi ? Cela signifie que je fais abstraction de ce qui, dans l'autre personne, est particulier, psychologique, physiologique, bref je fais abstraction de son individualité s'il est humain, et de son espèce s'il est extraterrestre : je dépouille la personne de toute individualité et de toute caractéristique spécifique ; ne reste alors que notre commune appartenance aux êtres raisonnables, ce qui veut dire qu'il devient mon *alter ego* du point de vue de la raison. Ni l'individualité ni les caractéristiques spécifiques ne sont respectables chez Kant, seul l'est le fait d'appartenir à la communauté universelle – cosmologiquement parlant – des êtres raisonnables : je puis alors respecter autrui, ne pas le subordonner à mes propres envies, dès lors que je perçois en lui un *alter ego* raisonnable dont je partage non pas la condition mais bien plutôt la plus haute destination.

1. E. Kant, *Fondements de la métaphysique des mœurs*, II, AK, IV, 428 ; *OP* II, p. 294.
2. *Ibid.*, AK, IV, 428 ; *OP* II, p. 293.

La deuxième remarque nous permet de comprendre la symétrie parfaite que Kant ne cesse d'imposer dans le traitement que je dois à autrui et celui que je me réserve : je dois traiter la personne d'autrui comme je traite ma propre personne, car dans les deux cas je fais abstraction de toute particularité et m'élève à ce qui nous rassemble, soit à la raison. Je me représente mon existence comme une fin en soi, non pas parce que je suis humain, mais bien parce que je suis un être raisonnable ; donc « tout être raisonnable [*jedes andere vernünftige Wesen*] se représente ainsi son existence, en conséquence du même principe rationnel qui vaut aussi pour moi. »[1]. La fin en soi n'est pas une exclusivité humaine, elle est la manière dont tout être raisonnable se représente sa propre existence, de sorte que l'extension du respect doit elle-même être universelle au sens où elle acquiert une validité pour tout être raisonnable et non pour les seuls humains.

N'étant pas liée à l'humanité, la personnalité morale ne repose sur aucune caractéristique *spécifiquement* humaine et peut ainsi s'ouvrir à toute forme de vie raisonnable extraterrestre, par exemple lunaire. Nous comprenons ainsi pourquoi, quelques années plus tard, Kant élimine soudainement le cadre humain lorsqu'il doit définir la destination de l'homme par rapport à ses fins.

> Par rapport à sa fin nous pouvons, de manière commode, la ramener à trois classes, comme éléments de la destination de l'homme.
> 1° La disposition à l'*animalité* de l'homme en tant qu'être *vivant*.
> 2° La disposition à l'*humanité* de cet être en tant que vivant et en même temps *raisonnable*.
> 3° La disposition à sa *personnalité* en tant qu'être raisonnable et aussi apte à la *responsabilité*[2].

S'il fallait une preuve supplémentaire de l'impossibilité de faire du kantisme un humanisme, ce texte en apporterait l'éclatante démonstration. Kant raisonne à partir de l'espèce humaine et se demande ce que c'est qu'un homme : en tant qu'être vivant, il est un animal. Cela confirme qu'il est impossible d'exclure de l'humanité cette part d'animalité qui le grève du fait même qu'il est un être vivant. Mais ce qui distingue l'homme de l'animal, c'est la rationalité, si bien que l'homme n'est ni un simple animal, ni un être purement raisonnable ; il est un animal raisonnable. Ce qui frappe, toutefois, c'est que lorsqu'est venu le moment de définir la personnalité, donc ce qui confère le caractère respectable, l'humanité et l'homme disparaissent : plus rien d'humain ne contribue à la personnalité ; c'est le

1. *Ibid.*, AK, IV, 429 ; *OP* II, p. 294.
2. E. Kant, *La religion dans les limites de la simple raison*, I, 1, AK, VI, 26 ; *OP* III, p. 37.

fait d'être raisonnable, de se voir imputer des actes et de pouvoir en répondre, qui détermine cette personnalité. En d'autres termes, au moment précis où la fin la plus haute de l'homme se trouve décrite, disparaît tout ce qui fait la spécificité humaine, tout ce qui le distingue des autres êtres raisonnables, et ce à tel point que la mention même de l'humanité est occultée alors que Kant cherche explicitement à cerner les dispositions *humaines*.

Cela signifie bien que ce qui fait la respectabilité de l'homme n'a rien d'humain; l'homme n'est respectable que par la possession d'une raison qui ne le spécifie pas mais l'apparente au contraire à cette communauté universelle – cosmologiquement parlant – d'êtres raisonnables qui, tous, doivent être considérés comme des fins en soi, donc comme des personnes. Rien de spécifiquement humain ne fonde la respectabilité humaine, l'homme n'étant pas respectable parce qu'il est homme mais parce qu'il est raisonnable : rien ne saurait être moins *humaniste* que cette façon de penser.

C'est faute d'avoir compris cela que bien des commentateurs s'étonnent du rapport de Kant au mensonge et cherchent à tout prix à atténuer le sens du petit texte qui y est consacré et qui ne fait pourtant que tirer les conséquences extrêmement logiques d'un refus catégorique de l'humanisme. Il faut le redire : *ce n'est pas l'homme qui est respectable en l'homme, c'est sa raison, et la raison n'est pas l'homme*. Par conséquent, respecter autrui, le traiter comme une personne, c'est-à-dire comme une fin en soi, c'est *faire fi de tout ce qui constitue son individualité, faire abstraction des circonstances de l'acte*, et se demander ce qu'il en est de l'*imputation* : une personne n'est pas, rappelons-le, un être qui traite avec amabilité ses semblables, elle est un être qui doit répondre de ses actes, en tant qu'il est raisonnable. La question du mensonge n'est donc en aucun cas celle des conséquences plaisantes ou déplaisantes d'une parole soumise à la vérité, mais elle est d'abord celle de l'imputation par laquelle se définit la personnalité morale.

C'est pourquoi, dans sa réponse à Benjamin Constant, Kant ne cesse de reposer le même problème : à quelle condition le menteur demeure-t-il une personne ? C'est-à-dire, à quelle condition, le menteur est-il susceptible d'imputation ? Cette attribution de la définition de la personnalité est évidemment *indépendante* des conséquences, positives ou négatives, résultant du mensonge, car tel n'est pas le lieu du problème pour Kant. « Par conséquent, note ce dernier, celui qui *ment*, quelque bien intentionné qu'il puisse être, doit répondre des conséquences de son mensonge, même devant la cour de justice civile, et en payer le prix, quel que soit leur caractère imprévisible. »[1]. C'est par là, et par là seulement, que le menteur demeure une personne.

Toutefois, un tel raisonnement ne dit pas encore clairement *pourquoi* il ne faut pas mentir; il propose simplement d'élaborer les conditions auxquelles un sujet qui a menti peut demeurer une personne alors même qu'il a enfreint la vérité qui est un devoir absolu. Le menteur demeure une personne dès lors qu'il demeure possible de lui imputer la responsabilité de ses actes, et les conséquences qui en résultent. Mais pourquoi *ne faut*-il *pas* mentir? Le titre même de la réponse apporte une indication : la motivation du mensonge par humanité [*Menschenliebe*] est affective, c'est-à-dire psychologique. L'allemand traduit mieux cet *amour pathologique* de l'humanité en jeu qui contient en lui toute la perversion de la morale : il faut inlassablement le dire, *ce n'est pas l'humanité comme humanité qui est respectable, c'est l'être raisonnable*; par conséquent, mentir par amour de l'humanité, c'est commettre une double erreur :

Premièrement, c'est *laisser sa volonté être déterminée par un motif pathologique, affectif, et considérer que l'amour peut être déterminant pour la volonté, alors que seule la raison peut l'être*. C'est donc commettre une erreur grave quant à l'objet devant déterminer la volonté.

Deuxièmement, et c'est sans doute là l'essentiel, c'est *ne pas comprendre ce qui est respectable en l'humanité;* c'est croire que l'humain est respectable pour lui-même, que l'individu lui-même en tant qu'humain peut faire l'objet d'une certaine forme de respect. Or, toute la démarche kantienne depuis 1755 consiste au contraire à montrer que l'individualité n'est rien, et que si l'humanité est respectable, ce n'est pas en tant que telle mais en tant qu'elle exemplifie l'être raisonnable.

Dès lors, celui qui agit « par humanité » se trompe à la fois de détermination pour sa volonté et de considération pour l'humanité; il se laisse mener par sa psychologie, et succombe à une croyance fausse qui lui présente l'humanité comme respectable en elle-même. Par conséquent, *nuire à autrui ne constitue pas en soi un problème moral*, car l'individualité d'autrui n'importe pas en régime moral kantien : seule importe la considération de sa raison. Et dans ces conditions, *nuire à ce qui est animal ou particulier en autrui n'a strictement rien à voir avec le fait de nuire à ce qui est raisonnable chez celui-ci*. Parce que trop de commentateurs ont

1. E. Kant, *Sur un prétendu droit de mentir par humanité*, AK, VIII, 427; *OP* III, p. 437-438.

voulu attribuer une démarche humaniste à Kant, il en a résulté une confusion cruciale qui a consisté à mélanger deux types de nuisance issues du mensonge : celle exercée contre l'individualité, et celle exercée contre la raison. Or, par définition, l'être raisonnable n'est raisonnable qu'à la condition de s'arracher à son individualité qui n'a pas à être prise en compte dans la question morale.

Si je mens, donc, pour sauver la vie ou le confort d'autrui, je ne traite pas celui-ci comme un être raisonnable, comme une fin en soi, comme une personne, c'est-à-dire comme un être susceptible d'imputation : je le réduis soit à sa dimension d'animal – il est un être vivant dont j'essaie de sauver la vie –, soit à ses particularités – il a un corps dont je refuse qu'il souffre. Mais en aucun cas, je ne le traite comme une *personne*, donc comme un être capable de répondre de ses actes, alors que c'est par là et par là seulement que l'être raisonnable est respectable. Ainsi se comprend le *nerf* de la critique kantienne de Benjamin Constant :

> Pour reprendre la manière dont les personnes sont ici nommées, « le philosophe français » a confondu l'action par laquelle quelqu'un *nuit* (*nocet*) à autrui en disant la vérité dont il ne peut éviter l'aveu, avec celle par laquelle quelqu'un commet une *injustice* (*laedit*) envers autrui. C'était seulement un *accident* (*casus*) qui faisait que la véracité de la déclaration nuisait à l'habitant de la maison, ce n'était pas un *acte* libre (au sens juridique)[1].

Le texte de Kant ne présente aucune contradiction ni avec la lettre ni avec l'esprit de ses œuvres précédentes; il en assure au contraire la plus parfaite continuité[2]. Dans l'exemple de Constant, je suis face à une situation où un homme se cache chez moi, tandis qu'un autre homme qui veut l'assassiner me demande s'il se cache chez moi. Supposons que je réponde la vérité, à savoir que je dissimule bien un homme; alors il est clair que les conséquences de mon acte seraient telles que la vie de celui que je cache serait menacée. En ce sens, je *nuis* à celui que j'héberge ou, plus exactement, je nuis à sa *vie*. Pourtant, affirme Kant, je ne commets là aucune injustice, c'est-à-dire que je traite l'assassin et la victime potentielle comme des personnes.

1. E. Kant, *Sur un prétendu droit de mentir par humanité*, AK, VIII, 428; *OP* III, p. 439.

2. C'est pourquoi nous ne sommes pas entièrement convaincu par les arguments développés récemment avec brio par Raphaël Ehrsam dans « Les intentions morales au croisement de l'universel et du singulier : relire Kant », in *Philosophie*, 121, printemps 2014, Paris, Minuit, 2014.

Comment comprendre que je puisse nuire à la vie d'un innocent sans que cela ne constitue une injustice ? La question ne peut se poser que pour quiconque n'a pas compris la distinction entre l'homme et l'être raisonnable : *mes intentions ne seront morales qu'à la condition de ne voir en autrui qu'un être raisonnable ; or, les statuts de tueur ou de victime sont autant de particularités contingentes qui ne définissent en rien la personne : rien n'interdit de penser qu'en d'autres circonstances, le tueur pourrait être la victime et la victime le tueur. Par conséquent, traiter autrui comme une personne, c'est faire abstraction du fait qu'il est accidentellement assassin et victime, faire abstraction des questions animales consistant à sauver des vies, et ne voir en autrui qu'un être susceptible d'imputation.* Il eût donc été injuste envers l'assassin *et* la victime de mentir car, si j'avais menti, j'aurais mis la vie de la victime au-dessus de sa personnalité morale; partant, j'aurais mis son animalité au-dessus de son être raisonnable, tout comme j'aurais réduit l'assassin à la contingence de son statut au lieu d'y voir un être raisonnable qui, comme tout être raisonnable, a droit à la vérité. En termes clairs, *vouloir sauver autrui par humanité ne signifie pas le respecter*, ce que confirme Kant à de nombreuses reprises : « Un homme peut aussi être un objet d'amour, de crainte, ou d'admiration, et même d'étonnement, sans être pour cela un objet de respect. »[1].

Faute de véritablement comprendre ce qui fait de l'homme un être respectable, beaucoup s'étonnent de l'intransigeance kantienne face au mensonge, alors qu'il ne s'agit là que d'une stricte conséquence des principes moraux qu'il ne cesse de défendre et dont les fondements n'ont rien d'humains. *Si nous pouvions mentir dans certaines circonstances, c'est donc qu'il nous serait possible de relativiser les principes moraux et de fonder ces derniers sur une dignité intrinsèque de l'homme en tant qu'homme;* or c'est très exactement ce que Kant refuse, aucune vie humaine ne pouvant justifier *en tant qu'humaine* la suspension des principes moraux qui, par leur rationalité, priment inconditionnellement sur la simple humanité et, *a fortiori*, sur le salut d'une vie individuelle.

1. E. Kant, *Critique de la raison pratique*, I, 3, AK, V, 76; *OP* II, p. 701.

L'analyse du sublime comme symptôme de l'anti-humanisme kantien

Toute notre lecture de Kant vise donc à montrer comment la réflexion sur les intelligences extraterrestres relativise l'être humain et interdit de faire du kantisme un humanisme. Nous aimerions apporter une ultime confirmation de notre lecture à partir d'un symptôme anti-humaniste présent dans la troisième Critique et que l'on a pu appeler à juste titre « l'anti-humanisme esthétique »[1] de Kant.

La question que nous posons est très simple : de quelle manière ce qui fait la spécificité de l'humanité, et qui donc distingue cette dernière d'autres êtres raisonnables, est-il présenté ? L'enjeu de ce problème est de déterminer si Kant découvre une valeur intrinsèque de l'humanité autre que sa médiocrité animale et matérielle, ou s'il maintient cette dernière dans une déficience structurelle que révèlerait l'esthétique. Notre hypothèse est la suivante : le sublime révèle à l'homme l'écart infini entre sa destination suprasensible, morale, donc *transhumaine*, et son humanité animale. Autrement dit, le sentiment du sublime n'est jamais que le symptôme du hiatus entre la nature humaine et la destination rationnelle de l'homme, ce que nous appelons sa destination transhumaine.

Commençons par définir, avec Kant, la notion même de sublime qui ne doit pas être confondue avec la beauté. Kant en propose ainsi une détermination assez nette dans l'Analytique du Sublime, d'abord présentée par contraste avec la beauté :

> ce qui en nous suscite le sentiment du sublime, sans que nous nous lancions dans des raisonnements, dans la simple appréhension, peut certes paraître en sa forme contraire à l'idée d'une quelconque finalité pour notre faculté de juger, inapproprié à notre faculté de présentation et faisant, pour ainsi dire, violence à l'imagination : il n'en est pas moins, pour cette raison, jugé d'autant plus sublime[2].

Le jugement réfléchissant juge qu'il y a beauté lorsque l'objet perçu est représenté comme étant destiné à plaire et susciter le plaisir du sujet, sans que cela ne soit pourtant le cas : nous faisons *comme s'il était destiné* à plaire. Profitons-en pour noter que le beau est spécifiquement humain en tant qu'il suscite un plaisir sensible (animal) qui peut être pensé comme

1. *Cf.* M. Foessel, « Le sujet du sublime : un anti-humanisme esthétique », *in* J. Robelin (dir.), *Kant anti-kantien*, Rouen, Presses universitaires de Rouen, 2004, p. 33-46.

2. E. Kant, *Critique de la faculté de juger*, § 23, AK, V, 245; GF, p. 226; *OP* II, p. 1010-1011.

universel par la raison. La beauté ne concerne donc que les « hommes, c'est-à-dire les êtres de nature animale et cependant raisonnable »[1]. Il n'est pas anodin que Kant définisse ici les hommes d'abord selon leur nature animale et qu'il y oppose la visée raisonnable. Nous jugeons qu'il y a sublime, en revanche, lorsque ce à quoi nous assistons nous apparaît comme contraire à la mesure, comme inapte à se laisser maîtriser par une quelconque forme d'appréhension : c'est pourquoi le sublime violente l'imagination en tant que celle-ci se découvre limitée et incapable de présenter une image de l'objet.

Pour autant, précise Kant, il ne faudrait pas croire que l'objet suscitant le sentiment de sublime soit lui-même sublime : il faut plutôt considérer que certaines choses *éveillent* en nous, par association, un tel sentiment, et révèlent l'infinie distance entre la limitation humaine et la destination rationnelle. Ce n'est par exemple pas l'océan qui est sublime, c'est le sentiment qu'il fait naître par son immensité et qui amène l'esprit à se dégager de la gangue sensible pour contempler les Idées qui contiennent une finalité supérieure. De ce fait, le sentiment du sublime naît par association ou, plus exactement, à l'occasion d'une chose du monde qui éveille dans l'esprit la nécessité de se rapporter à ces Idées qui excèdent infiniment la sensibilité et que nulle imagination ne saurait circonscrire. En d'autres termes, le sentiment du sublime n'est pas *relatif* car l'excès qui lui est associé est tel qu'aucune grandeur ne saurait lui être comparée. « Nous nommons *sublime*, précise Kant, ce qui est *absolument* grand. »[2].

Mais qu'est-ce qui est *absolument* grand ? Ce n'est pas l'objet représenté dans le monde, ce n'est pas l'océan ni la montagne, qui sont toujours grands par comparaison et qui ne sont que l'*occasion* du sentiment du sublime qui est donc *indirectement* présenté[3]; « *est sublime ce qui, du fait simplement qu'on puisse le penser, démontre un pouvoir de l'esprit qui dépasse toute mesure des sens.* »[4]. L'absolument grand que cherche à cerner Kant est donc ce qui en aucun cas ne saurait être relatif aux sens ni à l'imagination : est sublime ce qui relève de la destination rationnelle, donc morale, donc transhumaine, de l'homme. L'homme fini accueille ainsi en lui un infini qui le transcende et qu'il peut donc contempler presque avec un sentiment d'effroi :

1. *Ibid.*, § 5, AK, V ; *OP* II, p. 965.
2. E. Kant, *Critique de la faculté de juger*, § 25, AK, V, 248 ; GF, p. 229 ; *OP* II, p. 1014.
3. Nous reprenons l'expression à G. Lebrun, *Kant et la fin de la métaphysique*, Paris, LGF, 2003, p. 663 *sq*.
4. E. Kant, *Critique de la faculté de juger*, § 25 ; AK, V, 250 ; GF, p. 232 ; *OP* II, p. 1018.

quelque chose en lui excède infiniment sa propre nature et pourtant l'invite à dépasser cette dernière en sachant qu'il ne le pourra pas.

Or de quelle manière dois-je considérer l'existence d'un être qui se révèle comme disposant d'une raison, et qui est donc fin en soi ? Le paragraphe précédent l'avait clairement établi : je dois *respecter* un tel être. Ainsi, cet absolument grand qu'est ma destination rationnelle éveillée par la rencontre avec un objet du monde m'invite-t-elle à nourrir le respect envers ma propre personne et envers la personne d'autrui, autrui désignant, rappelons-le, l'ensemble des êtres rationnels et non des seuls humains. « Le sentiment précise Kant, de ce qu'a d'inadéquat notre pouvoir quand il s'agit d'atteindre une Idée *qui, pour nous, est une loi* correspond au *respect.* »[1]. Ici se met en place quelque chose qui était en germe dans les ouvrages précédents mais qui n'avait jamais fait l'objet d'une présentation aussi claire : dans la mesure où je dois faire abstraction de ma particularité individuelle et humaine pour m'élever à l'exigence de la raison, je prends conscience à chaque instant de l'infini écart qui sépare mon humanité de ma destination purement rationnelle. Autrement dit, ce n'est pas que par une violence inouïe que je m'impose, que je puis commencer à tendre vers une destination qui, contrairement à mes limites propres, m'apparaît illimitée. Dans ces conditions, le respect, c'est-à-dire la capacité à faire abstraction de ce que je suis concrètement pour tendre vers un être purement raisonnable, n'est rien d'autre que le sentiment de ma propre impuissance *en tant qu'homme* face aux exigences infinies et inaccessibles de la raison. La visée transhumaine révèle en retour la tragique limitation de l'humanité de l'homme.

La question de l'anti-humanisme kantien peut donc être légitimement posée à l'occasion de sa réflexion sur le sublime : dès lors que j'éprouve un écart infini entre ma vie humaine et ma destination rationnelle – ce que nous appelons sa destination transhumaine –, je dois me demander ce qu'est cette humanité *infiniment* distante de ma destination *en tant qu'être raisonnable*. Autrement dit, cette violence faite à mon imagination lorsqu'apparaît l'objet qui évoque l'écart entre ce vers quoi je tends et ce que je suis, invite à s'interroger sur l'appréhension kantienne de l'homme : si le sentiment qui est évoqué lorsque je pense à ma destination est celui du sublime, si donc il y a sentiment d'une distance infinie entre mon humanité concrète et ma destination supra-sensible, c'est que *mon humanité est sans commune mesure avec la rationalité*, ce sans quoi le sublime ne pourrait

1. E. Kant, *Critique de la faculté de juger*, § 27 ; AK, V, 257 ; GF, p. 239 ; *OP* II, p. 1026 (« respect » est souligné par nous).

pas être *absolument* grand, *l'humanité pourrait lui servir de mesure. Le sublime est donc le nom du hiatus entre la destination transhumaine de l'homme et l'impossibilité de réaliser une telle destination, du fait même de l'incommensurabilité de la transhumanité et de l'humanité*. Ce sentiment du sublime révèle la conception profondément négative que se fait Kant de l'humanité qui innerve toute son œuvre depuis 1755, tout en confirmant notre hypothèse d'une exigence transhumaine kantienne : par le sublime se révèle l'exigence de dépasser la condition humaine, de se hisser au-delà de l'humanité conçue comme grevée par l'animalité et la corporéité, tout en éprouvant l'impossibilité de réaliser pareille exigence *du fait même de la pesanteur humaine*.

Mieux encore, le déplaisir qui est associé au sublime, déplaisir né de l'incapacité de l'imagination à donner un objet totalisé dans l'intuition, accentue le symptôme de notre incommensurabilité avec la destination rationnelle : nous éprouvons au cœur de notre chair notre condition presque misérable, infinitésimale, « grossière » pour reprendre le terme de 1755, condition qui est celle de l'homme et non de l'être raisonnable. La visée transhumaine inhérente à toute l'entreprise morale kantienne se heurte en même temps à chaque instant à la *réalité de la condition humaine* : la raison pratique m'indique une destination que mon humanité m'interdit de réaliser. Ce qui revient à dire que personne *parmi les humains* ne peut être réellement moral, ce que reconnaissait l'opuscule *Théorie et pratique*.

> La *qualité* du sentiment du sublime réside donc en ceci qu'il s'agit d'un sentiment de déplaisir portant sur le pouvoir esthétique de juger un objet – déplaisir qui y est toutefois en même temps représenté comme répondant à une fin; ce qui est possible parce que l'impuissance propre du sujet fait surgir la conscience d'un pouvoir illimité du même sujet et que l'esprit ne peut juger et apprécier esthétiquement ce pouvoir illimité que par son impuissance[1].

Kant modère toutefois ce déplaisir en montrant que celui-ci ne peut surgir qu'à la faveur de notre capacité à penser notre destination morale : autrement dit, un paradoxe se fait jour dans le sublime, en ceci que ce n'est qu'en vertu de ma destination illimitée, littéralement *transhumaine*, que je puis éprouver ce hiatus avec la finitude de mon humanité qui suscite un tel déplaisir à l'occasion d'un objet de la nature. L'immensité de ma destination contraste avec les bornes de ma nature, suscitant certes le déplaisir mais révélant du même coup ladite immensité. Il n'y a toutefois aucune

1. *Ibid.*, AK, V, 259; GF, p. 241; *OP* II, p. 1028.

ambivalence dans le propos kantien quant à l'humanité : celle-ci me borne intrinsèquement, et m'enferme dans cette finitude que le sentiment du sublime éprouve douloureusement sous la forme du déplaisir. Cette destination suprasensible apparaît alors comme un appel vers l'illimité que, *du fait même que je suis humain*, je ne pourrais jamais pleinement satisfaire.

Jamais peut-être n'a-t-on davantage insisté sur le fait que l'humanité d'un homme constituait l'entrave structurelle de l'accomplissement de sa destination et jamais, peut-être, n'a-t-on alors tenu discours plus anti-humaniste que celui de Kant dans cette Troisième Critique. Que l'on mesure en effet la violence d'un texte expliquant que la prise de conscience d'être un homme génère en soi le plus vif des déplaisirs.

Nous pouvons ainsi conclure par une mise en rapport du sublime comme déplaisir avec le devoir moral comme ne présentant rien d'agréable. Rappelons-nous en effet cette lyrique déclaration de l'Analytique de la raison pure pratique :

> *Devoir* ! [*Pflicht*] mot grand et sublime [*Du erhabener großer Name*], toi qui ne renfermes rien d'agréable [*der du nichts Beliebtes*] rien qui s'insinue par flatterie, mais qui exiges la soumission, sans pourtant employer, pour ébranler la volonté, des menaces propres à exciter naturellement l'aversion et la terreur, mais en te bornant à proposer une loi, et qui trouve d'elle-même accès dans l'âme et gagne cependant d'elle-même, malgré nous, la vénération (sinon toujours l'obéissance), et devant laquelle se taisent tous les penchants, même s'ils travaillent secrètement contre elle [...][1].

Contrairement à ce que la traduction pourrait faire croire, le Devoir n'est pas sublime au sens où le définit la Troisième Critique ; il est plutôt *erhaben*, très élevé, Kant marquant l'altitude davantage que la sublimité de ce terme. C'est la raison pour laquelle *il ne faut pas confondre l'absence d'agrément du devoir et le déplaisir inhérent au sublime* : le devoir n'a rien d'agréable non pas au sens où il est *désagréable* mais au sens où il se présente en-dehors de toute forme pathologique : il n'est pas moins désagréable qu'il n'est agréable, il est tout simplement *plus élevé que les formes pathologiques*. Il ne se présente ainsi ni dans l'agréable ou le plaisir, ni dans le désagréable ou la terreur ; il est la Loi morale qui se présente à tout être raisonnable en-dehors de toute saisie pathologique, affective ou psychologique. En revanche, *pour l'être humain, et pour l'être humain seulement*, le devoir prend la forme de l'impératif catégorique, c'est-à-dire s'adresse à un être qui n'est sponta-

1. E. Kant, *Critique de la raison pratique*, AK, V, 86 ; *OP* II, p. 713.

nément pas enclin à respecter la Loi et qui, de toute façon, ne le *peut effectivement pas*, bien qu'il lui faille faire *comme s'*il le pouvait.

Le devoir ne peut dès lors pas être sublime au sens kantien, car cela signifierait que *tout être raisonnable* éprouverait un certain déplaisir à rencontrer à une destination qui le transcende; le devoir est bien plutôt, pour tout être raisonnable, au-delà de toute forme psycho-affective, et prend la forme de l'impératif catégorique pour l'homme exclusivement; dans ces conditions, le sublime peut être pensé comme l'épreuve psychologique *spécifiquement humaine* du vif désagrément qui s'abat sur tout homme découvrant la visée transhumaine du devoir moral et l'impossibilité humaine de satisfaire cette visée. Le devoir s'adresse ainsi à tout être raisonnable, alors que le déplaisir inhérent au sublime est le symptôme de l'incapacité humaine à réaliser les exigences morales du devoir.

Conclusion : le transhumanisme kantien contre le prétendu humanisme kantien

Le temps est venu de conclure ce long chapitre consacré à Kant. Il est certain que ce dernier a subi l'influence de Fontenelle, cité à plusieurs reprises dans la *Théorie du Ciel* et, peut-être aussi, de John Wilkins. Il ne semble faire aucun doute que Kant croie à l'existence d'êtres raisonnables habitant d'autres planètes, et c'est la raison pour laquelle il les mentionne dans la *Critique de la raison pure*, l'*Idée d'une histoire universelle*, la *Critique de la faculté de juger*, l'*Anthropologie* et la *Logique* en accentuant toujours le cas concret de la Lune, à l'instar de Huygens, Fontenelle – et de Kepler – où la présence d'êtres raisonnables apparaît comme plus que probable.

Avec le texte séminal de 1755, nous comprenons que Kant cherche bien moins à élaborer une anthropologie qu'à penser ce qu'est un être raisonnable, l'homme ne lui servant que de moyen pour réaliser sa tâche. C'est pourquoi Kant produit une réflexion sur les principes de la morale intégralement pensée à partir du concept d'être raisonnable, et jamais à partir de l'homme, bien que ce dernier soit le seul moyen de concevoir ce qu'est un être raisonnable en général. *L'homme n'est pas l'objet de la pensée kantienne*, et c'est sans doute la raison pour laquelle aucune définition n'en est réellement apportée tout au long de son œuvre. À défaut de *définir* l'homme comme tel, Kant ne cesse de raisonner négativement : il spécifie l'humanité comme ce qui fait qu'un être humain n'est pas entièrement raisonnable, mais aussi comme ce qui fait qu'un être humain n'est pas totalement animal. *En tant qu'être raisonnable, l'homme n'est pas un simple animal; mais en tant qu'animal soumis à des fins naturelles, il n'est pas, il s'en faut de beaucoup, un être purement raisonnable*. Tout le problème est alors de comprendre qu'*au regard de l'être raisonnable, l'humanité comme spécification négative de l'être humain constitue un handicap, la raison même de l'incapacité à réaliser la destination morale*.

À défaut de définir l'humanité, Kant ballotte finalement l'homme entre deux fins contradictoires : l'homme est à la fois soumis à des fins naturelles et à des fins morales ; seulement, il n'est pas soumis aux fins morales, c'est-à-dire raisonnables, en tant qu'homme, il l'est *en tant qu'être raisonnable*, fin qu'il partage donc avec *tous les êtres raisonnables de l'Univers*. Pour le dire autrement, *poursuivre une fin morale ne définit en rien l'identité humaine*, et c'est cela que nous permet de comprendre la spéculation kantienne sur les extraterrestres. Aucun texte n'exprime mieux ce ballottement qu'une note des *Conjectures* :

> Un autre exemple qui atteste la vérité de cette proposition que la nature a ancré en nous deux dispositions orientées vers deux fins différentes, à savoir l'humanité en tant qu'espèce animale et cette même humanité en tant qu'espèce morale, est fourni par la formule d'Hippocrate : *Ars longa, vita brevis*[1].

L'espèce morale, redisons-le, n'indique en rien l'identité humaine, mais s'étend à tout être cosmique doté de raison. Le respect que je dois à la personne n'est ainsi nullement circonscrit à l'homme mais vaut pour tous les êtres raisonnables, et devrait s'appliquer si nous croisions des habitants raisonnables de la Lune – ou d'ailleurs. C'est donc à un véritable anti-humanisme que nous assistons en ceci que *l'homme n'acquiert sa respectabilité qu'à mesure qu'il se dépouille de son humanité* : tout ce qui fait l'homme et le distingue du pur être raisonnable, soit la matière, l'animalité, et, plus encore, l'individualité, se révèle absolument étranger au respect, de sorte que l'homme ne puisse être respectable qu'à la condition de ne plus être perçu comme *homme* mais bien plutôt comme *être raisonnable*. C'est ainsi que se comprend l'intransigeance kantienne vis-à-vis du mensonge : quand bien même nuirais-je à la vie d'autrui et à la vie d'un innocent en disant la vérité, il me faudrait quand même maintenir celle-ci car *la vie et l'innocence ne sont jamais que des caractéristiques animales et particulières qui, en rien, ne définissent la personnalité morale à laquelle seule je dois le respect*.

1. E. Kant, *Conjectures sur le commencement de l'histoire humaine*, note, AK VIII, 118, *OP* II, p. 513.

Nous pouvons ainsi penser le kantisme comme un anti-humanisme structurel et principiel où l'humanité de l'homme est sans cesse pensée comme cela même qui abaisse et éloigne ce dernier de sa destination la plus haute, soit sa destination rationnelle. L'homme n'est pleinement raisonnable qu'à la condition d'être *transhumain*, d'aller au-delà de son humanité dont la constitution ne semble pas significativement varier depuis *La Théorie du Ciel*. Le sentiment du sublime est un symptôme de cet anti-humanisme en ceci qu'il permet de prendre conscience de l'écart entre ce que je suis *en tant qu'homme*, et ce à quoi je me destine *en tant qu'être rationnel;* cet écart que j'éprouve douloureusement sur le mode du déplaisir n'est rien d'autre que la double apparition du respect que je dois à ce qui est raisonnable, et de la médiocrité de mon humanité qui me brime littéralement, par sa finitude, dans la quête de ma destination. Le sublime peut dès lors être pensé comme l'indication d'une *destination transhumaine* en même temps que le symptôme de la finitude et de la limitation inhérentes à mon humanité.

Partant, nous pouvons interpréter la célèbre déclaration lyrique de la fin de la *Critique de la raison pratique* à partir des éléments précédents. Kant, nous le savons, célèbre ces deux choses qui lui « remplissent le cœur d'une admiration et d'une vénération toujours nouvelles et toujours croissantes, à mesure que la réflexion s'y attache et s'y applique : *le ciel étoilé au-dessus de* [*lui*] *et la loi morale en* [*lui*]. »[1]. Il semble clair que le ciel étoilé puisse éveiller, par association, le sentiment du sublime; ainsi, parler du ciel étoilé, c'est en fait parler de notre destination rationnelle et de la loi morale en nous puisque notre incapacité à présenter une image unifiée et totalisée de la voûte céleste évoque cette destination illimitée de la raison. Or, très significativement, Kant explique sa propre image en montrant combien le ciel étoilé m'écrase et me ramène à mon humanité non pas rationnelle, mais évidemment animale :

> La première vision d'une multitude innombrable de mondes anéantit pour ainsi dire mon importance, en tant que je suis une *créature animale*, qui doit restituer la matière dont elle fut formée à la planète (à un simple point de vue dans l'univers) après avoir été douée de force vitale (on ne sait comment) pendant un court laps de temps[2].

1. E. Kant, *Critique de la raison pratique*, « Conclusion », AK, V, 161 ; *OP* II, p. 801-802.
2. *Ibid.*, AK, V, 162 ; *OP* II, p. 802.

Cette voûte céleste étoilée éveille en moi une certaine idée de l'illimité ou, plus exactement, de l'intotalisable, qui me rappelle à quel point je suis un animal borné par l'espace et par le temps : je ne suis qu'un élément de matière spatialisé animé par la vie durant un temps fort bref. Mais cette voûte éveille en même temps ma destination suprasensible, donc supra-humaine, et ainsi « rehausse ma valeur, *comme intelligence*, par ma personnalité dans laquelle la loi morale me révèle une vie indépendante de l'animalité »[1], ce qui signifie bien que, indépendamment de ma rationalité, ma valeur est négligeable. Tout le drame de la condition humaine est donc d'osciller entre une valeur négligeable *en tant qu'homme* et d'apercevoir une destination *en tant qu'être raisonnable* que le fait même d'être homme interdit de réaliser comme il le faudrait.

À ce titre, le ciel étoilé peut être dit sublime, en tant que l'incapacité à le totaliser éveille l'idée illimitée de destination suprasensible, mais le ciel étoilé, si l'on a bien compris Kant, contient sans doute une infinité d'autres êtres raisonnables. Parce que cette possibilité constitue une croyance évidente chez Kant, ce dernier est obligé de préciser, dans la Troisième Critique, que ce n'est toutefois pas la présence de ces êtres raisonnables qui suscite le sentiment du sublime, ce qui prouve s'il le fallait encore, à quel point il adhère à cette croyance à tout moment de son œuvre :

> En ce sens, quand on dit sublime le spectacle du ciel étoilé, il ne faut pas prendre pour principe du jugement les *concepts* que nous nous forgerions de mondes habités par des êtres raisonnables, et considérer que les points brillants dont nous voyons rempli l'espace au-dessus de nous seraient leurs soleils décrivant des cercles qui répondraient pour eux à une finalité bien claire, mais le regarder simplement comme on le voit, comme une vaste voûte comprenant tout[2].

La négation ne porte pas sur l'habitation d'autres mondes par des êtres raisonnables; elle porte sur le fait que la conception de ces mondes détermine le sentiment du sublime. Autrement dit, nous concevons que ce ciel immense au-dessus de nos têtes contient d'autres êtres raisonnables, mais ce n'est pas le concept de ces mondes en tant qu'ils seraient habités qui fait naître en nous le sentiment du sublime : c'est l'incapacité à présenter une image totalisée et unifiée de cette voûte qui éveille l'idée d'illimité et, partant, évoque notre destination suprasensible. Mais alors les extraterrestres sont « refoulés hors de l'expérience du sublime »[3], ce qui

1. E. Kant, *Critique de la raison pratique*, AK, V, 162 ; *OP* II, p. 802.
2. E. Kant, *Critique de la faculté de juger*, § 29 ; AK, V, 270 ; GF, p. 253 ; *OP* II, p. 1042.
3. P. Szendy, *Kant et les extraterrestres*, *op. cit.*, p. 122.

peut surprendre dans la mesure où celle-ci se rapporte justement à une rationalité que ces derniers partagent avec nous. Pourtant Kant a raison, dans l'économie de son propos, de raisonner ainsi : ce ne sont pas les concepts que nous associons à ce que nous percevons qui suscitent le sentiment du sublime, c'est la perception elle-même qui éveille celui-ci. Donc, que nous pensions conceptuellement que la voûte céleste que nous percevons soit habitée ne détermine rien quant au sentiment qui naît en nous : ce n'est pas l'idée d'autres êtres raisonnables qui suscite un tel sentiment mais bien la perception de cet espace indéfini qui éveille l'Idée de notre destination infinie. Ce qui n'empêche pas que nous pensions que cet espace est habité.

CHAPITRE V

LA « PATRIE DE L'ESPRIT » ET LE SENS DE L'ESPRIT

LE SENS DE L'ESPRIT HÉGÉLIEN

Si cette longue investigation kantienne à partir de la question de l'intelligence extraterrestre a pu nous fournir le sens même de la philosophie morale telle qu'elle fut pensée à partir de l'être raisonnable et non à partir de l'homme en particulier, elle doit en même temps nous inviter à mesurer ce qui sépare la pensée kantienne de celle de Hegel, toujours en partant de cette question extraterrestre, et en essayant de comprendre ce que peut bien signifier l'esprit chez le maître de Berlin.

Bien plus sporadiques que chez Kant, les indications sur l'existence des extraterrestres ou, plus exactement, sur les intelligences extraterrestres, ne sauraient être que parcellaires et même implicites. À notre connaissance, le seul passage mentionnant le problème se trouve dans l'*Encyclopédie*, plus précisément dans l'addition du § 280 de la *Philosophie de la Nature*. Hegel interroge dans le § 280 le sens de la Terre, la manière dont l'Idée s'empare du sens de celle-ci, ainsi que son rapport à la lumière[1] ; l'addition, quant à elle, précise la perspective hégélienne, à savoir le « géocentrisme spéculatif »[2] qui est une certaine manière de rappeler que le sens de l'être ne peut jamais être que celui du sujet, donc que le sens de l'Univers ne peut jamais

1. Sur la philosophie de la nature hégélienne, *cf.* E. Renault, *Hegel, la naturalisation de la dialectique*, Paris, Vrin, 2001, *passim*.

2. La formule est de Bernard Bourgeois en note.

être que celui que lui confèrent les êtres terrestres selon leur propre position terrestre.

> La planète, écrit Hegel, est le véritable *prius*, la subjectivité dans laquelle ces différences dont il a été question ne sont que comme des moments idéels, la vitalité n'ayant qu'alors un être-là. Le Soleil sert la planète, ainsi qu'en effet, d'une façon générale, le Soleil, la Lune, les comètes, les étoiles ne sont que des significations de la Terre[1].

Les planètes et les astres connus, donc pouvant faire l'objet d'un discours scientifique, ne peuvent jamais être connus qu'*à partir* de la Terre, celle-ci étant donc le *prius*, le commencement à partir duquel la connaissance de l'Univers devient possible. Ce terme schellingien de *prius* doit ici être entendu comme le point à partir duquel les autres éléments de l'Univers acquièrent leur « signification » et se chargent ainsi d'un certain sens pour l'esprit, sens *qui ne peut faire l'économie de son origine terrestre*. Il nous faut donc comprendre que Hegel refuse l'approche décentrée de l'Univers : dire que la Terre n'est qu'un élément parmi une infinité d'autres dans l'immensité de l'Univers, c'est la réduire à une approche quantitative, à un rapport mathématique qui n'épuise certainement pas le sens qu'elle revêt pour nous. De là le retour de la critique hégélienne contre la réduction de la science à une pure approche quantitative des rapports cosmologiques :

> Lorsqu'il est question de fierté, il nous faut considérer la Terre, [cet] être présent, comme ce qu'il y a de plus haut. Lorsqu'on s'adonne à une réflexion hantée par la quantité, on peut bien laisser s'abîmer la Terre sous soi, la regarder comme « une goutte d'eau dans la mer de l'infini », mais la grandeur est une détermination très extérieure[2].

La grandeur est ce qui, pour Hegel, peut augmenter ou diminuer sans affecter la nature de la chose ; elle est par excellence ce qui est indifférent à l'être qu'elle caractérise, ce qui lui est adjoint de l'extérieur. La quantité, écrit Hegel dans la Grande Logique, est « la déterminité qui est déterminité qui a fait retour infiniment en elle-même. »[3]. La grandeur est cette déterminité en dehors de soi, cette quantité qui demeure extérieure à soi. Dans ces conditions, une science naturelle qui en reste à la détermination de

1. G. W. F. Hegel, *Philosophie de la Nature*, add. § 280, trad. fr. Bernard Bourgeois, *in* G. W. F. Hegel, *Encyclopédie des sciences philosophiques*, t. II, trad. fr. Bernard Bourgeois, Paris, Vrin, 2004, p. 406.

2. *Ibid.*

3. G. W. F. Hegel, *Science de la Logique. Livre premier. L'être*, « Deuxième section », trad. fr. Bernard Bourgeois, Paris, Vrin, 2015, p. 275.

grandeurs se condamne elle-même à manquer la nature des choses, à manquer la qualité des objets pensés. Elle se contente d'apposer à la chose des grandeurs variables, sans jamais parvenir à s'approprier cela même qu'elle prétend connaître.

La conséquence de cette critique de la réduction de la science à une démarche purement quantitative n'est autre que la nécessité de refuser la réduction de la Terre à une détermination relative à l'immensité de l'Univers : penser ainsi, c'est manquer à la fois le sens de la Terre *et* le sens de l'Univers, c'est renoncer à s'approprier réellement le sens de *ce à partir de quoi nous pensons* et le sens de *ce que nous pensons*; c'est commettre une erreur génétique et une erreur d'objet, c'est croire que la physique quantitative peut dicter à elle seule le sens de toutes choses. De là se comprend la rectification programmatique hégélienne :

> Nous allons donc maintenant nous fixer sur la Terre, notre patrie, non pas en tant que physique, mais en tant qu'elle est aussi la patrie de l'esprit[1].

Cette célèbre formule présentant la Terre comme la « Patrie de l'esprit » ne doit pas être mésinterprétée; elle ne signifie en aucun cas qu'il ne peut pas y avoir d'intelligences extraterrestres, pas plus que l'existence d'une Patrie ne signifie l'inexistence de toutes les autres. Que l'esprit soit chez lui en un lieu physique n'implique nullement que nulle autre intelligence extraterrestre ne puisse être pensée. Fidèle à sa démarche habituelle, Hegel ne statue d'ailleurs pas tant sur la réalité de l'objet étudié que sur le sens qui lui revient ou, pour être plus précis, sur la manière dont l'esprit peut s'emparer de cet objet pour lui conférer un sens propre.

Que l'esprit soit chez lui en un lieu physique signifie que, d'une part, nous ne pouvons pas faire l'économie du sujet pensant ou, plus exactement, de la *situation* du sujet pensant : nous ne pouvons pas nous affranchir de la condition spatio-temporelle à laquelle appartient le sujet pensant. L'appartenance terrestre constitue bien le *prius* de toute pensée, et il serait insensé de vouloir penser selon une condition qui ne soit pas celle du sujet. D'autre part, cela nous dit ce qu'est le sens pour Hegel : le sens de toute chose est toujours pensé selon cette condition terrestre, de sorte que l'esprit – qui n'est jamais que la capacité du sujet à savoir que le sens de la substance est le sien propre, que la substance qui lui apparaît ne lui est familière que dans la mesure où il se l'est appropriée du point de vue du sens, c'est-à-dire l'a rendue sensée – ne saurait rendre l'être sensé que selon son appartenance terrestre. En d'autres termes, Hegel ne veut rien dire d'autre

1. G. W. F. Hegel, *Philosophie de la Nature*, add. § 280, *op. cit.*, p. 406.

que ceci : *le sens de toute chose est dicté par l'appartenance terrestre du sujet* et il ne saurait en être autrement *pour le sujet*. Nous ne pouvons pas nous décentrer, nous ne pouvons pas penser à partir d'un autre point que celui où notre terrestre condition nous a situés et cette détermination fait partie du sens absolu des choses.

Peut-il y avoir, compte-tenu de ce qui précède, des intelligences extraterrestres? Assurément oui, et de ce point de vue nous considérons que Peter Szendy commet un contresens sur cette Patrie de l'esprit que constitue la Terre. Dans un entretien accordé à Jean-Clet Martin, il semble en effet affirmer que Hegel met fin à une longue tradition philosophique affrontant la possibilité qu'existent des intelligences extraterrestres: « d'Épicure à Fontenelle, de nombreux penseurs ont affirmé la pluralité des mondes habités, tandis que, après Kant, on ne trouve plus aucune trace d'éventuels extraterrestres, Hegel allant même jusqu'à dire, dans sa Philosophie de la nature, que seule la planète Terre est « la patrie de l'esprit ». »[1]. Dire que la Terre est la patrie de l'esprit, ce n'est pas dire qu'aucune planète n'est habitée, c'est bien plutôt affirmer que *le sens de toutes choses s'enracine dans une pensée conditionnée par sa situation terrestre, donc que s'il y a des extraterrestres, leur sens sera lui aussi pensé à partir de la situation terrestre de l'esprit*. La preuve de cela nous semble d'ailleurs délivrée par le lexique même de l'*extraterrestre* qui n'est jamais que le nom de quelque chose qui est la négation même de l'être terrestre : l'extraterrestre est ce qui n'habite pas la terre, donc ce dont le sens n'éclot qu'à la faveur de la situation terrestre de l'esprit.

En d'autres termes, si l'esprit venait à rencontrer des extraterrestres, il ne pourrait leur attribuer un sens, et ainsi les rendre sensés, que selon son propre point de vue : cela est une structure nécessaire de l'esprit que de ne pouvoir penser les choses que selon sa propre situation, qui est de fait terrestre. Cela serait *pour nous* insensé de penser l'Univers depuis le Soleil ou depuis la Lune, non pas qu'il n'y ait pas d'habitants dans la Lune, mais bien plutôt que le point de vue lunaire *ne* peut *pas* être celui de l'esprit terrestre dont Hegel s'est proposé de décrire la structure et le fonctionnement.

Nous mesurons par ce biais combien Hegel se révèle distant de la réflexion platonicienne du *Timée*[2] : alors que Platon jugeait que l'homme

1. J.-C.Martin, *Kant et les aliens. Entretien avec Peter Szendy*, Philo Strass, Radio Web, 17 mars 2011. Lien Internet : http ://jeancletmartin.blog.fr/2011/03/17/kant-et-les-aliens-peter-szendy-10842979/.

2. Cf. *supra*.

n'était pas essentiellement lié à la Terre et pouvait se sentir étranger à cette dernière, Hegel en fait au contraire la Patrie de l'esprit, lui conférant ainsi une dimension essentielle pour l'homme qu'elle ne saurait avoir chez Platon. L'esprit humain est intrinsèquement *situé* chez Hegel, et *cette situation est terrestre* ; inversement, avec Platon, l'âme humaine est *intrinsèquement exilée* lorsqu'elle est sur Terre et n'aspire qu'à retrouver le corps céleste auquel elle est apparentée. Les conséquences de cette divergence originaire se font en outre sentir quant à la nature même des extraterrestres éventuels : chez Platon, il s'agit de notre propre dissémination psychologique dans le cadre cosmique sous une forme non incarnée, sous une forme qui n'est pas celle du corps sentant et pétri d'affects ; chez Hegel, l'identité même d'éventuels extraterrestres demeure méconnue et non prévisible – ce qui signifie qu'il ne s'agirait pas à ses yeux d'humains disséminés dans le *cosmos* – mais ils n'en sont pas moins pensés avec des outils intellectuels qui sont ceux de l'esprit humain, de sorte que le sens même que nous pourrions leur conférer ne pourrait être que celui que pourrait élaborer l'esprit humain.

LE RÉINVESTISSEMENT HÉGÉLIEN DE FEUERBACH

La confirmation de notre lecture de Hegel peut se faire à travers Feuerbach. Dans sa célèbre étude consacrée à l'*essence du christianisme*, l'une des figures majeures des jeunes hégéliens, c'est-à-dire des hégéliens « de gauche », avait interrogé la différence essentielle entre l'homme et l'animal qu'il situait, à la suite de Descartes, dans la conscience. Or, construisant sa philosophie sur ce fondement classique, Feuerbach poursuivait également les analyses de Hegel considérant que l'objet de la conscience révélait la nature de la conscience même, comme si chaque objet de cette dernière était pour elle un miroir dans la mesure où c'est par l'objet que l'homme devient conscient de lui-même.

Dans ces conditions, tout objet, c'est-à-dire toute chose apparaissant au sujet conscient, manifeste l'essence de ce dernier, qui au sens propre se reflète dans les objets qui lui apparaissent. En somme, l'homme ne se rapporte pas *directement* à lui-même mais ne prend conscience de lui comme sujet que par *la médiation de l'objet* qui le ramène inlassablement à lui-même. C'est sans doute un raisonnement qui se trouvait déjà dans la Seconde Méditation de Descartes où l'analyse du morceau de cire comme objet perçu par la conscience renvoyait inlassablement à la certitude du sujet d'exister : si je me représente cette cire, alors je peux en déduire avec certitude que je suis, car je ne pourrais en aucun cas me représenter un objet, quel qu'il fût, si je n'existais pas comme sujet.

Mais Feuerbach, à la différence de Descartes, prit appui sur cette analyse pour refuser toute forme de limitation humaine : si *tout* objet renvoie au sujet, si donc tout ce qui apparaît à la conscience renvoie à l'être conscient et le révèle à lui-même, alors *aucun objet* ne peut réellement borner la conscience humaine, ce qui revient à dire qu'aucun objet pensé par l'homme ne saurait être absolu, et indépendant de ce dernier. De là cette remarque extrêmement forte située en introduction :

> Par conséquent si tu penses l'infini, tu penses et tu confirmes l'*infini de la faculté de penser;* si tu ressens l'infini, tu ressens et tu confirmes *l'infinité du pouvoir du sentiment*. L'objet de la raison est la *raison objet à elle-même*. L'objet du sentiment est le *sentiment objet à lui-même*[1].

Même lorsque nous pensons l'infini, nous ne nous heurtons pas à ce qui nous transcende infiniment mais à nous-mêmes en tant que nous sommes capables de penser l'infini ; en d'autres termes, penser l'infini ce n'est pas être borné par quelque chose d'extérieur à nous qui nous écrase mais c'est au contraire nous révéler à nous-mêmes notre capacité à penser l'infini, c'est-à-dire à lui attribuer un sens.

Mais quel rapport y a-t-il avec la question des intelligences extraterrestres ? Là encore, il nous faut comprendre que si nous évoquons cette question, c'est que nous la *pensons*, donc que nous la formons comme objet apparaissant à la conscience. Dans ces conditions, tout ce qui pourra être dit et pensé des extraterrestres sera d'abord le reflet de ce que l'homme peut penser, ce qui est une manière de dire que *les extraterrestres ne peuvent être pensés par nous que de manière humaine* et que tout discours sur ces derniers ne sera jamais que le symptôme de notre imagination et de notre conceptualité.

> Les déterminations essentielles qu'il [l'homme] attribue à ces autres individus, sont toujours des déterminations tirées de son essence propre – déterminations dans lesquelles en vérité il ne fait que se dépeindre et s'objectiver. Il peut bien exister assurément d'autres pensants que l'homme sur les corps célestes; mais en faisant l'hypothèse de tels êtres nous ne changeons pas notre point de vue – nous ne l'enrichissons que quantitativement et non qualitativement: [...]. Et de fait lorsque nous accordons aussi la vie au monde des étoiles, c'est pour qu'existent en elles, non pas des

1. L. Feuerbach, *L'essence du christianisme*, 1., trad. fr. Jean-Pierre Osier, Paris, Gallimard, 1992, p. 125.

êtres *différents* de nous, mais seulement *un plus grand nombre* d'être tels que nous ou à notre image[1].

Il ne s'agit en aucun cas pour Feuerbach de nier la possible existence d'extraterrestres, mais il s'agit de rappeler que tout ce qui en sera dit le sera *du point de vue de la conscience humaine, avec sa conceptualité, son imagination et sa sensibilité.* Quand bien même existerait-il des intelligences extraterrestres, et quand bien même serions-nous amenés à les rencontrer, nous serions condamnés, compte-tenu de la structure de notre conscience, à ne jamais pouvoir faire abstraction du fait que c'est *nous* qui produisons un discours sur eux, de sorte que toute connaissance possible sur eux serait à jamais grevée de la relativité de notre façon humaine de les penser.

1. *Ibid.*, p. 128.

CHAPITRE VI

RÉFLEXIONS CONTEMPORAINES SUR L'INTELLIGENCE EXTRATERRESTRE

La spéculation sur les intelligences extraterrestres nous est apparue aussi ancienne que la plus antique histoire de la Philosophie. Née avec les présocratiques, elle se poursuit inlassablement parmi les siècles et connaît de profonds développements chez les matérialistes antiques ou dans les disputes scolastiques, devient une évidence avec la Renaissance et se fortifie avec l'ouverture moderne du Cosmos à un Univers infini. Nicolas de Cues, Giordano Bruno, Campanella, Descartes, Fontenelle, Kant y consacreront des pages importantes, non sans s'appuyer sur les travaux de Copernic, Galilée, Kepler ou encore Huygens.

Si la question se fait sans doute plus discrète au XIXe siècle, malgré les quelques lignes qu'y consacrent Hegel ou Feuerbach, et que nous venons d'analyser, elle semble connaître avec Nietzsche un certain retour en grâce à la fin de ce siècle, avant de connaître un nouvel essor au début du siècle suivant, dont nous proposons, dans cet ultime chapitre, un rapide tour d'horizon. Dénuée d'unité problématique, la réflexion contemporaine sur les intelligences extraterrestres ne peut être subsumée sous un thème commun, ni même sous un enjeu commun; éclatée, diversifiée, elle n'en est pas moins discrètement présente chez plusieurs philosophes majeurs dont nous restituerons les propos le plus fidèlement possible.

Précisons que nous n'aborderons pas les thématiques liées à l'*usage* que proposent les philosophes « analytiques » d'êtres extraterrestres intelligents, d'une part parce que cela excèderait de loin le cadre de nos compétences habituelles, d'autre part parce que la réflexion sur les mondes possibles et leurs implications nécessiterait sans aucun doute un ouvrage entier que nous laissons à d'autres le soin de réaliser. Nous renvoyons toutefois, pour une première approche, aux textes de David Lewis qui y a consacré de nombreuses pages, notamment à son important article de 1978, fort heureusement traduit en français[1], où il compare la douleur d'un fou à celle d'un hypothétique martien et s'interroge sur le sens même qu'elles revêtent pour chacun des sujets.

FRATERNISER AVEC LES HABITANTS D'AUTRES PLANÈTES : UN « SCÉNARIO D'AVENIR » NIETZSCHÉEN

Comme annoncé dans le petit texte introductif de notre ultime chapitre, il nous faut prêter une attention toute particulière à un texte de Nietzsche récemment mis en valeur par Philippe Granarolo[2] dans un ouvrage consacré aux scénarios d'avenir imaginés par l'auteur de *Zarathoustra*. Dans le troisième de ces scénarios, P. Granarolo montre habilement comment Nietzsche a prophétisé le déclin prononcé de l'espèce humaine, notamment dans *Aurore*. Une sorte de dépérissement lent accompagne notre humanité vieillissante, voire finissante qui se couvre de mauvaises herbes « nous faisant périr sans qu'on s'en aperçoive ! »[3]

Mais là n'est pas le plus intéressant : dans un autre paragraphe *d'Aurore* consacré à cette inéluctable décadence de l'humanité, Nietzsche envisage très sérieusement que l'homme déclinant soit amené à rencontrer des intelligences extraterrestres et relie cette possibilité à l'instinct de connaissance. Ce dernier évoque l'hypothèse d'un sacrifice de l'humanité pour se rehausser elle-même; mais *à quoi* ou *à qui* devrait-elle ainsi se sacrifier? C'est à la connaissance de la vérité qu'un tel sacrifice monstrueux [*ungeheure*] devrait être entrepris, comme si l'instinct de connaissance poussait l'humanité à pratiquer son propre holocauste. Et Nietzsche d'ajouter :

1. D. Lewis [1978], « Mad Pain and Martian Pain », *Readings in Philosophy of Psychology*, vol. 1, ed. Block, Cambridge, Harvard University Press, p. 216-222, trad. fr. D. Boucher, *Philosophie de l'esprit, psychologie du sens commun et sciences de l'esprit*, textes réunis pas D. Fisette et P. Poirier, Paris, Vrin, 2002, p. 189-306.

2. *Cf.* P. Granarolo, *Nietzsche. Cinq scénarios pour le futur*, Paris, Belles Lettres, 2014, p. 93. On pourra également consulter la très belle recension de S. Barbara, « Philippe Granarolo, *Nietzsche. Cinq scénarios pour le futur* », Actu-Philosophia, 2 mars 2015 : http ://www.actu-philosophia.com/spip.php?article599#nb1.

3. F. Nietzsche, *Aurore*, V, § 435, trad. fr. Éric Blondel, Paris, GF, 2012, p. 260.

> Entre-temps n'a encore jamais été posé le problème de savoir dans quelle mesure, pour l'humanité comme pour un tout, des pas en avant sont possibles en vue de promouvoir la connaissance; sans parler de la question de savoir quel instinct de connaissance serait en mesure de pousser l'humanité assez loin pour qu'elle se donne en offrande, et qu'elle meure le regard illuminé par une sagesse anticipée. Peut-être, si jamais s'instaure une fraternisation avec des habitants d'autres planètes [*eine Verbrüderung mit Bewohnern anderer Sterne*] en vue de la connaissance, et que l'on se partage son savoir pendant quelques millénaires d'astre en astre, peut-être alors l'enthousiasme de la connaissance parviendra-t-il à un tel sommet[1] !

Philippe Granarolo établit une généalogie de la référence nietzschéenne avec Kant et Fontenelle, oubliant selon nous un peu vite les textes de Descartes, Huygens, Leibniz, voire de Voltaire. Mais là n'est pas l'essentiel. Il faut en effet resituer le contexte: Nietzsche s'intéresse à partir du § 41 à la question de la connaissance et à la *vita contemplativa*, et évalue la pensée abstraite pour en refuser la dimension d'élévation : contre la croyance selon laquelle l'homme ne peut s'élever qu'en *comprenant intellectuellement* l'origine des choses, Nietzsche cherche à exalter une sorte de désintéressement, une pratique qui ne serait plus mue par l'intérêt de connaître ni de comprendre mais au contraire par une sorte de renoncement à la saisie intellectualisée des choses, qui accepterait l'illusion comme condition de la vie, la volonté de vérité étant mortifère. Rien de grand ne se manifeste donc dans la déprise à l'égard de l'intuition sensible, ni dans la fuite vers la connaissance abstraite oublieuse du monde tel qu'il se manifeste intuitivement.

Dans ce § 45 d'*Aurore*, la fin de l'humanité est explicitement mise en relation avec cette volonté de vérité et cette volonté de savoir qui ne peuvent conduire qu'à la mort. La connaissance de la vérité comme objet du vouloir est bel et bien présentée comme le but monstrueux de ce sacrifice universel de l'humanité qui, conduite à entreprendre un voyage interstellaire dans un avenir proche, ne pourrait sans doute pas revenir vivante de celui-ci. Se donnant en offrande à la Vérité divinisée, l'humanité pratiquerait son propre holocauste, oublieuse qu'elle serait de son viscéral besoin d'illusion, de mythes et de mensonges. Toutefois, ce but monstrueux apparaît, comme souvent avec Nietzsche, ambivalent; *ungeheure* présente ici à la fois le sens d'une disparition terrifiante et celui d'un acte grandiose, prodigieux, immense, celui d'une humanité capable de

1. *Ibid.*, I, § 45, p. 66.

s'auto-détruire pour un but tellement terrifiant qu'il en devient fascinant, voire flamboyant[1].

Dans ce cadre quelque peu déroutant, Nietzsche ne fait pas des extra-terrestres l'objet d'une angoisse, et ne les rattache pas comme tels à notre disparition; ils ne seront jamais que l'objet de rencontres lors de voyages interstellaires et ne menaceront en rien l'humanité finissante. Peut-être sera-t-il même possible de fraterniser avec eux, de communier à leurs côtés dans cette volonté de vérité et de savoir, ce qui peut amener à se demander à quel point elle est également mortifère pour nos futurs frères dès lors qu'ils semblent la partager.

Concluons. Nietzsche ne thématise pas tant la question extraterrestre qu'il ne glisse incidemment, parmi ses multiples scénarios d'avenir, la possibilité que nous voyagions et que nous rencontrions des êtres intelligents avec lesquels serait possible une communication. Bien que cette occurrence soit la seule à notre connaissance dans toute son œuvre, elle n'en indique pas moins que l'auteur d'*Aurore* considérait comme hautement probable que les progrès scientifiques et technologiques allaient rapidement permettre de parcourir l'Univers et d'en découvrir l'infini peuplement avec lequel il sera possible de fraterniser avant de mourir sous le poids devenu insoutenable de la Vérité érigée en idole.

LA CO-CONSTITUTION DU MONDE : HUSSERL ET LA « COMMUNAUTÉ DE COMPRÉHENSION »

Le fondateur de la phénoménologie, Edmund Husserl a lui aussi intégré la question des intelligences extraterrestres à ses propres réflexions, plus précisément que Nietzsche, notamment dans des textes hélas non traduits, présents dans l'édition allemande des écrits consacrés à l'intersubjectivité. Constatant par exemple que « ce qui nous sépare de la Lune ou de Vénus s'assimile en fin de compte à l'Océan ou aux montagnes infranchissables qui séparaient les humanités antérieures »[2], Husserl semble signifier par cette remarque qu'une analogie fontenellienne est possible : de même que

1. Nous remercions Sébastien Barbara, fin lecteur de Nietzsche, de nous avoir accordé son éclairage sur ce texte.

2. E. Husserl, *Zur Phänomenologie der Intersubjektivität.* Texte aus dem Nachlass. Dritter Teil. 1929-1935, *Husserliana* XV, XXVI, Netherlands, Martinus Nijhoff, 1973, p. 440, traduction en ligne de Jean-Luc Petit : http ://www.jeanluc-petit.com/sites/default/files/extraterrestres_cnes_2011_jlp.pdf.

les hommes ont jadis franchi les mers et les montagnes pour découvrir d'autres hommes, de même serons-nous un jour capables de franchir l'espace et de conquérir la Lune, Vénus et d'autres planètes et y découvrir d'autres hommes ou, à tout le moins, d'autres habitants dotés d'intelligence.

Mais, dans une telle configuration, que seraient ces intelligences extraterrestres pour notre conscience, quel sens pourrions-nous leur accorder du point de vue phénoménologique ? Il est clair que Husserl s'intéresse moins à ce que seraient en-soi de tels êtres qu'au sens du monde qui en résulterait. Plus clairement dit, la question des intelligences extraterrestres nous semble abordée, chez Husserl, à partir du monde commun qui en résulterait : s'il est plusieurs consciences constituantes, alors la co-constitution du monde devrait être pensée à partir de la pluralité de ces consciences

> dans la mesure où fonctionne ici un concept essentiel de l'Homme qui laisse ouverte la question de savoir si en dehors de la Terre ne vivent pas des hommes comme co-porteurs de notre monde, des hommes qui, dès lors qu'ils entreraient en fait en rapport de compréhension avec nous, seraient appelés et habilités à la co-constitution du monde [...]. Et, finalement, s'il devait nous apparaître que « des hommes » vivent, par exemple sur Mars, et que nous trouvions le moyen d'entrer avec eux dans une communauté de compréhension, dès ce moment ils compteraient pour le « nous » humain qui est corrélatif du monde comme « notre » monde commun à tous. [1].

Si comme le pense en effet Husserl, il y a un *a priori* universel de la corrélation, si donc le monde est corrélé au sujet dans sa manière d'apparaître, alors le sens même du monde dans son apparition corrélative dépend de l'extension des sujets considérés. En d'autres termes, si d'autres sujets humains ou, à tout le moins, susceptibles de constituer le monde devaient être découverts, alors le monde comme corrélat serait nécessairement le corrélat de la conscience en son sens le plus extensif, soit celui qui englobérait la conscience des intelligences terrestres *et* extraterrestres. Rappelons que, pour Husserl, « le monde dont on fait l'expérience, se confirmant et toujours à confirmer dans l'expérience est reconnu comme corrélat transcendantal de la subjectivité constituante et comme [quelque chose] inséparable d'elle-même »[2], si bien que le corrélat intentionnel doit

1. *Ibid.*, p. 163, traduction en ligne de Jean-Luc Petit : http://www.jeanluc-petit.com/sites/default/files/extraterrestres_cnes_2011_jlp.pdf.

2. E. Husserl, *De la réduction phénoménologique. Textes posthumes* (1926-1935), *Husserliana* XXXIV, Grenoble, Millon, 2007, p. 78.

être pensé comme le monde objectif qui n'a de sens que pour la conscience constituante dont il est le corrélat.

C'est pourquoi Husserl pense le « monde ambiant », le fameux *Umwelt*, à partir de son ouverture. Loin d'être un *a priori* clos et définitif, l'*Umwelt* est un procès permanent d'inclusion croissant. Ainsi, le monde ambiant pourrait ne pas être éternellement circonscrit au monde terrestre, à l'environnement planétaire.

> Notre *Umwelt*, note Husserl, celui qui nous est lié par les générations et l'histoire, qui nous est progressivement accessible et le devient toujours plus, possède l'horizon ouvert d'une nature qui transcende la nature effectivement accessible appartenant à ce cercle, « une nature astronomique » qui reste toujours inaccessible, mais à laquelle cependant pourraient appartenir des sujets ayant l'expérience d'un monde au sein de leurs rapports de générations, sujets qui ne pourraient entrer en communauté avec nous (et se lier éventuellement aussi à nous par la génération) que si un jour dans une actualité future l'inaccessibilité de cette nature stellaire était surmontée et qu'elle soit transformée en une nature proche accessible [1].

Husserl accuse un écart assez net avec les observations hégéliennes de l'*Encyclopédie*. Contrairement à ce que nous pouvions lire dans cette dernière, il ne s'agit plus d'affirmer que l'homme a pour seule patrie la Terre mais de penser ce qui pourrait être un monde commun avec des sujets qui n'ont précisément pas pour patrie originaire celle de la Terre. À cet égard, l'horizon possible de l'*Umwelt* est celui d'un monde interplanétaire, où des sujets extérieurs à notre patrie terrestre pourraient entrer en rapport avec nous et se lier par la génération même avec nous. C'est là que la plasticité de l'*Umwelt* se laisse le mieux sentir, et son impossible clôture le mieux comprendre : la communauté est toujours de l'ordre de l'horizon, elle est toujours à venir en dépit de l'histoire qui circonscrit une certaine sphère communautaire que l'avenir impose pourtant de laisser ouverte.

Dans ces conditions, Husserl s'intéresse au *changement de sens* de la communauté qu'impliquerait la découverte d'intelligences extraterrestres matérielles. À l'instar de Kant, qui nous semblait mettre en place une morale dont l'extension était universelle au sens cosmologique du terme, Husserl refuse de limiter la constitution du sens de la communauté à partir de la seule humanité terrestre : de même que la morale kantienne vaut *pour tout être raisonnable* et régirait donc les rapports qui s'instaureraient avec

1. E. Husserl, *Zur Phänomenologie der Intersubjektivität*. Texte aus dem Nachlass. Dritter Teil. 1929-1935, *Husserliana* XV, XII, p. 219, trad. fr. J.-L. Petit : http://www.jeanluc-petit.com/sites/default/files/extraterrestres_cnes_2011_jlp.pdf.

d'autres êtres raisonnables que les êtres humains, de même la possibilité de créer une communauté *pourrait être réalisée*, selon Husserl, avec d'autres êtres que les terriens – que ceux dont la patrie est la Terre – si bien que la rencontre empirique avec d'autres intelligences, humaines ou non, modifierait nécessairement le sens de la « communauté », l'extension de celle-ci, mais aussi le sens que nous accordons au monde puisque nous serions amenés à le co-constituer avec des sujets toujours plus importants numériquement.

Husserl, en bon phénoménologue transcendantal, ne s'intéresse donc pas tant à l'existence effective de ces intelligences extraterrestres qu'à la manière dont une rencontre avec elles nous imposerait de changer la manière de nous représenter de ce dont nous constituons le sens, soit du monde comme corrélat et de la communauté comme horizon. La question des intelligences extraterrestres apparaît comme une investigation incontournable pour une pensée où « le monde comme structure de la subjectivité transcendantale va être également compris comme le corrélat d'une infinité ouverte d'autres sujets, et donc comme une structure de l'intersubjectivité transcendantale. »[1]. L'infinité d'autres sujets dont il est question n'a aucune raison de se clore avec les êtres intelligents peuplant la Terre et ne peut avoir de sens qu'à la condition de pouvoir envisager la totalité des sujets habitant l'Univers qui pourraient un jour ou l'autre faire l'objet d'une rencontre. « Il s'agit donc de mettre en évidence, à partir de l'expérience elle-même, que le monde ne peut pas être que « mon » monde parce qu'il appartient au « monde objectif» qu'il y ait une expérience de l'étranger. »[2]. Tout le mérite de Husserl est alors de nous faire comprendre que cette expérience de l'étranger, dont parle Housset, n'est pas bornée par celle des Terriens mais s'ouvre à toute conscience transcendantale.

C'est peut-être d'ailleurs la raison pour laquelle Husserl distingue aussi clairement le je comme je de l'être humain de l'*ego* transcendantal qui n'est pas référé – c'est-à-dire limité – à l'humanité. Cela est très sensible dans le § 45 des *Méditations cartésiennes* où Husserl propose d'interroger le « rapport qu'entretiennent le je, le je-être humain réduit à la pure spécificité dans un phénomène pareillement réduit, et le je en tant qu'*ego* transcendantal. »[3]. Si le je peut être pensé comme humain dans mon propre cas, il doit être distingué de l'*ego* transcendantal à partir duquel seul la

1. E. Housset, *Husserl et l'énigme du monde*, Paris, Seuil, 2000, p.220.

2. *Ibid.*, p. 223.

3. E. Husserl, *Méditations cartésiennes*, § 45, trad. fr. Marc B. de Launay, « Epiméthée », Paris, P.U.F., 1984, p. 148.

constitution du monde devient transcendantalement possible. Le je-être humain est propre, spécifiquement humain, tandis que l'*ego* transcendantal est « universel et absolu »[1] et ne saurait donc être borné aux seuls êtres humains, ce sans quoi il ne serait pas universel, ni relatif aux Terriens, ce sans quoi il ne serait pas absolu. Tout porte donc à croire que la philosophie transcendantale, celle de Kant *et* de Husserl, porte en elle une ouverture à l'altérité radicale, dont l'accueil est possible par la capacité commune à constituer un monde; l'appel à l'*alter ego* s'ouvre à tout *ego* transcendantal et ne se borne nullement avec les limites de la conscience humaine.

LES IMPLICATIONS BERGSONIENNES DE L'ÉLAN VITAL

Dans une tout autre perspective, Henri Bergson a lui aussi abordé la question qui nous préoccupe en prenant appui sur son concept d'élan vital. Si le temps n'est pas l'espace géométrique auquel nous le réduisons par commodité, s'il n'est pas une simple juxtaposition d'instants hétérogènes, mais une durée créatrice continuée, alors l'élan vital n'est ni l'accomplissement d'un programme qui le précéderait et ne serait vrai « qu'au futur antérieur, c'est-à-dire après le fait »[2], ni un pur accident hasardeux, ce « fantôme d'intention » qu'il suffirait de déduire des causes physiques qui le déterminent, tant il est vrai que rien de ce que fait la matière « n'est imprévisible »[3]. Or, tout au contraire, pour Bergson le temps mesure l'avènement d'une « imprévisible nouveauté », le temps est création.

Le déterminisme mécaniciste est bien incapable de justifier cette histoire en train de se faire, puisque cela reviendrait à admettre que ce qui n'était pas est apparu sans cause. Bergson nous propose donc de renoncer aussi bien au finalisme anthropomorphique – auquel un certain aristotélisme nous avait habitués –, qu'au mécanisme aveugle qui n'était que sa négation trop empressée et peu prudente. Bien plus, il comprend le temps réel comme une poussée *différenciante* qui emprunte diverses « voies » pour insérer de l'indétermination dans la matérialité du monde; c'est-à-dire de la liberté, grâce à l'affleurement de la conscience et de l'intelligence arrachées à la torpeur de cette matérialité. Bergson nous propose donc une

1. E. Husserl, *Méditations cartésiennes*, *op. cit.*, § 45, p. 148.

2. V. Jankélévitch, *Henri Bergson*, « Quadrige », Paris, P.U.F., 1989, p. 133.

3. H. Bergson, *L'Énergie spirituelle*, La conscience et la vie, édition du centenaire, Paris, P.U.F., 1959, p. 824.

« cosmologie spiritualisée »[1] et unifiée puisque tout l'univers dans son immensité n'est que la manifestation de cette énergie spirituelle en mouvement cherchant ce chemin vers l'intelligence, vers la liberté. Dans une telle perspective, l'univers apparaît alors « comme une entreprise de Dieu pour créer des créateurs, pour s'adjoindre des êtres dignes de son amour. »[2].

De manière rétrospective et pour mieux se repérer dans l'exubérante polymorphie de la nature, la communauté scientifique, obéissant par nécessité à des modèles *spatialisants* et donc *mécanicistes*, nous proposera quelques repères pratiques, quelques arrêts utiles à notre compréhension de la création, la première dichotomie utile étant celle posée entre le monde de la matière inerte et le monde vivant. Ce dernier sera alors à son tour divisé en règnes : végétal caractérisé par sa torpeur ; animal où l'instinct domine ; puis enfin le règne humain, celui de l'intelligence et donc de la liberté et de la créativité.

Les différentes formes que prend la vie, toujours surprenante et semblant n'obéir qu'à la sélection naturelle, sont les arrêts que sa matérialité impose à l'élan vital qui est fini : « L'élan est fini, et il a été donné une fois pour toutes. Il ne peut pas surmonter tous les obstacles. Le mouvement qu'il exprime est tantôt dévié tantôt divisé, toujours contrarié, et l'évolution du monde organisé n'est que le déroulement de cette lutte. »[3]. Telle est la manière bergsonienne d'exprimer ce que Carnot[4] puis Clausius appelèrent quant à eux « entropie ». Concept qui heurte notre logique puisqu'il nous demande d'admettre qu'un univers promis au désordre et à la mort, du fait de l'usure de l'énergie qui le constitue, soit en même temps « l'histoire d'une composition et d'une organisation croissante. »[5]. Autrement dit, « L'accroissement de l'entropie, c'est la tendance des systèmes physiques et biologiques à leur état le plus probable qui est la

1. B. Sitbon-Peillon, « Les Deux sources de la morale et de la religion suite de L'Évolution créatrice ? Genèse d'un choix philosophique : entre morale et esthétique », in *les Annales bergsoniennes*, t. IV, L'Évolution créatrice 1907-2007 : épistémologie et métaphysique, « Épiméthée », Paris, P.U.F., 2008, p. 325.

2. H. Bergson, *Les Deux sources de la morale et de la religion*, chap. III, La religion dynamique, édition du centenaire, Paris, P.U.F., 1959, p. 1192.

3. H. Bergson, *L'Évolution créatrice*, chap. III, De la signification de la vie, *op. cit.*, p. 710.

4. *Cf.* N.-L. Sadi Carnot, *Réflexions sur la puissance motrice du feu*, Paris, Vrin, 1979, *passim*.

5. C. Tresmontant, *L'Histoire de l'Univers et le sens de la création*, Paris, Éditions de l'ŒIL, 1985, p. 165.

poussière, la décomposition, le multiple. La croissance de l'organisation, de l'information, de la composition, c'est le processus inverse.»[1].

Nous en venons donc à notre question : cet élan vital, bien que fini, se serait-il donc « contenté » de la seule espèce humaine pour réaliser ce projet spirituel ? N'a-t-il pas également amené à l'existence d'autres intelligences de nature extraterrestre ?

Ce serait là encore prêter des intentions à une énergie que pourtant Bergson nous présente comme une explosion caractérisée par une spontanéité qui s'accommoderait mal avec l'idée d'un programme de type artisanal. C'est bien plutôt au jaillissement de l'œuvre d'art qu'il conviendrait de comparer l'élan vital. Si l'artiste saisit par intuition ce qu'il veut produire comme œuvre, un tableau par exemple, il serait bien incapable d'en décrire le détail avant de l'avoir peint, puisqu'il sera « le progrès d'une pensée qui change au fur et à mesure qu'elle prend corps. »[2]. Il en va donc de même pour « les œuvres de la nature. Ce qui y paraît de nouveau sort d'une poussée intérieure qui est progrès ou succession, qui confère à la succession une vertu propre ou qui tient de la succession toute sa vertu. »[3]. Comment donc pourrions-nous alors croire que ce dispendieux concert cosmique se soit arrêté à un seul accord, à une seule espèce intelligente, à moins de n'y voir qu'une fabrication qui opérerait au coup par coup ? Il y aurait là, semble-t-il, une lecture artisanale de la création, une interprétation par trop naïve de l'histoire de la création. En effet, l'artisan qui fabrique des objets – des montres par exemple – les fabrique l'une après l'autre; chaque geste de l'ouvrier ne vise qu'un but précis et totalement déterminé. Il est évident que ce n'est pas cette lecture anthropomorphique que l'on trouve dans l'œuvre de Bergson pour qui l'élan vital est un jaillissement qui, s'appuyant sur l'opposition générée par sa propre finitude, cherche à produire vie, intelligence, liberté et amour. Il est donc logique d'admettre que cet élan produise de multiples formes de vies intelligentes dans l'univers, puisque cet élan est le même partout.

Mais pour autant, ne prêtons-nous pas à Bergson nos propres déductions ? Elles ne seraient pas fausses par cette seule raison de ne pas s'y trouver littéralement exprimées, mais elles devraient alors bien plus être attribuées à l'interprète aventureux qu'à l'auteur lui-même. Il se trouve que Bergson a tranché la question lors d'une conférence prononcée à l'Athénée de Madrid, le 6 mai 1916, mais également dans son dernier grand

1. C. Tresmontant, *L'Histoire de l'Univers, op. cit.*, p. 166.
2. H. Bergson, *L'Évolution créatrice*, chap. IV, *op. cit.*, p. 783.
3. *Ibid.*

ouvrage, *Les Deux sources de la morale et de la religion*, plus précisément dans le chapitre III qui traite de la religion dynamique. Bergson y évoque la vie mystique qui consiste en une adéquation avec la durée créatrice, et qui découvre dans cette contemplation intérieure que « Dieu a besoin de nous [...] pour nous aimer »[1].

Si donc l'élan vital est l'expression de la durée créatrice qui est Dieu se donnant des êtres libres « dignes de son amour », alors poursuit-il « on hésiterait à l'admettre, s'il ne s'agissait que de médiocres habitants du coin d'univers qui s'appelle la Terre. Mais, nous le disions jadis, il est vraisemblable que la vie anime toutes les planètes suspendues à toutes les étoiles. Elle y prend sans doute, en raison de la diversité des conditions qui lui sont faites, les formes les plus variées et les plus éloignées de ce que nous imaginons ; mais elle a partout la même essence, qui est d'accumuler graduellement de l'énergie potentielle pour la dépenser brusquement en actions libres. »[2].

Non seulement Bergson affirme comme allant de soi l'existence d'autres créatures libres, capables d'amour et donc de Dieu, dans l'univers, mais il est même persuadé que tous les systèmes solaires doivent forcément éclairer et faire vivre des êtres doués d'intelligence et voulus par l'amour du Créateur. Pour Bergson, l'univers est une œuvre d'art, une « symphonie »[3], totalement dédiée à l'expansion de la charité, il n'est très probablement que « l'aspect visible et tangible de l'amour et du besoin d'aimer, avec toutes les conséquences qu'entraîne cette émotion créatrice, je veux dire avec l'apparition d'êtres vivants où cette émotion trouve son complément, et d'une infinité d'autres êtres vivants sans lesquels ceux-ci n'auraient pas pu apparaître, et enfin d'une immensité de matérialité sans laquelle la vie n'eût pas été possible. »[4].

Plus, il semble suggérer que si et seulement si cela est le cas, alors nous pouvons accueillir cet enseignement des mystiques : nous avons été créés, parce que Dieu a besoin de nous communiquer son amour. *Alors* nous ne sommes pas, nous ne pouvons pas être la seule espèce intelligente créée. Pourquoi pareille inférence ? *Parce que la charité divine ne pourrait se satisfaire de limiter ainsi sa profusion*. La durée pure qu'est Dieu ne peut être qu'un jaillissement permanent de création et si ce jaillissement est celui d'un amour qui se donne, alors il serait absurde de le fixer. Le fixisme,

1. H. Bergson, *Les Deux sources de la morale et de la religion*, chap. III, *op. cit.*, p. 1192.
2. *Ibid.*
3. *Ibid.*, p. 1193.
4. *Ibid.*, p. 1192-1193.

pour Bergson est non seulement une hérésie scientifique et intellectuelle, mais il est surtout et avant tout une hérésie métaphysique et théologique. Le monde est en train d'être créé maintenant et d'autres mondes sont certainement créés et le seront encore et encore, au-delà même de ce que notre imagination pourrait concevoir.

Enfin, bien plus encore, ce passage semble nous indiquer que les hommes ne comprennent que très imparfaitement ce que pourrait être une créature psychosomatique non seulement intelligente, douée d'esprit, mais surtout capable d'accueillir favorablement l'amour inconditionnel qui lui est proposé. Par cette remarque Bergson rejoint en partie Kant : il doit y avoir ailleurs des créatures bien plus évoluées que nous, car si l'Homme est tout ce que la nature peut produire comme être doué d'esprit, alors cela est bien décevant. Disons que Kant, ainsi que nous l'avons vu, insiste sur la rationalité supérieure d'autres créatures affranchies davantage que nous ne le sommes de la pesanteur matérielle qu'il pense devoir exister ailleurs, alors que Bergson, confiant dans l'expérience des grands mystiques, en espère plus d'ouverture spirituelle, plus d'adéquation à la durée créatrice. Commentant celui-ci, Vladimir Jankélévitch souligne que les hommes, mis à part les grands saints, héros de l'esprit, ne peuvent concevoir la charité que comme un passage gradué de l'amour de soi, à celui de la famille, puis de la patrie, puis de l'humanité et au-delà, de Dieu. Mais

> entre l'humanité et les divers groupements nationaux et domestiques, le rapport est le même qu'entre le tout et la partie : une partie se compare à une autre partie, mais non pas au tout ; or l'humanité, par définition, est tout. Pour aimer l'humanité, pour passer « à la limite », il faut donc une décision soudaine, une conversion, une « métabole ».[...] Il y a certes de l'amour dans les communautés closes, nation ou famille : pourtant, aimer contre quelqu'un, aimer en excluant ses ennemis, ce n'est pas encore aimer de cet amour infini qui est la charité [1].

Il semble donc raisonnable à Bergson de postuler l'existence d'autres êtres moins alourdis par la matière et qui puissent s'inscrire plus volontiers dans l'élan de la création et échapper ainsi à la « rotation vertigineuse »[2] qui brise le mouvement de la charité, qui est l'autre nom de la création.

Bergson suggère donc non seulement l'existence d'autres civilisations intelligentes dans l'univers, mais semble admettre comme hautement probable la supériorité de nombre d'entre elles sur l'humanité. L'univers,

1. V. Jankélévitch, *Henri Bergson*, *op. cit.*, p. 185-186.
2. *Ibid.*, p. 191.

« jusque sur notre planète réfractaire » est, écrit Bergson à la fin des *Deux sources*, « une machine à faire des dieux. »[1].

Claude Tresmontant et l'héritage bergsonien

Le métaphysicien français, Claude Tresmontant, qui s'inscrivit dans la lignée de Bergson et plus encore de Maurice Blondel, proposa de 1977 à 1990 des chroniques dans le journal *La Voix du Nord*[2]. C'est Robert Décout, alors rédacteur en chef, qui lui fit cette demande, le laissant libre de choisir les sujets dont il voudrait bien instruire les lecteurs. Ces très nombreux articles abordèrent donc des sujets variés, passant de questions métaphysiques, à d'autres plus sociales, en passant par des questions plus théologiques. Parmi ces chroniques, à l'occasion de la présentation d'un ouvrage de l'astrophysicien Evry Schatzman[3], l'hypothèse de la pluralité des mondes habités fut traitée en trois articles durant l'été 1986.

Dans le premier[4], le philosophe chrétien rappelle que l'univers dans lequel nous vivons n'est plus celui dans lequel croyaient vivre les hommes avant les grandes découvertes cosmologiques : il n'est plus le seul système solaire de Thomas d'Aquin, hérité d'Aristote, mais un univers dont les dimensions échappent à notre imagination. De plus, les sciences physiques nous font connaître l'histoire de la composition de la matière à partir de l'énergie colossale qui prend son origine dans le fameux Big-Bang. Nous savons, continue Tresmontant, qu'il y a quelque chose comme trois milliards d'années, notre planète vit apparaître des molécules géantes portant les premiers messages génétiques qui permirent, quant à eux, la synthèse des protéines. Pour Tresmontant tout dans l'Univers est donc énergie et information. Cette information génétique s'inscrit dans le temps puisque nous savons que si la vie a commencé avec des systèmes assez simples comme les monocellulaires, elle a fini par faire apparaître des animaux beaucoup plus complexes, comme les mammifères et parmi eux, il y a environ cent mille ans au terme d'un processus évolutif qui a duré plusieurs millions d'années, l'*homo sapiens*.

1. H. Bergson, *Les Deux sources de la morale et de la religion*, chap. IV, *op. cit.*, p. 1245.

2. C. Tresmontant, chroniques des 23, 29 août et 3 septembre 1986, *La Voix du Nord*. Certaines de ces chroniques ont été publiées aux éditions F.-X. de Guibert en 1991 sous le titre *Problèmes de notre temps*.

3. E. Schatzman, *Les Enfants d'Uranie*, Paris, Seuil, 1986.

4. C. Tresmontant, chronique du 23 août 1986, *La Voix du Nord*, publiée aux éditions F.-X. de Guibert en 1991 sous le titre *Problèmes de notre temps*, page 410.

Dans sa seconde livraison[1], Tresmontant pose alors la question: « L'aventure de la vie que nous venons de découvrir depuis un siècle environ, cette aventure qui dure depuis environ quatre milliards d'années, et qui a conduit la vie depuis les organismes les plus simples [...] jusqu'aux systèmes biologiques les plus compliqués, le cerveau de l'Homme, [...] cette aventure est-elle unique? Cette aventure s'est-elle déployée dans notre système solaire seulement, uniquement? Ou bien l'aventure de la vie s'est-elle déployée dans des millions de systèmes solaires, ailleurs dans notre Galaxie, et dans des milliards d'autres galaxies? » Tresmontant, se faisant le porte parole de E. Schatzman, résume alors très rapidement les critères astrophysiques nécessaires à cette apparition de la vie dans d'autres systèmes solaires. Mais se demande-t-il, ces conditions nécessaires sont-elles suffisantes?

C'est dans le troisième et dernier épisode[2] consacré à ce sujet que Tresmontant va, en répondant à cette question, mettre en évidence sa dimension métaphysique. Si Schatzman s'interroge sur les probabilités pour que ces conditions nécessaires soient réunies, il ne semble pas voir que la question est d'un autre ordre. Nous connaissons tous par expérience la différence qu'il y a entre le possible et le réel et le fait que la possibilité n'implique aucunement l'effectivité.

Le « hasard » des atomistes, rappelle Tresmontant, n'est qu'un concept sans objet, « un mot qui ne veut rien dire » sinon que nous ne connaissons pas la ou les causes d'un phénomène. Or, il semblerait que le hasard soit un recours particulièrement chéri par les scientifiques matérialistes contemporains qui croient ainsi se donner une explication satisfaisante alors qu'en réalité ils évacuent le problème par un artifice intellectuel, par un mot, par un *flatus voci*. Mieux, ils expliquent l'évolution en ayant recours à la théorie de l'erreur de copie: « les biologistes contemporains [...] qui professent cette intéressante théorie philosophique, estiment que la molécule qui contient l'information génétique, lorsqu'elle se recopie elle-même, commet parfois des erreurs de copie. Et ce sont ces erreurs de copie qui, au cours des millions de siècles qui nous ont précédés, ont inventé les messages génétiques requis pour la création de l'œil, ou du système nerveux, ou de tous les autres systèmes biologiques qui ont été inventés depuis quatre milliards d'années. » Si l'infime probabilité pour qu'une telle

1. C. Tresmontant, chronique du 29 août 1986, *La Voix du Nord*, publiée aux éditions F.-X. de Guibert en 1991 sous le titre *Problèmes de notre temps*, page 412.

2. C. Tresmontant, chronique du 3 septembre 1986, *La Voix du Nord*, publiée aux éditions F.-X. de Guibert en 1991 sous le titre *Problèmes de notre temps*, p. 414.

chose puisse effectivement se produire était compensée par l'éternité que les atomistes accordaient à l'univers, ce n'est plus le cas pour nous aujourd'hui qui vivons dans un univers de 13,7 milliards d'années.

Le raisonnement de Tresmontant se poursuit en des termes présupposant le principe anthropique : si ce matérialisme est conséquent, il ne peut admettre la pluralité des mondes habités, puisqu'alors il amoindrirait encore la rationalité de son recours au « hasard »... Imaginons un individu qui jouerait régulièrement les numéros gagnants à la loterie ! Les autorités publiques ne manqueraient pas d'enquêter afin de trouver comment et avec quelles complicités il parvient à jouer après les tirages. Cet argument est indiscutablement puissant mais repose en même temps sur la croyance selon laquelle l'existence d'une vie intelligente correspond au « numéro gagnant », ce que contestent nombre de scientifiques précisément hostiles aux présupposés du principe anthropique : pour qui d'autre que nous est-il *vraiment* préférable qu'il y ait des hommes observant l'Univers ?

Tresmontant, quant à lui, répond qu'il lui semble non seulement rationnel, mais très probable que la vie et l'intelligence soient apparues ailleurs dans l'immense univers. Il n'affirme rien, mais pose la forte probabilité qu'il en soit ainsi. Ce faisant, il considère donc que la vie n'est aucunement le fruit d'un « hasard » mais une « histoire qui a été pensée et qui est actuellement pensée. » Or, s'il y a pensée, alors il n'y a pas, par définition, de hasard.

CONCLUSION

Au terme de cette enquête qui nous a menés des Présocratiques à Claude Tresmontant, en passant par les atomistes antiques, Aristote, Thomas d'Aquin, Etienne Tempier, Nicolas de Cues, Giordano Bruno, Galilée, Descartes, Huygens, Leibniz, Kant, Hegel, Nietzsche, Husserl, Bergson et tant d'autres, le temps est venu de conclure.

Le premier point qui nous semble désormais certain, et confirmé par les textes eux-mêmes, est que la question des intelligences extraterrestres, loin d'être cantonnée à Fontenelle et Kant, *hante* en réalité toute l'histoire de la philosophie en dépit de son indéniable discrétion quantitative du point de vue textuel. En d'autres termes, *si chaque philosophe d'importance évoque cette question, il en parle pourtant peu et souvent incidemment.* Cela tient au fait que chez la plupart des auteurs rencontrés, la question des intelligences extraterrestres n'est pas traitée *directement:* elle est plutôt une conséquence *indirecte* d'une cosmologie, d'une ontologie, d'une psychologie, voire d'une théologie; mais le fait est que bien des cosmologies et bien des ontologies *rendent possible, voire appellent l'existence des intelligences extraterrestres,* lesquelles nous semblent pour cette raison avoir toute leur place dans une démarche philosophique authentique; inversement, le refus dédaigneux d'accorder à cette hypothèse tout crédit nous paraît constituer le symptôme d'une attitude doxique, irrationnelle et, disons-le, fort peu philosophique.

Dissipons à cet effet toute ambiguïté : le propos de cet ouvrage n'ambitionnait aucunement d'argumenter en faveur de l'existence d'extraterrestres intelligents – ni en sa défaveur –; il s'agissait bien plutôt de contribuer à *relégitimer* le questionnement philosophique autour de tels êtres; les rappels historiques ici établis permettent, dans cette optique, de prendre conscience que le ricanement à l'égard des « petits hommes verts » est un phénomène récent, souvent peu informé de l'histoire réelle de la philosophie, et dénué de toute forme d'argumentation.

Le second point qui transparaît de cette étude est le *privilège accordé à la Lune* : des Présocratiques à Kant, en passant par Kepler et Fontenelle, le satellite terrestre se révèle particulièrement scruté comme si les conditions de la vie y étaient réunies ; nombreux sont les grands esprits qui y placèrent une activité industrieuse et intelligente, Kepler allant jusqu'à prétendre avoir observé cette dernière. Peut-être faut-il y voir ici la fascination qu'exerce notre satellite sur l'imagination humaine depuis des siècles.

Le troisième enseignement que nous aimerions tirer de ce parcours est *la grande variété des raisons qui président à la défense de l'hypothèse extraterrestre*. Si les thèses se ramènent pratiquement toutes à l'unité – il y a sans doute une vie intelligente extraterrestre –, les motivations de ces dernières diffèrent d'une époque à l'autre et même, synchroniquement, d'un auteur à l'autre. Ainsi avons-nous affaire à des cas de figure parfois paradoxaux : si, par exemple, Nicolas de Cues et Descartes viennent à l'hypothèse extraterrestre à partir de leur cosmologie, ils craignent de heurter la théologie et cherchent à se conformer *a posteriori* à cette dernière ; inversement, c'est la cosmologie qui interdit chez Thomas d'ouvrir la porte à une telle hypothèse, tandis que sa théologie semble au contraire l'appeler de ses vœux. Etonnante également est la situation de Kepler, défendant l'hypothèse de l'intelligence extraterrestre en-dehors de toute cosmologie infinitiste, prenant ainsi le contrepied de son temps. Prudente enfin l'attitude de Hegel, refusant de statuer sur l'existence d'êtres intelligents extérieurs à la Terre, mais rappelant que, absolument parlant, ils ne pourraient avoir de sens que par et pour l'esprit ; plus audacieux, Husserl n'hésitera pas à élargir la constitution du sens même du monde à ces nouveaux sujets que pourrait découvrir l'homme dans un avenir proche. L'histoire de la philosophie s'avance ainsi sous une forme bariolée dans son traitement de la question extraterrestre, ce qui ne doit pas occulter le fait majeur que nous pensons avoir établi, à savoir qu'elle l'a *effectivement traitée*.

Le quatrième enseignement que nous retenons de cet ouvrage est la grande *indétermination* dans laquelle les auteurs qui abordent la question des intelligences extraterrestres maintiennent ces derniers ; à la notable exception de Kepler, tous les philosophes refusent de statuer sur la nature précise des êtres peuplant l'Univers et admettent leur ignorance forgeant au mieux quelques prudentes hypothèses. Si Platon affirme que ces extraterrestres ne sont autres que des humains rejoignant l'âme du corps céleste qui les a engendrés, ou si Kant semble penser que de tous les êtres raisonnables l'être humain est le plus engoncé dans la pesanteur matérielle, et donc le moins raisonnable de tous, ils n'en donnent pas pour autant une description précise permettant au lecteur de se les figurer. *Une grande part est ainsi laissée à l'imagination qui peut vagabonder à sa guise pour se représenter ces êtres qui sont peut-être infiniment proches de nous ou, à l'inverse, infiniment éloignés, par leur âme, par leur raison, par leur apparence;* mais s'il est un point sur lequel l'imagination laisse la place à la conviction rationnelle, c'est que de tels êtres, nous disent nos auteurs, doivent exister ou, à tout le moins, présenter une existence dont le degré de probabilité est fort élevé.

Le cinquième et dernier élément que nous relevons à l'issue de ce parcours porte sur la notion d'altérité. Sans doute l'existence d'êtres raisonnables non humains constitue-t-elle ce que l'homme peut se représenter de plus radical en termes d'altérité et de différence; pourtant, force est de constater que notre époque, qui prétend philosophiquement développer de tels thèmes, limite ces derniers à l'altérité de l'autre homme ou, au mieux, à la différence animale. En d'autres termes, *l'altérité et la différence ne sont envisagées que dans les bornes du monde terrestre ambiant et ne s'ouvrent nullement à une altérité cosmique qui viendrait perturber sans doute bien plus violemment nos schémas habituels de pensée.* C'est là un paradoxe qui appellerait sans doute d'amples réflexions mais qui nous semble s'enraciner dans un préjugé fort répandu voulant que *le même* se définisse systématiquement selon la conscience rationnelle; à ce titre, la différence ne peut être conçue que comme ce qui échappe à cette conscience rationnelle tandis que l'altérité est appréhendée comme ce qui ne s'y laisse pas ramener. De là cette réhabilitation du corps, de l'animalité, de la bestialité ou de la nature dans des formes plus ou moins radicales.

Ce que nous apprend pourtant l'histoire de la philosophie, c'est qu'il existe une *autre* altérité et une *autre* différence pour peu que l'on intègre *des données de différenciation interne à la rationalité:* peut-être peut-on penser des êtres raisonnables dont l'altérité serait produite par le travail d'une dissociation immanente à la raison, sans que cette dissociation immanente ne nous accule à y voir la force du même : en d'autres termes, *il nous semble que toute une dimension programmatique de la philosophie reste à mettre en œuvre pour peu que l'on accepte d'interroger l'émergence d'une différence et d'une altérité à partir de l'intériorité même de la raison et de la conscience.*

Mieux encore, le geste kantien nous invite à penser un transhumanisme où l'altérité de l'homme serait inscrite en sa propre humanité : comprendre l'humanité serait alors prendre conscience de ce qui, dans cette constitution humaine médiocre, recèlerait pourtant l'exigence d'un – impossible – dépassement de soi, de sorte que *l'être raisonnable serait comme tel l'autre de l'homme*. L'altérité radicale ne serait à cet égard pas tant constituée par les êtres non raisonnables que par la scission interne que ne cesse d'éprouver l'homme entre sa constitution propre et cet horizon raisonnable : ainsi *l'homme s'apparaîtrait à lui-même comme son autre propre*, la scission entre son humanité et sa rationalité étant le lieu de l'insurmontable différence. Ce que nous apprend Kant, c'est donc qu'il n'y a strictement aucune *identité* entre l'humanité et la rationalité. Mieux encore, l'humanité est le nom d'un déchirement entre ce qu'elle est *effectivement* et ce qu'elle devrait moralement être ; mais ce déchirement n'est pas celui de l'augustinisme entre la misère d'une condition et l'appel divin, c'est celui d'une *incapacité* à être *effectivement* ce qu'exige une destination, c'est celui d'une condamnation à ne pouvoir éprouver que la scission entre ce que je suis en tant qu'humain et ce que je devrais être en tant qu'être raisonnable. Ici, le transhumanisme n'appelle aucune amélioration ni aucun correctif : il est cette indication descriptive selon laquelle l'exigence de s'élever au-delà de l'humanité se heurte à cette différence irrésorbable par laquelle l'homme *en tant qu'humain* apercevra nécessairement son être raisonnable comme celui d'un autre du fait même qu'il n'en pourra accomplir la tâche.

Toutefois, force est de reconnaître que ce n'est aujourd'hui plus la philosophie qui assume l'étude de la cosmologie et de ses implications, mais bien plutôt les sciences physique et biologique qui, notamment avec le développement de l'exobiologie, ont clairement emprunté la voie d'un questionnement multiple lié à la découverte éventuelle d'une vie extraterrestre en général, et d'une vie intelligente en particulier. Sans quitter le Système Solaire, nous savons désormais, grâce au robot Rover de la NASA, que de l'eau a coulé sur Mars par le passé, et que la planète rouge a peut-être abrité la vie ; toujours relativement proche de nous, un des satellites de Jupiter baptisé Europe semble constitué d'eau liquide sous sa surface gelée, ce qui contribue à nourrir l'hypothèse d'une origine extraterrestre de la vie[1]. Plus troublant encore, le radiotélescope australien de Parkes a détecté au début de l'année 2015 un signal produit à 5,5 milliards d'années lumières, dont la revue *Monthly Notices of the Royal Astronomical Society* a rendu compte le 19 janvier[2]. Les scientifiques

1. *Cf.* http ://www.pourlascience.fr/ewb_pages/a/article-une-origine-extraterrestre-de-la-vie-19570.php.

2. http ://mnras.oxfordjournals.org/content/447/1/246.

ignorant totalement ce qui put causer ce signal, il nous faut rester très prudents quant à l'interprétation de ce dernier, tout en remarquant que bien des astronomes et des physiciens n'évacuent *a priori* aucune hypothèse.

C'est pourquoi, et pour conclure, nous laissons la parole à Stephen Hawking qui, dans un documentaire célèbre, présenta les arguments les plus rationnels et les plus actuels permettant de rendre possible, voire probable, l'existence d'intelligences extraterrestres, arguments qui rappellent étrangement ceux que nous avons restitués dans le développement de l'ouvrage :

> Sommes-nous les seuls dans l'univers ? Je ne le crois pas, pour une simple raison, l'univers est grand, démesurément grand. La terre n'est que l'une des huit planètes en orbite autour de notre soleil. Il n'a lui-même rien d'extraordinaire, il fait partie des deux cents milliards d'étoiles qui forment une immense spirale. Notre galaxie, la voie lactée, est si gigantesque que l'esprit a du mal à se la représenter. Et pourtant ce n'est qu'une goutte dans l'océan cosmique. Une parmi cent milliards de galaxies organisées en filaments qui s'entremêlent et s'étirent dans toutes les directions. [...]. Est-il possible que nous soyons seuls dans cette immensité ? Pour un esprit cartésien comme le mien, il est tout à fait rationnel d'envisager l'existence d'extraterrestres. Le vrai défi, c'est de tenter d'imaginer l'aspect de ces formes de vies. Les possibilités sont infinies et passionnantes. [...]. Les lois de la physique semblent être universelles, les lois de la vie devraient donc être les mêmes partout, même si le résultat diffère dans le détail. En fait nous pouvons utiliser la vie sur Terre comme un manuel, un guide pratique du petit chasseur d'extraterrestres expliquant la nature et le fonctionnement du vivant[1].

À bien y regarder, les arguments d'Hawking ne sont pas substantiellement différents de ceux que nous avons croisés chez de nombreux auteurs : la dialectique du hasard et de la nécessité n'est pas sans évoquer les atomistes antiques, tandis que l'immense spirale que forme la galaxie, elle-même perdue dans l'immensité de l'univers, rappelle les textes de Nicolas de Cues et Descartes. Tout se passe au fond comme si la chaîne ininterrompue des grands esprits retrouvait inlassablement les mêmes intuitions à des siècles de distance et s'affrontait à cette altérité radicale avec un courage de pensée que nous ne pouvons que saluer.

1. *L'univers de Stephen Hawking*, épisode 1 : « Sommes-nous seuls dans l'Univers ? », en ligne sur Discovery Channel : http ://www.dailymotion.com/video/xq68no_stephen-hawking-sommes-nous-seuls-dans-l-univers_webcam.

INDEX NOMINUM

AÉTIUS, 17-19
AÏT-TOUATI F., 74
ANAXAGORE, 7, 9, 14, 16-19
ANAXIMANDRE, 15
ARCHELAUS, 14
ARISTOTE, 15, 17, 23, 32-45, 48, 51, 55, 57, 58, 60, 177, 181
ARMLEDER P. J., 31
AUBENQUE P., 33
AUBIN V., 48

BACHELARD S., 109
BAILEY C., 20, 22
BALDUCCI C., 54
BARDOUT J.-C., 82
BARUC, 14
BERGSON H., 9, 22, 172-177, 181
BIANCHI L., 55, 58
BLONDEL E., 166, 177
BODE J. E., 103
BOREL P. B., 14, 15
BOUCHER D., 166
BOURGEOIS B., 157, 158
BOURIAU C., 135
BOYER J.-B. (de), 19
BRAGUE R., 114, 115
BRISSON L., 27, 28
BRUN J., 20
BRUNO G., 9, 45, 68-71, 165, 181
BUISSIÈRE E., 20

CAMPANELLA, 9, 74, 79, 80, 85, 89, 97, 165
CASSINI, 96
CASTEL-BOUCHOUCHI A., 15
CAVAILLÉ J.-P., 69, 78
CHANUT, 76, 78, 80, 82, 108
CICÉRON, 15, 16
CLARK D. L., 104
CLAUSIUS R. J. E., 173
COHEN H., 127
COLBERT, 96
CONSTANT B., 142, 144
COPERNIC N., 61, 68, 69, 71, 72, 76, 165
CORRIERAS M., 61
COULOUBARITSIS L., 36
COUNET, 62
CRAHAY, 25
CRONOS, 17
CROWE M., 8, 79
CUES N. (de), 9, 11, 60-62, 66, 68, 70, 76, 77, 92, 106, 114, 165, 181, 182, 185
CYRANO DE BERGERAC S. (de), 88

DALIMIER C., 15
DAMASCIUS, 35
DÉCOUT, 177
DEL PRETE A., 80
DELBOS, 119, 132

DÉMOCRITE, 9, 14, 19, 21, 23, 24, 36, 54, 55, 87
DESCARTES R., 7, 9, 11, 51, 57, 67, 76-78, 80,-87, 89, 92, 105, 106, 108, 161, 162, 165, 167, 181, 182, 185
DICK S. J., 8, 23, 66, 70, 71, 94, 101, 103, 115
DIOGÈNE LAËRCE, 17-19, 21

ECO U., 9
EHRSAM R., 144
EMPÉDOCLE, 16, 23
ÉPICURE, 7, 9, 19-26, 36, 87, 160
ERNOUT A., 26

FESTUGIÈRE A.-J., 35
FEUERBACH L., 9, 161-163, 165
FICHANT M., 86
FICIN M., 11, 85
FISETTE D., 166
FLASCH K., 61
FOESSEL M., 146
FONTENELLE (Le Bouyer de) B., 9, 13, 14, 70, 72, 93-101, 103, 104, 106, 107, 109, 111, 119-122, 128, 151, 160, 165, 167, 181, 182
FOUCAULT M., 125, 126
FOURNEL J.-L., 79
FRIEDMAN M., 105

GALILÉE, 15, 71, 72, 73, 76, 78, 79, 85, 105, 165, 181
GOTTSCHED J. C., 103
GRANADA M. A., 68
GRANAROLO P., 166, 167
GRANDJEAN A., 128, 132
GRAPOTTE S., 105
GRENET P. R., 33, 34
GRESS T., 85
GUILLERMIT L., 122
GUILLIER V., 9

HATZENBERG A., 104
HAWKING S., 185
HEGEL G. W. F., 9, 105, 157-161, 165, 181, 182
HÉRACLITE, 14
HÉRODOTE, 21-24
HÉSIODE, 35
HIPPOCRATE, 152
HIPPOLYTE J., 24
HOMÈRE, 35
HOTTOIS G., 117, 118
HOUSSET E., 171
HUSSERL E., 7, 8, 168-172, 181, 182
HUYGENS C., 14, 76, 80, 101-105, 109, 119, 121, 122, 128, 151, 165, 167, 181

JANKÉLÉVITCH V., 172, 176
JEAN XXI (pape), 56

KANT E., 7-11, 13, 89-94, 100, 103-155, 157, 160, 165, 167, 170, 172, 176, 181, 182, 184
KEPLER J., 9, 13, 17, 70-76, 86, 88, 92, 103, 111, 122, 151, 165, 182
KOYRÉ A., 59

LAPRIAS, 17
LAUNAY, 171
LEBRUN G., 147
LEFÈVRE A., 25
LEIBNIZ G. W., 9, 86, 87, 89-93, 167, 181
LEMAÎTRE G., 57
LENGRAND H., 20
LÉON XIII (pape), 14
LEQUAN M., 105
LERMER, 79
LEUCIPPE, 14
LEUKIOS, 17
LEWIS D., 26, 166

LUCRÈCE, 7, 9, 14, 19, 21, 25-27, 87
LUMINET J.-P., 71

MALDAMÉ J.-M., 58
MARION J;-L., 82
MARTIN J.-C., 160
MARTY F., 105, 106
MAZAURIC S., 100
MCKENNA A., 80
MÉLISSE S., 14
MICHON C., 52
MISSA J.-N., 117
MORAUX P., 33
MOREAU P.-F., 80
MOREL P.-M., 23
MUGLER, 17

NEWTON I., 93, 105
NICOLAS J.-H., 9, 11, 53, 60-64, 66-70, 76, 77, 92, 106, 114, 165, 181, 182, 185
NIDERST, 122
NIETZSCHE F. W., 9, 31, 165-168, 181

OCKHAM G. (d'), 9
ONFRAY M., 10
ORIGÈNE, 14, 49
ORPHÉE, 14
OSIER J.-P., 162

PARMÉNIDE, 14, 17, 21-23
PASQUA H., 60, 61, 65, 67
PELLEGRIN P., 15, 35
PERBAL L., 117
PETIT J.-L., 168-170
PHILONENKO A., 123, 128
PICHÉ D., 56
PICHOT A., 15
PIOBETTA S., 123
PLATON, 23, 27-32, 34-36, 41, 44, 55, 160, 182
PLUTARQUE, 9, 17-19, 35, 71, 72, 75, 76
POIRIER P., 166
PSEUDO-PLUTARQUE, 35
PTOLÉMÉE, 48
PYTHAGORE, 14, 18
PYTHOCLÈS, 22, 24

RANDI E., 55, 58
RENAULT E., 157
ROBELIN J., 146
ROBINET A., 85
ROGUET A.-M., 48
ROLLAND M., 8
ROSS D., 34
RUFFING M., 105

SADI CARNOT N.-L., 173
SALEM J., 19-22
SARDINHA D., 116
SCHATZMAN E., 177, 178
SCHMUTZ J., 61
SCHÖNFELD M., 122
SCHOPENHAUER A., 127, 134
SEIDENGART J., 14, 102, 105
SERRES M., 25
SIMON G., 71, 72
SIMPLICIUS, 17, 19
SITBON-PEILLON B., 173
SOCRATE, 14, 41, 88
SOMMER C., 127
SOURY G., 18
STEVENS A., 17
SYLLA, 17
SZENDY P., 8, 104, 154, 160

TANNERY P., 11, 16
TAR R., 59
TEICHMÜLLER G., 9
TEMPIER E., 56-58, 76, 181
THALÈS, 15, 16
THOMAS D'AQUIN, 7, 9, 47, 48, 54, 57, 177, 181

TILLIETTE X., 105
TINGUELY F., 80
TRESMONTANT C., 9, 173, 174, 177-179, 181
TRICOT J., 44

VAIHINGER H., 135
VENGEON F., 60
VIEILLARD-BARON J.-L., 31
VOLTAIRE, 103, 167

WILKINS J., 94, 97, 103, 151

XÉNOPHANE (XENOPHENEA COLOPHONIEN), 9, 15-17, 71, 72, 76

ZÉNON D'ÉLÉE, 14

TABLE DES MATIÈRES

INTRODUCTION : UNE LACUNE ÉDITORIALE FRANÇAISE 7

CHAPITRE PREMIER : LA PLURALITÉ DES MONDES ET SA CONTESTATION DANS LA SPHÈRE ANTIQUE 13

Les Présocratiques et la Lune habitée : naissance d'un *topos* philosophique 13

La poussée atomiste en faveur de la pluralité des mondes 19

Arguments aristotéliciens contre la pluralité des mondes 32

CHAPITRE II : LES HÉSITATIONS SCOLASTIQUES 47

Ambivalence de Thomas d'Aquin 47

Clarté dogmatique de l'évêque Tempier. La condamnation de mars 1277 56

CHAPITRE III : L'INFINITISATION DE L'UNIVERS ET LA PROBABILITÉ D'UN PEUPLEMENT MULTIPLE 59

Nicolas de Cues, la contraction de l'Un infini et « les habitants d'un autre genre » 60

Radicalisation de la pensée du Cusain et reprise de l'atomisme antique : les « semblables et meilleurs habitants » de Giordano Bruno 68

Affirmation d'intelligences extraterrestres dans un Univers clos : l'apparente anomalie Kepler 70

Évoquer « toutes les créatures intelligentes d'un monde indéfini » avec prudence : l'art d'écrire cartésien 76

Les « génies » leibniziens : loi de continuité et règne des esprits 85

CHAPITRE IV : SUR UN PRÉTENDU DROIT DE DIRE QUE KANT AIME L'HUMANITÉ. APPROCHE DU TRANSHUMANISME KANTIEN 93
Les sources kantiennes (1) : Fontenelle 93
Les sources kantiennes (2) : Huygens 101
Kant : extraterrestres et humanité en 1755 105
Étude lexicale de la mention d'intelligences extraterrestres dans l'œuvre de Kant 119
Pourquoi les écrits moraux mentionnent-ils l'être raisonnable et non l'être humain ? 127
Personnalité et humanité : confirmation de la perspective transhumaine 139
Conclusion : le transhumanisme kantien contre le prétendu humanisme kantien 151

CHAPITRE V : LA « PATRIE DE L'ESPRIT » ET LE SENS DE L'ESPRIT 157
Le sens de l'esprit hégélien 157
Le réinvestissement hégélien de Feuerbach 161

CHAPITRE VI : RÉFLEXIONS CONTEMPORAINES SUR L'INTELLIGENCE EXTRATERRESTRE 165
Fraterniser avec les habitants d'autres planètes : un « scénario d'avenir » nietzschéen 166
La co-constitution du monde : Husserl et la « communauté de compréhension » 168
Les implications bergsoniennes de l'élan vital 172
Claude Tresmontant et l'héritage bergsonien 177

CONCLUSION 181
INDEX NOMINUM 187
TABLE DES MATIÈRES 191

Achevé d'imprimer par Corlet Numérique - 14110 Condé-sur-Noireau
N° d'Imprimeur : 132746 - Dépôt légal : octobre 2016 - *Imprimé en France*